AUMENTE O PODER DO SEU SUBCONSCIENTE

PARA CONQUISTAR UMA VIDA MAIS ESPIRITUALIZADA

DR. JOSEPH MURPHY
ORG. ARTHUR R. PELL, ph.D.

AUMENTE O PODER DO SEU SUBCONSCIENTE

PARA CONQUISTAR UMA VIDA MAIS ESPIRITUALIZADA

Tradução
Evelyn Kay Massaro

1ª edição

Rio de Janeiro | 2022

TÍTULO ORIGINAL
Maximize Your Potential Through the Power of Your Subconscious Mind for a More Spiritual Life

DESIGN DE CAPA
Leticia Quintilhano

REVISÃO
Eduardo Carneiro
Rafaela Miranda

CIP-BRASIL. CATALOGAÇÃO NA PUBLICAÇÃO
SINDICATO NACIONAL DOS EDITORES DE LIVROS, RJ

M96a   Murphy, Joseph,
          Aumente o poder do seu subconsciente para conquistar uma vida mais espiritualizada / Joseph Murphy ; tradução Evelyn Kay Massaro. - 1. ed. - Rio de Janeiro : BestSeller, 2022.

          Tradução de: *Maximize Your Potential Through the Power of Your Subconscious Mind for a More Spiritual Life*
          ISBN: 978-65-5712-209-9

          1. Motivação (Psicologia). 2. Técnicas de autoajuda. 3. Autoconsciência. 4. Autorrealização. 5. Sucesso. I. Massaro, Evelyn Kay. II. Título.

21-77960   CDD: 158.1
                                                                       CDU: 159.923.2

Gabriela Faray Ferreira Lopes - Bibliotecária - CRB-7/6643

Texto revisado segundo o novo Acordo Ortográfico da Língua Portuguesa.

One of a Series of Six New Books by Joseph Murphy, DD, Ph.D.
Edited and Updated for the 21st century by Arthur R. Pell, Ph.D.

Copyright © 2005 The James A. Boyer Revocable Trust.
Exclusive worldwide rights in all languages available
only through JMW Group Inc.

Copyright da tradução © 2022 by Editora Best Seller Ltda.

Todos os direitos reservados. Proibida a reprodução,
no todo ou em parte, sem autorização prévia por escrito da editora,
sejam quais forem os meios empregados.

Direitos exclusivos de publicação em língua portuguesa para o Brasil
adquiridos pela Editora Best Seller Ltda.
Rua Argentina, 171, parte, São Cristóvão
Rio de Janeiro, RJ — 20921-380
que se reserva a propriedade literária desta tradução.

Impresso no Brasil

ISBN 978-65-5712-209-9

Seja um leitor preferencial Record.
Cadastre-se no site www.record.com.br e receba informações
sobre nossos lançamentos e nossas promoções.

Atendimento e venda direta ao leitor:
sac@record.com.br

Sumário

Introdução à série..7

Prefácio..25

Capítulo 1..31
O segredo do "Eu sou aquele que é"

Capítulo 2..55
O grande segredo de todas as eras da humanidade

Capítulo 3..83
Qual o verdadeiro significado da expressão
"A vontade de Deus"?

Capítulo 4..111
O Quarto Modo de Orar

Capítulo 5..127
Ciência e religião

Capítulo 6..159
Todo fim é um começo

Capítulo 7..183
Suas duas vidas

Capítulo 8..203
O significado espiritual do casamento e do divórcio

Capítulo 9..**233**
As leis mentais e espirituais à luz dos pensamentos de Emerson — Parte 1

Capítulo 10..**273**
As leis mentais e espirituais à luz dos pensamentos de Emerson — Parte 2

Introdução à série

Acorde e viva! Ninguém nasceu predestinado a ser infeliz, sofrer devido ao medo e à preocupação, viver na pobreza, ter má saúde e sentir-se inferior e rejeitado. Deus criou o ser humano segundo Sua semelhança e nos presenteou com o poder de vencer a adversidade e alcançar a felicidade, a harmonia, a saúde e a prosperidade.

O poder que enriquecerá sua vida reside em seu interior e o método para utilizá-lo na obtenção de benefícios não é nenhum mistério insondável. Afinal, vem sendo ensinado, escrito e praticado há milênios e pode ser encontrado nos livros dos antigos filósofos e das grandes religiões. Está nas Escrituras judaicas, no Novo Testamento dos cristãos, no Corão maometano, no Bhagavad Gītā dos hindus e nos textos de Confúcio e Lao-Tsé. Os teólogos e psicólogos contemporâneos já escreveram centenas de livros para nos ensinar a fazer o poder interior trabalhar em nosso benefício.

Esta é a base da filosofia do Dr. Joseph Murphy, um dos maiores e mais afamados escritores e palestrantes do século XX. Ele não foi apenas um clérigo, mas também uma figura de destaque na moderna interpretação das Escrituras e de outros escritos religiosos. Sendo ministro-diretor da Church of Divine Science, em Los Angeles, suas palestras e sermões eram assistidos por grande número de pessoas, entre 1.300 e 1.500, a cada domingo. Milhares de ouvintes sintonizavam seu programa diário no rádio. Ele escreveu mais de trinta livros, dentre os quais *O poder do subconsciente,* que, publicado pela primeira vez em 1963, tornou-se rapidamente um best-seller, e ainda hoje é considerado um dos melhores manuais de autoajuda já escritos. Milhões de exemplares foram e continuam sendo vendidos no mundo inteiro.

Devido ao enorme sucesso desse livro, o Dr. Murphy foi convidado a proferir palestras em vários países, e nessas ocasiões contava como pessoas comuns conseguiram melhorar a própria vida aplicando os princípios ensinados por ele e oferecia diretrizes práticas para os ouvintes interessados em aprender a enriquecer a própria existência.

O Dr. Joseph Murphy foi um dos propositores do movimento New Thought (Novo Pensamento), que surgiu no fim do século XIX e início do século XX, desenvolvido por muitos filósofos e pensadores que estudaram o fenômeno e ensinaram, praticaram e escreveram sobre um modo novo de encarar a vida. Combinando uma abordagem metafísica, espiritual e pragmática com a maneira como pensamos e vivemos, descobriram o segredo de como é possível alcançar tudo o que verdadeiramente desejamos. Essa filosofia, que recebeu vários nomes, entre eles New Thought e New Civilization, não pretendia ser uma religião no sentido tradicional, mas se fundamentava na crença firme e incondicional da existência de um ser maior, de uma presença eterna, de Deus. Os expositores dessa filosofia pregavam um novo conceito de vida capaz de trazer novos métodos e melhores resultados. Baseavam seu pensamento na ideia de que a alma humana está conectada com a mente atômica da substância universal, de que nossa vida tem uma ligação direta com o manancial infinito da abundância e possuímos o poder de usá-lo em nosso benefício. Praticamente todos nós fomos ensinados de que precisamos nos esforçar para atingir nossas metas e de que o caminho que nos leva a elas é cheio de dores e espinhos. O fato, porém, é que só alcançaremos nossas metas sem sofrimento quando descobrirmos a lei — uma lei que aparentemente Deus nos deixou escrita em um código indecifrável — e nos dedicarmos a compreendê-la.

O conceito do Novo Pensamento pode ser resumido nas seguintes palavras:

Você pode se transformar no que deseja ser

Tudo o que alcançamos e fracassamos em alcançar é um resultado direto dos nossos pensamentos. Em um Universo tão justamente ordenado, em que a perda do equilíbrio significaria a total destruição, a responsabilidade de cada pessoa tem de ser absoluta. Nossas forças e fraquezas, pureza e impureza são só nossas, de mais ninguém, e por isso só podem ser modificadas por nós mesmos. Toda felicidade e todo sofrimento têm origem no nosso interior. Somos o que pensamos; se continuarmos a pensar do mesmo jeito, nunca nos modificaremos. Existe um único modo de agir que nos permitirá crescer, conquistar e realizar. Temos de elevar nossos pensamentos. Só continuamos fracos, abjetos e miseráveis quando nos recusamos a modificar nosso modo de pensar.

Todos os feitos, quer tenham sido realizados nos âmbitos empresariais, quer intelectuais, quer espirituais, são resultado do pensamento dirigido, são regidos pela mesma lei e obtidos pelo mesmo método. A única diferença está no objeto que foi alcançado. Acredita-se, porém, que os que conseguem pouco se sacrificam pouco; os que alcançam muito têm de sacrificar muito; os que gostariam de conquistar muito mais precisam se sacrificar demais.

Novo Pensamento significa uma nova vida, um modo de viver mais saudável, mais feliz e mais gratificante em todos os aspectos e expressões possíveis.

Uma "nova vida" está prometida nas milenares e universais leis da mente e no modo como a infinita espiritualidade atua dentro do coração e da mente de todos os seres humanos.

Na verdade, não existe nada atual no Novo Pensamento, porque ele é tão antigo como a criação do homem. Ele passa a ser novo para nós quando descobrimos as verdades da vida que nos libertam da carência, da limitação e da infelicidade. Nesse momento, o Novo Pensamento torna-se uma percepção contínua e abrangente do poder criador que existe em nós — dos princípios da mente e de nosso divino potencial para sermos, fazermos e expressarmos muito mais amplamente nossas capacidades naturais e individuais, nossos talentos e habilidades. O fundamento do princípio da mente é que novos pensamentos, ideias, atitudes e crenças criam novas condições: "Recebemos de acordo com nossas crenças" — sejam boas, sejam más, sejam indiferentes. A essência desse novo modo de pensar é a contínua renovação de nossa mente para sermos testemunhas da perfeita vontade de Deus de nos dar tudo o que é bom e saudável.

Somos prova da perfeição de Deus quando temos conhecimento e experiência do que é bom. As verdades do Novo

INTRODUÇÃO À SÉRIE

Pensamento são simples, fáceis de demonstrar e estão dentro das possibilidades de realização de qualquer pessoa, desde que ela queira e se disponha a colocá-las em prática.

Nada mais é necessário senão uma mente aberta e um coração receptivo, dispostos a escutar a milenar verdade apresentada de maneira nova e diferente, a modificar e a abandonar velhas crenças e aceitar novas ideias e conceitos, ou seja, a ter uma visão mais elevada da vida e a certeza de que existe uma presença curadora no interior de todos os seres humanos.

A renovação da mente é o único propósito e prática do Novo Pensamento. Sem essa contínua renovação não pode haver mudança. Conquistar um novo modo de pensar é ganhar uma atitude e uma consciência totalmente novas, capazes de nos inspirar e nos possibilitar entrar em uma "vida mais abundante".

Temos em nosso interior um poder ilimitado para escolher e decidir, e a completa liberdade de utilizá-lo em nosso benefício. Podemos nos conformar ou transformar. Conformarmo-nos é vivermos de acordo com o que já assumimos ou recebemos de forma visível para nossos sentidos, ideias, opiniões e crenças e com as ordens advindas de outras pessoas. Conformar-se é viver e ser regido "pelos instáveis e passageiros modismos e condições do momento presente". A simples palavra "conformação" sugere que nosso atual ambiente tem uma forma cuja existência não devemos nem podemos negar. Estamos todos cercados de injustiças, impropriedades e desigualdades, e não é incomum nos envolvermos nelas, até porque acreditamos que devemos enfrentá-las com coragem e honestidade e fazemos o melhor possível para resolvê-las com a integridade e a inteligência que possuímos no momento.

O mundo acredita e propaga que o ambiente é a causa da nossa presente condição e circunstâncias, e que a reação e tendências mais "normais" seriam entrarmos em um estado de obediência e silenciosa aceitação do presente. Essa é a conformação no seu pior aspecto — a consciência do fracasso. Pior ainda, a conformação é uma atitude autoimposta e significa entregar todo o nosso poder e a nossa atenção para o exterior, para o estado manifestado. Essa entrega incontestada ao passado e ao ambiente que nos cerca — quer tenha sido feita automaticamente, quer por opção — foi causada pela falta de conhecimento sobre nossa faculdade mais básica e maravilhosa e sobre o seu funcionamento. O poder criativo da mente e da imaginação pode ser dirigido para novas metas e aspirações. O Novo Pensamento insiste no reconhecimento de que somos os responsáveis pelo tipo de vida que levamos e também de que somos capazes de reagir às supostas verdades que dirigem nossa atual existência.

Um dos mais ativos e respeitados instrutores do Novo Pensamento, Charles Fillmore, cofundador da Unity School of Christianity, acreditava firmemente na responsabilidade pessoal. Em seu livro *The Revealing Word*, ele escreveu de maneira simples e direta: "Nosso verdadeiro ambiente é nossa consciência. O ambiente externo sempre tem relação com a consciência."

Qualquer pessoa que esteja aberta e disposta a aceitar que é a responsável pelo ambiente em que vive já começou a dar início à transformação. Transformar é: "Passar de um estado ou condição para outro (muito melhor e mais satisfatório), da carência para a abundância, da solidão para o companheirismo, da limitação para a inteireza, da doença para uma saúde vibrante" — tudo isso por meio do poder e da sabedoria que habitam nosso interior e devido à presença curadora que existe em nós.

Assim como não podemos modificar o movimento dos planetas, as estações do ano, as marés e as fases da Lua, também é impossível mudar a mente e os pensamentos de outra pessoa. É inegável, no entanto, que temos a capacidade de mudar a nós mesmos. Quem seria capaz de impedir ou proibir a atuação da sua mente, da sua imaginação e da sua vontade? A resposta é óbvia: nada nem ninguém. Infelizmente, contudo, nada o impede de entregar esse poder a outra pessoa. "Aprenda qual é a chave para uma nova vida: sua mente é um gravador e todas as crenças, impressões, opiniões e ideias que você aceitou ao longo dos anos estão registradas na sua mente mais profunda, o subconsciente. Mas você pode mudar sua mente. Comece agora a enchê-la com pensamentos nobres, inspirados por Deus, e alinhe-se com o espírito infinito que existe em seu interior." Pense em beleza, amor, paz, sabedoria e ideias criativas, e o infinito reagirá de acordo, transformando sua mente, seu corpo e as circunstâncias. Seu pensamento é a ponte que faz a ligação entre seu espírito, seu corpo e o mundo material.

A transformação começa à medida que passamos a meditar, refletir e absorver em nossa mentalidade as qualidades que desejamos vivenciar e expressar. É lógico que o conhecimento teórico é bom e necessário e devemos saber o que estamos fazendo e por que o fazemos. Todavia, a verdadeira transformação depende totalmente da estimulação dos dons que existem em nosso interior, do poder espiritual, invisível e intangível, que foi ofertado em sua totalidade a cada indivíduo que vive neste mundo.

É esse poder, e somente ele, que rompe e dissolve as gravações e os vínculos criados pela infelicidade e pelos aborrecimentos do passado. Além disso, ele cura as feridas das mágoas e o sofrimento emocional. Todos nós desejamos e necessitamos de paz de espírito — a maior das dádivas — em nosso ambiente. Ela pode ser obtida pela contemplação, tanto mental como emocional, da paz divina enchendo nossa mente e nosso coração, todo nosso ser. "Onde entrardes, dizei primeiro: 'A paz esteja nesta casa.'"

Contemplar falta de paz, desarmonia, infelicidade e discórdia e acreditar que a paz irá se manifestar nesse meio é o mesmo que achar que a semente de maçã dará origem a uma palmeira. É algo que não faz sentido porque viola todo o senso de razão. Contudo, isso é o que se encontra no mundo.

Para alcançarmos o que é bom devemos procurar meios de modificar nossa mente e, quando necessário, de nos arrepender. O resultado será a renovação e a transformação vindas como algo natural. É desejável e necessário transformarmos nossa vida pondo fim à nossa conformação em escolher ou decidir de acordo com os acontecimentos já formados e manifestados. Precisamos aprender a detectar a causa que está por trás de cada evento físico — seja uma doutrina elaborada pelos homens, sejam dogmas, sejam rituais — para entrarmos no reino do metafísico que existe em nosso interior, o verdadeiro Novo Pensamento.

A palavra *metafísica* atualmente está vinculada a vários movimentos organizados, como, por exemplo, o Nova Era. Entretanto, ela existe há muitos séculos e surgiu pela primeira vez nos escritos de Aristóteles. O 13º volume de suas obras, considerado o mais importante de todos, tinha como título

INTRODUÇÃO À SÉRIE

Metafísica. A definição encontrada nos dicionários é: "Além da ciência natural; a ciência do puro ser." *Meta* significa "acima, além". Metafísica, portanto, significa "acima ou além da física" ou "acima ou além do que é físico", ou seja, do mundo da forma. *Meta* é algo que está acima do material, é o espírito da mente. Além de todas as coisas está a *meta*: a mente.

Em termos bíblicos, o espírito de Deus é bom. "Os que adoram Deus adoram o espírito ou a verdade." Quando possuímos um espírito de bondade, verdade, beleza, amor e boa vontade, é Deus que está em nós, manifestando-se por nosso intermédio. Deus, verdade, vida, energia, espírito... podemos defini-los? E como defini-los? "Defini-lo é limitá-lo."

Essa afirmação está expressa em uma antiga e bela meditação:

Sou sempre o mesmo no meu eu mais interno: único, eterno, absoluto, inteiro, completo, perfeito. Sou um Eu sou indivisível, eterno, sem rosto nem figura, sem forma nem idade. Eu sou a presença silenciosa, que habita o coração de todos os seres humanos.

Temos de acreditar e aceitar que tudo o que imaginamos e sentimos como verdadeiro se torna realidade. E que aquilo que desejamos aos outros estamos desejando a nós mesmos.

Emerson escreveu: "Somos o que pensamos durante o dia inteiro." Em outras palavras e explicando melhor: Espírito, pensamento, mente e *meta* são expressões da Presença e do Poder Criativos e, tal como ocorre na natureza (leis físicas), qualquer elemento pode ser usado tanto para o bem como para o mal. Por exemplo, não podemos viver sem água, mas muitos se afogam nela. A eletricidade torna nossa vida mais confortável, mas também mata. Diz a Bíblia: "Eu crio a luz e as trevas; faço a paz e a guerra; Eu, o Senhor, faço todas essas coisas. Eu firo e Eu curo; Eu abençoo; Eu amaldiçoo."

Entretanto, não existe nenhuma deidade colérica decidida a nos punir ao longo de toda uma vida. Somos nós que nos castigamos mediante o mau uso da mente. Seguindo o mesmo princípio, somos abençoados (beneficiados) quando tomamos conhecimento dessa presença interna, desse poder fundamental que o Criador colocou à nossa disposição.

A metafísica é, em suma, o estudo da causação (ato de causar) e não se preocupa com o efeito ou o resultado que está manifestado, mas com o que está *causando* o efeito ou o resultado. A metafísica aborda as ideias espirituais como os cientistas abordam o mundo da forma. Os metafísicos investigam a mente ou a causa a partir da qual o visível é formado ou deriva. Se a mente é modificada ou uma causa é alterada, o efeito sofre uma mudança.

A força e a beleza da metafísica é que ela não está confinada a qualquer credo particular, mas é universal. Uma pessoa pode professar a religião judaica, cristã, muçulmana ou budista e ser ao mesmo tempo metafísica.

Muitos poetas, cientistas e filósofos afirmam ser ateus ou agnósticos, mas são profundamente humanistas, o que significa que têm uma crença metafísica.

Jesus era um mestre da metafísica — compreendia a mente e a utilizava para elevar, inspirar e curar os outros.

Quando perguntaram a Mahatma ("grande alma") Gandhi qual era sua religião, ele respondeu: "Sou cristão... judeu... budista... hindu... eu sou todas essas coisas."

INTRODUÇÃO À SÉRIE

A expressão "Novo Pensamento" tornou-se popular e generalizada. Ela é usada em muitas igrejas, centros, grupos de oração e diferentes instituições, e hoje pode ser considerada um movimento metafísico que nos revela que existe a unicidade ou unidade dos seres humanos com a vida infinita e que cada indivíduo possui dignidade e valor inatos. Nesse movimento, a ênfase é colocada no indivíduo e não em uma função ou entidade. Não há novidade alguma no Novo Pensamento, porque a metafísica é a mais antiga das abordagens religiosas. "Eu sou vim para trazer vida e vida em abundância." A metafísica revela nossa identidade de "Filhos do Infinito" e afirma que somos amados e temos valor espiritual pelo simples fato de sermos partes necessárias do Todo Criador, que é uno.

A metafísica nos permite voltar à nossa Divina Fonte e nos ajuda nessa empreitada, pondo fim à sensação de separação e alienação, de vivermos vagando em um deserto estéril e hostil.

A metafísica sempre esteve à disposição dos seres humanos e espera pacientemente pelo momento em que cada um irá descobri-la e utilizá-la.

Milhares de pessoas foram apresentadas à metafísica por diferentes instrutores. Ela evoluiu pouco a pouco e, de maneira geral, considera-se que em sua forma atual foi introduzida por Phineas Parkhurst Quimby, que relatou suas experiências com a mente humana em um fascinante artigo da revista *New Thought Magazine*, em 1837. Depois de experimentar o mesmerismo por vários anos, Quimby concluiu que era o condicionamento da mente subconsciente, e não o hipnotismo, o responsável pelas mudanças observadas. Apesar de Quimby não ter tido uma grande educação formal, era um autor prolífico e publicava diários minuciosos sobre seu trabalho. Com o passar do tempo, tornou-se um ávido leitor da Bíblia e conseguiu reproduzir dois terços das curas descritas no Antigo e no Novo Testamentos. Descobriu também que havia grande confusão sobre o verdadeiro significado de muitas passagens bíblicas, confusão responsável pela má compreensão e má interpretação dos feitos de Jesus Cristo.

Ao longo do século XX, muitos autores, instrutores, ministros de igrejas e palestrantes contribuíram para a divulgação do movimento Novo Pensamento. O Dr. Charles E. Braden, da University of Chicago, chamou-os de "Espíritos Rebeldes" porque entendeu que esses homens e mulheres estavam fomentando uma rebelião contra as religiões estabelecidas, contra o dogmatismo, rituais, credos e inconsistências que só serviam para causar medo nos fiéis. O próprio Dr. Braden acabou expressando sua insatisfação com a situação existente e decidiu-se a não mais se conformar com ela.

O Novo Pensamento é a prática individual das verdades da vida dentro de um processo gradual e abrangente. Podemos aprender muito pouco, a princípio, e muito mais no futuro próximo. Entretanto, jamais atingiremos um ponto em que não existirá nada mais para ser descoberto, porque o processo é infinito, ilimitado e eterno. O tempo não é impedimento porque temos toda a eternidade para aprender. Muitos se impacientam consigo mesmos e com seus aparentes fracassos. Entretanto, ao olharmos para trás, descobrimos que houve períodos de real aprendizado e nos propomos a não repetir os mesmos erros. Se o processo está lhe parecendo lento demais, lembre-se: "Na paciência, tome posse de tua alma."

INTRODUÇÃO À SÉRIE

No seu livro *Orar é a solução,* o Dr. Murphy salienta que o Céu pode ser considerado a "consciência ou percepção" e a Terra, a "manifestação". Seu novo Céu é seu novo modo de encarar as coisas, a nova dimensão da sua consciência que o faz ver que no absoluto tudo é bênção, harmonia, amor infinito, sabedoria, paz eterna e perfeição. O processo de se identificar com essas verdades vence o medo e, ao aumentar nossa fé e confiança, nos torna mais fortes e seguros.

Os livros que constituem esta série apresentam combinações das palestras, dos sermões e das transmissões radiofônicas nas quais o Dr. Murphy ensinava as técnicas para elevar ao máximo seu potencial, por meio do poder do subconsciente.

Como o Dr. Murphy era um ministro protestante, muitos dos seus exemplos e citações são extraídos da Bíblia, mas os conceitos que essas citações ilustram não devem ser considerados sectários, porque as mensagens que elas transmitem são universais e encontram-se nos ensinamentos da maioria das religiões e filosofias. O Dr. Murphy muitas vezes reiterou que a essência do conhecimento é a lei da vida, a lei da crença. Não é uma crença católica, protestante, muçulmana ou hindu, mas a certeza no mandamento mais simples e puro: "Faça aos outros o que quiser que eles lhe façam."

Depois da morte do Dr. Murphy, em 1981, a Dra. Jean Murphy continuou o ministério do marido. Em uma palestra proferida em 1986, ela reiterou sua filosofia:

Quero ensinar homens e mulheres sobre sua Origem Divina e sobre os poderes que reinam em nosso interior. Quero que saibam que esse poder é interno e que eles são os salvadores de si próprios, porque ao usá-lo conseguirão alcançar a própria salvação. Essa é a mensagem que a Bíblia nos transmite, mas poucos têm consciência dessa verdade. Vivemos mergulhados em uma confusão gerada por interpretações literais e erradas das verdades transformadoras que a Bíblia nos oferece.

Quero atingir a maioria, o homem das ruas, a mulher sobrecarregada pelas tarefas domésticas que sofre a repressão dos seus talentos e habilidades. Quero ajudar os outros, sejam quais forem seus níveis de consciência, a descobrir as maravilhas que guardam em seu interior.

Disse também a Dra. Murphy, falando sobre o marido: "Ele era um místico prático, um homem possuído pelo intelecto de um erudito, pela mente de um executivo bem-sucedido, pelo coração de um poeta." Sua mensagem pode ser assim resumida: "Você é o rei, o governante do seu mundo, porque é uno com Deus."

O Dr. Murphy acreditava firmemente que o plano de Deus era ver todos os seres humanos saudáveis, prósperos e felizes, e contestava os teólogos e pensadores que afirmavam ser o desejo uma coisa má e nosso dever tentar sufocá-lo. Ele ensinava que a extinção do desejo significa apatia, falta de sentimentos, de ação. Afirmava ser o desejo um dom de Deus e que é certo desejar e nada é mais saudável e proveitoso do que o desejo de se tornar melhor do que se era ontem. Como é possível o desejo por saúde, abundância, companheirismo e segurança ser considerado algo errado?

O desejo está por trás de todo o progresso. Sem ele nada seria realizado, porque o desejo é o poder criador, que pode ser canalizado de maneira construtiva. Uma pessoa pobre, por exemplo, tem todo o direito de desejar uma fortuna. O doente. de desejar saúde; o solitário, de desejar companhia ou amor.

INTRODUÇÃO À SÉRIE

Temos de acreditar que podemos melhorar nossa vida. Uma crença qualquer, verdadeira, falsa ou apenas indiferente, acalentada por um bom período de tempo é assimilada e incorporada em nossa mentalidade. Se não for contrabalançada por uma crença de natureza oposta, mais cedo ou mais tarde será expressa ou vivenciada como fato, forma, condição ou fatos cotidianos. Precisamos ter certeza de que possuímos em nosso interior o poder para transformar crenças negativas em positivas e, portanto, a capacidade de mudar nossa vida para melhor.

Basta você dar a ordem. E seu subconsciente irá obedecê-lo fielmente. A reação — ou resposta — da mente subconsciente virá de acordo com a natureza do pensamento que está em sua mente reacional.

Os psicólogos e psiquiatras afirmam que quando os pensamentos são transmitidos para o subconsciente formam-se impressões nos neurônios cerebrais. No instante em que o subconsciente aceita uma ideia qualquer, ele começa a colocá-la em prática. Ele atua por meio da associação de ideias e usa cada partícula de conhecimento que você reuniu em sua vida para dar forma à ideia, alimentando-se do infinito poder, da energia e da sabedoria que existem em seu interior, e recorre a todas as leis da natureza para conseguir seu objetivo. Às vezes parece trazer uma solução imediata para suas dificuldades, mas em outras a resposta pode demorar dias, semanas ou mais.

Por um lado, o modo de pensar habitual da sua mente racional estabelece sulcos profundos no subconsciente, algo muito favorável no caso de os seus pensamentos serem harmoniosos, pacíficos e construtivos.

AUMENTE O PODER DO SEU SUBCONSCIENTE
PARA CONQUISTAR UMA VIDA MAIS ESPIRITUALIZADA

Por outro lado, se você se entrega habitualmente ao medo, a uma preocupação ou outras formas destrutivas de pensamento, a solução é reconhecer a onipotência da mente subconsciente e decretar liberdade, felicidade, saúde perfeita e prosperidade. O subconsciente, por estar diretamente ligado à sua fonte divina, começará a criar liberdade e felicidade que você decidiu trazer para a sua vida.

Agora, pela primeira vez, as palestras do Dr. Murphy foram compiladas, editadas e atualizadas em seis novos livros que trazem seus ensinamentos para o século XXI. Para ampliar e explicar melhor os temas das palestras originais, incorporamos material extraído das palestras da Dra. Jean Murphy e acrescentamos exemplos de pessoas cujo sucesso reflete a filosofia do Dr. Murphy.

Os livros que constituem a série são:

- *Aumente o poder do seu subconsciente para trazer riqueza e sucesso*
- *Aumente o poder do seu subconsciente para desenvolver a autoconfiança e a autoestima*
- *Aumente o poder do seu subconsciente para vencer o medo e a ansiedade*
- *Aumente o poder do seu subconsciente para ter saúde e vitalidade*
- *Aumente o poder do seu subconsciente para alcançar uma vida mais plena e produtiva*
- *Aumente o poder do seu subconsciente para conquistar uma vida mais espiritualizada*

INTRODUÇÃO À SÉRIE

A simples leitura desses livros *não* melhorará sua vida. Para extrair o máximo do seu potencial, você terá de estudar atentamente esses princípios, aceitá-los no fundo do seu coração, incorporá-los à sua mentalidade e aplicá-los como parte integrante da sua maneira de encarar todos os aspectos de sua vida.

Arthur R. Pell, ph.D.
Editor
Fevereiro de 2005

Prefácio

Uma vida feliz e realizada precisa fluir a partir de uma mente equilibrada, simétrica, que possui um sentido de absoluta segurança e fé inquestionável no Grande Criador, no poder que nos provê e sustenta.

Uma sensação de incerteza, desconforto ou desequilíbrio na vida condena qualquer pessoa à infelicidade. Devemos nos enraizar na verdade do ser e ter uma fé inabalável no fato de que somos parte da Grande Mente que cria e governa tudo que existe, o que nos dá a certeza de que estamos em absoluta segurança, quando sabemos que nada pode nos arrancar de nossa órbita, que nenhum acidente em terra, ar ou mar, nenhuma doença ou discórdia pode nos separar de nossa união com esse poder. Obtida essa segurança, o medo some, a incerteza e a ansiedade se afastam e todas as nossas faculdades funcionam em harmonia. Quando nos convencemos de que nada pode tirar de nós o que é nosso por direito de nascença, que nada é capaz de prejudicar nossas realizações, que cada passo deve levar ao triunfo, que cada ato correto, cada semente de bondade acabará crescendo e dando frutos, conquistamos a possibilidade de atingir a mais alta meta que nos foi designada pelo Criador.

Não importa qual seja a religião professada; a crença de que existe um poder mais elevado que nos criou e continua nos orientando é essencial para uma vida bem integrada. Quem aceita e crê verdadeiramente nessa realidade está levando uma vida espiritual.

É possível alguém ser uma pessoa espiritual e não ter religião?

Por séculos e séculos, a espiritualidade esteve intimamente ligada à religião. E era encarada do ponto de vista da observação das práticas religiosas, dos rituais, das cerimônias e das orações em igrejas, templos, mesquitas, sinagogas e outros lugares de adoração.

Isso mudou muito e continua a mudar no século XXI. Cada vez mais pessoas estão encontrando a espiritualidade fora das religiões. Em uma pesquisa feita pela Newsday/Beliefnet no verão de 2005, 79 por cento dos norte-americanos se descreveram como "espiritualistas" e somente 64 por cento declararam ser "religiosos".

Podemos definir espiritualidade como o impulso de buscar comunhão com o Divino. Não é necessário ser membro de uma religião organizada para ser espiritual. Quem acredita em um poder mais elevado e procura a inspiração e a orientação de Deus é uma pessoa espiritualizada.

O Dr. Joseph Murphy acreditava firmemente na espiritualidade humana. Sua igreja, a Igreja da Ciência Divina, nunca impôs dogmas a seus congregados, e incentivava os fiéis a buscar Deus a seu próprio modo. Por ser uma religião fundamentada nos ensinamentos cristãos, ela usava a Bíblia para obter inspiração e orientação, mas nunca se limitou ao estudo dos textos bíblicos, recorrendo a muitas outras fontes para expandir o ensino da espiritualidade.

PREFÁCIO

O Dr. Murphy pregava que toda a humanidade é inspirada por Deus e afirmava que estamos em contato constante com o poder que criou e sustenta o Universo, que nada pode nos afastar dessa presença divina, que nos dá uma sensação de segurança e paz. De manhã, quando acordamos revigorados, sentimos que estivemos em contato com a divindade que nos criou, que atravessamos a fronteira dos sentidos e pudemos estar diante da presença de um infinito poder, de uma infinita vida, que fomos criados de novo. Também, quando estamos cansados, tristes e desanimados, ansiamos pela presença de Deus para sermos renovados, saciando nossa sede na grande fonte da vida. Essa é a verdadeira espiritualidade.

O Dr. Murphy sempre quis nos conscientizar de que não devemos mais pensar em Deus como nossos antepassados faziam — pensar no Criador como um Deus severo, discriminador e vingativo. Precisamos ter um novo e diferente conceito de Deus, tirando-o das nuvens e trazendo-o para nossa vida cotidiana.

Hoje sabemos que não existe um Deus distante, ausente do planeta Terra. Sabemos que Ele está em cada átomo, em cada elétron do Universo, que é a realidade, a alma de tudo o que foi criado. É inimaginável para nós a ideia de que pode existir uma molécula de matéria sem a presença de Deus. Sabemos que toda beleza, verdade e manifestações de bondade, amor, compreensão, compaixão e bem, sob qualquer forma, são expressões de Deus. Sim, estamos começando a ver Deus com nossos olhos carnais, a vê-Lo em toda a Sua infinidade de expressões, em tudo o que existe.

Um dia, quando Emerson, filósofo norte-americano, estava ao ar livre, observando atentamente os vários elementos na natureza, um amigo o ouviu repetindo baixinho: "Deus, Deus, tudo é Deus."

Deus é tão aparente para a maioria de nós que não existe nada mais real no Universo do que Sua Presença Viva. Sabemos que somos uma parte vital Dele, que, literalmente, vivemos, nos movimentamos e existimos Nele, uma realidade viva. Aprendemos a descobri-Lo em tudo e em todos os lugares. Nós o vemos em cada criatura viva, em todas as coisas criadas. Sabemos que invocamos Deus a cada respiração e que Ele é a força criativa e vitalizante do Universo.

A nova ideia de Deus nos mostra que Ele não pode ser separado de Suas criações, da mesma forma que os raios não podem ser separados do Sol. Ela nos mostra que a criação é um processo contínuo, incessante, que não conseguiríamos viver ou respirar um único instante sem o princípio eternamente criador que é Deus. Sabemos que, acordados ou dormindo, nosso coração não bateria uma única vez, não haveria um único processo fisiológico atuando em nosso organismo se nos afastássemos do Grande Poder que tudo criou e sustenta qualquer tipo de vida, de ser. Essa é a verdadeira espiritualidade.

Chegará um tempo em que a religião será grande demais para credos, e então nos uniremos em uma única grande família na qual todos seremos irmãos e irmãs, filhos do grande Deus Pai-Mãe. Estaremos entrando em um estado mais elevado de conscientização, em uma verdade maior, uma vida mais plena,

PREFÁCIO

um modo melhor de pensar e viver, nascido do nosso novo pensamento sobre Deus.

Como o Dr. Murphy repetia em suas pregações e em seus livros: "Se Deus é por mim, quem pode ser contra mim?" e "Um somado a Deus constitui uma maioria."

Capítulo 1
O segredo do "Eu sou aquele que é"

No terceiro capítulo do Êxodo, versículos 7-15, lemos as seguintes palavras:

Deus disse a Moisés: "Vai, pois, e eu te enviarei ao Faraó para fazer sair do Egito o meu povo, os filhos de Israel."

Então disse Moisés a Deus: "Quem sou eu para fazer sair do Egito os filhos de Israel?"

Moisés disse a Deus: "Quando eu for aos filhos de Israel e disser: 'O Deus de vossos pais me enviou até vós' e me perguntarem: 'Qual é o seu nome?' O que direi?"

E Deus disse a Moisés: "EU SOU AQUELE QUE É." Disse mais: "Assim dirás aos filhos de Israel: 'EU SOU me mandou até vós. Iahweh, o Deus dos vossos pais, o Deus de Abraão, o Deus de Isaac, o Deus de Jacó me enviou até vós.' Este é o meu nome para sempre e esta será minha lembrança de geração em geração."

No versículo 20, lemos:
EU SOU o Senhor, teu Deus, que te fez sair da terra do Egito, da casa da escravidão.

Quando você diz Eu sou, está anunciando a Presença do Deus Vivo no seu interior. Está declarando que é. Pode dizer, por exemplo: "Eu sou iluminado. Eu sou inspirado. Eu sou divinamente guiado. Eu sou saudável." Acostume-se a viver nessa atmosfera, porque todas as qualidades que você liga ao sentimento de Eu sou, com plena consciência do que está fazendo, tornam-se realidade em sua vida. Se, por acaso, você se sente deslocado no mundo, achando que ainda não encontrou seu verdadeiro lugar nele, faça esta pequena prece, que é simples, mas muito poderosa. Eu a ensinei para pessoas do mundo inteiro. Diga:

Estou no meu verdadeiro lugar. Estou fazendo o que gosto de fazer. Sou divinamente feliz. Sou divinamente próspero.

Repita muitas vezes essas palavras com sentimento, compreendendo seu significado. Então sua mente mais profunda se encarregará de lhe abrir todas as portas. Seus talentos ocultos lhe serão revelados e em pouco tempo você encontrará o lugar que lhe pertence e passará a se expressar no nível mais elevado possível para você.

Eu sou significa a conscientização, a percepção incondicional, o Princípio Vital. Os hindus usam a palavra OM para expressar o mesmo princípio. Ela significa ser, vida, percepção e o Absoluto, Ilimitado. Significa o Ser Sagrado que habita a Eternidade, cujo nome é Perfeição.

Afaste sua atenção do seu problema, seja ele relacionado a doença, seja a carência, seja a limitação. Focalize seu pensamento em seu ideal, sua meta, seu objetivo. Diga, por exemplo: "Eu sou perfeito. Eu sou pleno de energia vital. Eu sou forte." Declare ser o que você anseia ser. Alegre-se com sua nova situação, emocione-se com ela. Então, a antiga condição desaparecerá e você vivenciará o júbilo da prece atendida. Diz a Bíblia: "Não precisarás lutar nesta batalha. Fica ereto e quieto, e vê a salvação do Senhor."

A palavra "salvação", no sentido espiritual, vem de um antiquíssimo termo hindu que significa solução para um problema, resposta para uma prece. Quer dizer também que você está salvo do medo, da ignorância e da superstição. Salvo da doença, da contaminação, da carência e de todos os tipos de limitação porque tem consciência da Presença Divina em seu ser e da sua capacidade de entrar em contato com ela. Quando clama pela Presença, Ela responde. Ficará com você na adversidade, irá colocá-lo no refúgio do Altíssimo porque você conhece seu nome e seu nome é natureza, o Seu modo de atuação.

"Eu chego à tua porta e bato. Se algum homem ouvir minha voz e abrir a porta, entrarei e cearei com ele e ele comigo." A Presença Divina está sempre batendo na porta do seu coração, sempre procurando se expressar através de você nos níveis mais elevados. Você é um canal para o Divino e, por isso, deve ouvir os murmúrios e sussurros do seu coração, porque Deus está constantemente lhe dizendo: "Suba mais. Preciso de você em níveis mais elevados." Por isso, seus desejos de melhoria em todos os aspectos da vida humana são dádivas de Deus e a realização do desejo é seu salvador. Se estivesse perdido em uma floresta, a Orientação Divina, a Luz de Deus, iluminaria seus passos e lhe mostraria o caminho para sair dela. Se você tem fome, o alimento é o seu salvador. Se estiver morrendo de sede no deserto, a água é o seu salvador. Se estiver preso, a liberdade é o seu salvador. Se estiver doente, a saúde é o seu salvador. Portanto, a resposta e a conscientização salvadora estão no seu interior porque Deus habita no fundo do seu ser.

AUMENTE O PODER DO SEU SUBCONSCIENTE
PARA CONQUISTAR UMA VIDA MAIS ESPIRITUALIZADA

Diz a Bíblia: "Eu me rejubilo em Deus, meu Salvador. Fique imóvel e veja a salvação do Senhor". Essa recomendação significa acalmar as engrenagens da sua mente. Clame sempre a essa Infinita Inteligência e ela lhe responderá. Se pedir um peixe, ela não lhe dará uma serpente. Se pedir por pão, ela não lhe dará uma pedra, ou seja, ela se tornará a encarnação do seu ideal.

Tenha a profunda convicção de que tudo está bem, apesar de o raciocínio lhe dizer que o problema é insolúvel. Não se deixe abater, fique imóvel. Viva em um clima de vitória e ela será sua. Tendo visto o fim, resolvido o problema, você cria os meios para sua realização. Contemple o final feliz. Conscientize-se de que todo o Poder Divino fluirá para o ponto focal da sua atenção. Eu sou é o puro ser não condicionado. É o Poder Criativo Infindável. Eu sou significa o Infinito, que é o Deus Pai-Mãe que reúne os princípios masculinos e femininos.

Os antigos hebreus diziam que Deus, para criar, dividiu-se em dois: Homem e Mulher. Então Deus concebeu-Se a ser o Sol, a Lua e as estrelas. Concebeu-Se como humano e todos os arquétipos ou modelos foram dados ao Seu aspecto feminino, que é chamado o ventre de Deus, que criou todas as coisas em sequência e trouxe à luz tudo o que existe no Universo. Não existe nada que não tenha sido criado dessa maneira.

Você também foi criado assim, também é homem e mulher. A mente consciente é o homem, o subconsciente é a mulher. Tudo o que você impregna no subconsciente — seu aspecto feminino — ele traz à luz, quer seja bom, quer seja ruim, quer seja neutro. Você pode afirmar que é homem, mulher, americano, europeu, pai, mãe, médico, republicano ou democrata — que são fatos sobre sua pessoa —, mas isso representa uma limitação do Infinito, pois Deus não tem limites. Esses estados são expressões construtivas do Infinito.

Dizer que Deus é qualquer coisa implica limitação ou circunscrição. Deus é Infinito. Os homens são algo em particular. Um ser humano é a individualização da Consciência Divina. Emerson disse: "Cada homem é Deus caminhando pela Terra." Em outras palavras, Deus tornou-se humano acreditando-se humano; portanto, a humanidade é Deus em limitação. Cada indivíduo nasceu com certos dons, talentos e habilidades; todos são únicos. Não existe ninguém no mundo igual a você, porque você é. Talvez tenha inclinação para a mecânica, para a música, para o espiritual, e assim por diante. Somos todos diferentes. Não há duas folhas de grama iguais nem dois flocos de neve ou duas raízes iguais. Uma das leis da vida é a diferenciação infinita. Algumas pessoas são altas, outras baixas; algumas são gordas, outras magras; algumas nascem com deficiências físicas, outras não.

Apesar das diferenças, somos iguais aos olhos de Deus, mas as pessoas não são iguais em força, sabedoria ou compreensão. É possível atribuir qualidades negativas ao Eu sou. Alguém diz: "Eu sou burro. Eu sou inferior. Eu sou tímido. Eu sou rejeitado. Eu sou doente. Eu sou infeliz. Eu sou pobre." Lembre-se, porém: *aquilo que foi atribuído ao EU SOU com emoção, com um sentimento profundo, é o que você se tornará*. Tais atribuições acontecerão se você continuar a repeti-las, porque a repetição fará com que saiam da sua mente racional e se afundem no subconsciente. Como sementes, darão origem a frutos da sua mesma espécie. Por isso, preste atenção para não atribuir nada que não seja nobre, digno e divino ao Eu sou. "Buscai primeiro o Reino dos Céus e sua justiça e tudo o mais vos será acrescentado."

AUMENTE O PODER DO SEU SUBCONSCIENTE
PARA CONQUISTAR UMA VIDA MAIS ESPIRITUALIZADA

Qual é o significado dessa frase? O Reino dos Céus — ou de Deus — está no interior do seu ser. Ele é sua consciência, sua percepção de existir, sua imaginação, seus sentimentos, suas emoções e crenças — sua parte invisível. Seu estado de conscientização é o que você pensa e crê, o que sente e o que imagina ser. Portanto, seu estado de conscientização é tudo o que você pensa, sente, acredita e ao qual dá seu consentimento mental. Tudo isso é ampliado e dramatizado na tela do espaço e posteriormente se torna realidade.

Sua consciência é o único Deus, o único Poder Criativo. Seus pensamentos e suas emoções, que criam seu destino, são elementos da Divindade. Seu estado de conscientização é a soma total do seu modo de pensar, sentir e acreditar consciente e inconsciente. Você precisa, antes de tudo, entrar em sua *consciência*, sua mente, e nela afirmar o que deseja ser. Então, o Espírito que habita no seu interior honrará, validará e manifestará seu desejo. Feche a porta dos seus sentidos. Ore ao seu Pai, que está em segredo. O Pai é o Poder Criativo, o Progenitor, o Princípio Vital que lhe dá vida, a Fonte de todas as coisas. "No princípio era o Verbo e o Verbo estava com Deus e o Verbo era Deus." A palavra é o pensamento expressado. O apóstolo João diz que o Verbo também era Deus, porque a palavra é criativa. Se uma mulher for hipnotizada e colocarmos a ponta do dedo em seu pescoço, dizendo "Isto é um ferro em brasa", nesse local surgirá uma vermelhidão, até mesmo uma bolha, causada por modificações no sistema nervoso autônomo. Em outras palavras, o começo e o fim são os mesmos. Pensamento e manifestação são uma única coisa. Assim, pensamentos são matéria; o que você sente, você atrai e o que imagina ser, você será. Quando começar a desejar algo, recorra à sua conscientização (o Reino dos Céus) e ao uso correto das leis da mente (sua justiça).

Seu conceito sobre você mesmo determina seu futuro. Sua vida e o ambiente em que vive têm de ser bons ou muito bons, porque são a imagem e semelhança da consciência que o criou. Por exemplo, a lei do Senhor é perfeita porque, se você tivesse consciência de ser uma coisa e expressasse algo diferente do que sente e acredita ser verdade, estaria havendo uma violação da lei. Uma semente de maçã, ao germinar, só pode se tornar uma macieira.

Se você está cheio de ódio, ressentimento, hostilidade e má vontade, será incapaz de expressar amor, paz, beleza, alegria ou qualquer outro sentimento bom. As emoções negativas se emaranham no subconsciente e, devido à sua natureza, precisam se manifestar como acontecimentos desagradáveis, destrutivos. A lei é perfeita e não pode ser contrariada, e traz ao mundo a semelhança com nossa concepção sobre nós mesmos.

Os antigos teólogos definiam o Absoluto, o Único, da seguinte maneira: "Sempre o mesmo no meu ser mais profundo, eterno, único, inteiro, completo, perfeito, indivisível, que não tem tempo, nem forma, nem idade. Sem rosto, formato ou figura. A presença silenciosa e governante fixada no coração de todos os seres humanos. Ele é a neve virgem no cume da montanha. As frutas nas encostas dos vales. O ouro e a prata nos altares dedicados aos deuses. Sim, é a lama nas sandálias dos fiéis que são deixadas à porta dos templos. Veja-me e ouça-me em *tudo*, ó filho de Deus, e certamente verás." Isso é como dizer que cada pequenina coisa que você vê é Deus manifestado. É Deus aparecendo como o Sol, a Lua, as estrelas, as árvores, o solo, a lama, tudo o que existe no mundo. Deus é todas as coisas, porque, como está escrito nos Upanishads, Deus pensa e mundos aparecem.

Sempre que você diz "eu sou" está anunciando a presença do Deus Vivo no seu interior. Ao longo dos séculos, muitos procuraram pela pedra filosofal, pelo graal ou pela vara mágica para modificar os fatos da própria vida, mas a palavra milagrosa sempre esteve em sua boca. É o Eu sou, que anuncia o Puro Ser, a Realidade em você, o Espírito Vivo no seu interior. Ele jamais nasceu e nunca morrerá; a água não pode molhá-lo, o fogo não pode queimá-lo, o vento não o sopra para longe. Como é maravilhoso saber que Ele está em nós!

Pare de se condenar por erros passados. Conscientize-se de que pode ser o que deseja ser agora mesmo, neste instante. Clame agora que você possui o que ansiava por possuir, que está fazendo o que ansiava por fazer. Sim, viva nesse clima mental e pouco a pouco ele irá da sua mente consciente para o seu subconsciente, onde se transformará em uma convicção se você estiver disposto a nutri-lo e sustentá-lo. Então suas limitações se desintegrarão e, como a fênix, você renascerá das cinzas como uma nova e bem-sucedida pessoa.

Você precisa ir além dos aspectos mais tristes e negativos da vida e fazer ressurgir a crença na opulência de Deus, derrotar a crença na doença e acreditar que a vontade de Deus para você é vê-lo saudável, vigoroso, livre, forte, alegre e feliz. Declare que a inteireza de Deus está fluindo através de você. Afaste sua atenção de uma infinidade de motivos para que você não seja bem-sucedido e focalize-a no seu ideal. Alimente e apoie esse ideal e a resposta virá. Continue concentrado nela e mais cedo ou mais tarde um novo dia nascerá, afastando todas as trevas.

Lembre-se de que Deus é o Espírito Vivo em você. Deus é Todo benevolência, paz, harmonia, amor, sabedoria sem limites, Infinita Inteligência e absoluta e indescritível Beleza. Deus é chamado por vários nomes: Jeová, Alá, Brahma e muitos outros. Nos Salmos, por exemplo, 67 nomes são dados a Deus, relacionados com poderes, atributos, qualidades e potencialidade, mas Ele não tem nome.

Entretanto, saiba que você não conseguirá entrar em contato com a presença de Deus em seu interior se estiver cheio de mágoa, autopiedade, sentimentos de culpa, crueldade e má vontade. Lembre-se do grande ensinamento bíblico: quando você for rezar, perdoe os seus inimigos para que o Pai Celestial possa perdoá-lo. E mais: se você for ao altar para oferecer sua oferenda e tiver raiva do seu irmão, primeiro faça as pazes com ele e depois faça a oferenda. Sua oferenda é seu desejo; o altar é sua mente, onde você caminha e conversa com Deus. A única oferenda que você pode dar a Deus é louvor e agradecimento. Chegue à Sua presença cantando. Entre nos Seus átrios com louvor. Seja agradecido a Ele e louve o Seu nome.

Todavia, você deve chegar ao Senhor sem máculas. "Não pode haver mácula em ti. Tu és toda bela, meu amor. Não há mácula em ti." O amor é a obediência à lei — da saúde, da felicidade e da paz. Portanto, ao se aproximar de Deus, você deve estar cheio de amor e benevolência. O amor é uma emanação da boa vontade, é alargar o coração desejando para todos os seres o que você deseja para si próprio. Deseje, mesmo para os que o magoaram ou prejudicaram, amor, paz, harmonia, alegria e todas as bênçãos da vida. Você saberá que os perdoou por completo porque não sentirá mais uma pontada no coração ao pensar neles. Suponha que há um ano você teve um abscesso muito dolorido, que precisou ser lancetado. A ferida resultante também lhe causou dores insuportáveis, mas, com o passar do tempo, ela cicatrizou e você não sente mais dor. Ainda se recorda do sofrimento, mas não sente mais as pontadas e o latejar do ferimento. Isso é o perdão.

Se você ficar sabendo de excelentes notícias sobre alguém que o prejudicou, trapaceou ou enganou, ou que o caluniou ou desprezou, e sentir uma onda de raiva fervendo em seu cérebro, significa que as raízes do ódio ainda estão na sua mente consciente trazendo confusão para a sua vida. O poder de Deus não flui por uma consciência contaminada. Se um cano está obstruído por sujeira e ferrugem, a água não pode correr livremente por ele. Se um encanador for chamado e substituir o pedaço estragado, a água virá porque sempre esteve esperando para fluir pelo encanamento.

É o que acontece com o Poder Curador de Deus que está no seu interior. Você tem de estar mentalmente puro quando se aproxima Dele. Isso é amor. Todos os males são causados pela separação do Divino. Quando nos ligamos a Ele com boas intenções, obtemos as respostas e todos os males são sanados.

"No princípio, Deus" é o que a Bíblia nos ensina. Por isso, Deus tem de estar em primeiro lugar em sua vida. Será que você coloca alguma coisa antes dele? Você diz "Sou muito ocupado para orar, meditar e me ligar com Deus"? Não! Você está dando poder a coisas criadas, aos seus filhos, aos seus negócios, à sua empresa, às circunstâncias e fatos da sua vida. No entanto, tudo o que existe é mutável. O pensador científico não concede poder às coisas criadas, não concede poder a estátuas, pedras, ao

Sol, às constelações, à água, às árvores ou às montanhas. Ele faz aliança com o Eu sou que habita o seu interior, dá-lhe toda a sua devoção e lealdade, sabendo que esta é a única Presença, o único Poder, a única Causa, a única Substância. No instante em que alguém concede poder a qualquer outra coisa que existe no mundo, está praticando a idolatria, que a Bíblia às vezes chama de adultério, porque é como se essa pessoa estivesse coabitando com o mal no leito da mente dela própria.

Lembre-se da grande verdade: "Eu sou o Senhor, teu Deus. Não terás outros deuses diante de *mim*." Sim, ponha Deus em primeiro lugar em sua vida e você só colherá alegrias. Se houver caos e confusão, doença ou pobreza em sua vida, é sinal de que você está colocando alguma coisa antes Dele. Portanto, de manhã, antes de sair de casa para o trabalho ou compromissos, sente-se, respire fundo e peça a orientação de Deus para praticar as ações corretas em sua vida, peça paz e harmonia, e o amor de Deus inundará sua mente, seu coração e todo o seu ser.

Existe um Único Poder, uma Única Causa, uma Única Fonte, uma Única Substância. Essa é uma verdade antiquíssima, é chamada na Bíblia de Sarça Ardente, que despertou a atenção de Moisés. Ela tem esse nome porque é a luz eterna que jamais nasceu e nunca morrerá. Ela é a presença de Deus em nós. Não tem começo nem fim, é mais velha do que o dia e a noite, mais jovem do que um recém-nascido, mais brilhante do que a luz, mais escura do que as trevas e está muito além de todas as coisas e criaturas, mas, ainda assim, está fixada no coração de todos.

Você sabe o que alguns cientistas, médicos e engenheiros fazem ao se verem diante de um problema difícil, aparentemente insolúvel? Eles dizem: "Deus me mandou aqui para resolver esse problema." Dizem também: "O problema está diante de mim, mas Deus também está aqui e, para Ele, não existe o insolúvel. A Infinita Inteligência e a ilimitada sabedoria de Deus só conhecem a resposta." Não se vai a Deus com o problema, mas com a certeza da solução. Quem tem consciência de que a luz de Deus brilha sobre ele e que Deus está sempre pronto para lhe revelar a resolução, não se aflige com problemas difíceis. As ideias, a sabedoria, a inteligência, o poder e a força — tudo lhe é dado pelo Eterno — surgirão em sua mente em uma resposta à sua atitude mental.

Lembre-se de que qualquer descrição ou definição de Deus é limitação. Baruch Spinoza, um grande filósofo, dizia que definir Deus era negá-Lo. Contudo, ninguém pode negar o Ser Infinito. Seu EU SOU é seu verdadeiro ser, sua real natureza, seu eu superior. Lembre-se também de que ninguém pode dizer EU SOU por você. Você tem de ser o primeiro na piscina de Siloé, diz a Bíblia. Você é o primeiro na Sagrada Onipresença e ninguém pode tomar a sua frente. Nenhuma pessoa, lugar ou coisa, nenhuma condição ou circunstância pode prejudicar o seu bem. Não há nenhum poder, não há nenhuma pessoa no Universo capaz de impedir o fluxo dos seus pensamentos, emoções, imagens mentais ou do Espírito em você. O Espírito é poderoso, tem poder sobre tudo. E essa é sua verdadeira identidade, a presença de Deus em você.

Tudo o que você liga ao EU SOU com convicção, você será ou terá. Por isso, jamais diga: "Eu não posso" ou "Eu sou muito fraco" ou ainda: "Não existe uma saída." Pense: "Aquele que é me colocou aqui." Se está encontrando discórdia no seu emprego, dificuldades em seu lar, se você tem um problema emocional, se está enfermo, diga: "Deus está aqui e me mostrará uma saída." A estrada se abrirá e você superará todas as dificuldades.

Deus não é um ser barbudo e colérico, sentado em um trono no Céu. Deus é Puro Espírito, Vida Criativa, Mente Infinita, Infinita Inteligência e Sabedoria Ilimitada. Quando a Bíblia afirma: "Deus falou a Moisés", está apenas contando que Moisés, em uma meditação, pedia a orientação e a inspiração de Deus. O sentido da intuição cresceu dentro dele. A intuição é o pensamento vindo de dentro para fora. Então, a inspiração começou a fluir e Moisés compreendeu: "No princípio Deus criou o Céu e a terra. E a terra estava vazia e vaga, e as trevas cobriam o abismo..." E foram esses conhecimentos que ele transmitiu ao seu povo.

Todos os autores dos textos bíblicos foram inspirados, conheciam as grandes leis da mente e o modo de atuar do espírito, e eram mestres na arte da psicologia e na história da alma. Muitas vezes falaram por meio de parábolas, alegorias, fábulas, mitos, criptogramas e números, em uma linguagem cabalística.

Se você disser "Eu sou fraco, não presto para nada", estará se destruindo. Por isso, jamais diga "Eu sou medroso" ou "Eu sou ciumento" ou ainda "Eu sou crítico", porque está encurtando sua vida, porque suas células vão se tornando mais sensíveis ao sofrimento. Diga, em lugar disso: "Eu sou uno com Deus. Um somado a Deus é uma maioria. Deus me ama e cuida de mim. O amor de Deus me cerca e me envolve. Minha vida é abençoada. O amor Divino caminha à minha frente, endireitando e iluminando minha estrada."

Emerson, o grande filósofo norte-americano, escreveu: "Todas as pessoas bem-sucedidas concordam em uma coisa: na lei de causa e efeito. Sim, esses indivíduos acreditam que o que lhes acontece não depende da sorte, e sim do resultado de uma lei. Dizem também que jamais encontraram um elo fraco na cadeia que uniu a primeira e a última das coisas — a causa e o efeito." Pessoas tolas e inconsequentes acreditam na sorte; as sábias e fortes acreditam na causa e no efeito.

Mark Twain disse: "A sorte bate na porta de todas as pessoas, mas, na maioria das vezes, o homem está no bar ao lado e não consegue ouvi-la." Você tem de estar sempre alerta, vivendo aqui e agora para poder aproveitar as oportunidades que estão sempre surgindo à sua volta. Não espere ser recompensado pela indolência, pela apatia ou pelo desleixo.

O ditado "O homem é o que pensa no seu coração" determina e retrata todas as experiências e condições de sua vida. Você é o que pensa o dia inteiro e seu caráter é a totalidade dos seus pensamentos. A lei de causa e efeito é tão válida e absoluta no reino oculto dos pensamentos como é no mundo das coisas materiais e visíveis. EU SOU o alfa e o ômega, EU SOU o primeiro e o último. Causa e efeito, ação e reação. EU SOU o Senhor, Deus de toda a carne. EU SOU o Senhor, teu Deus, e do nascer do sol até o ocaso, não existe outro. Que magnífica verdade!

Tudo o que existe é feito na sua consciência, no que você é. Sua alegria e seu sofrimento são reflexos do seu modo habitual de pensar. Para ter boa sorte, conscientize-se de que você é o mestre dos seus pensamentos, das suas emoções e reações à vida. Você cria e molda suas condições, suas experiências e seus sucessos. Cada pensamento sentido como real e aceito como verdade pela sua mente objetiva se enraíza no subconsciente e mais cedo ou mais tarde gera frutos da própria espécie. Bons pensamentos trazem bons frutos. Maus pensamentos geram frutos amargos.

Não é o azar ou o destino que leva as pessoas aos hospícios ou asilos. A causa desse infortúnio é a trilha de pensamentos maldosos, destrutivos ou criminosos que estiveram sendo acalentados no coração de cada ser. Quando atingiram um ponto de saturação na mente subconsciente, precipitaram-se em experiências e atos segundo a imagem e semelhança do modo negativo de pensar.

Apaixone-se por uma imagem mais elevada de você mesmo, o Eu Superior que existe no seu interior. Se surgir um pensamento de medo, diga: "Eu exalto Deus dentro de mim." Não existe medo onde há amor. Não há medo em Deus, o Único Poder. O medo se fundamenta na suposição de que há forças que se opõem a Deus.

Há pessoas que acreditam no diabo, em poderes maléficos etc. Mas existe um Único Poder, que se move como uma unidade e harmonia, como amor e vida. EU SOU a ressurreição e a vida. Seu Eu Superior cria tudo o que você afirma e sente como sendo verdadeiro. Por isso, você pode ressuscitar riqueza, saúde, paz, amor, beleza, qualquer coisa que possa ter perdido em sua vida.

Como você usa esse poder soberano? Se pensar no bem, receberá o bem; se pensar no mal, receberá o mal. Se você usar esse poder de maneira negativa, destrutiva e maldosa, surge o que chamamos de diabo ou demônio, o adversário, limitações, doenças, miséria e sofrimento. Se usá-lo regularmente, de maneira construtiva e harmoniosa, terá em sua vida paz, amor e alegria, o que chamamos de Deus, Alá, Brahma, Jeová etc.

Eu sempre repito que nos tornamos o que ligamos ao EU SOU. Se você disser com sentimento e convicção "Eu sou pobre, Eu sou um fracasso, Eu sou doente, Eu sou quase cego", esses estados se concretizarão em sua vida. Entenda que o seu Eu sou é o seu Eu Superior, o ser universal que vive, respira e se movimenta em você. Ele é o Eterno, o Onisciente, o Eternamente Sábio, o Eternamente Pacífico, o Único Poder que vive no coração de todos nós.

Então, afaste sua atenção do que é pio, santarrão, não natural e outras falsas conotações associadas com a Divindade. Conscientize-se do fato de que você não criou a vida; a vida simplesmente é. Também não criou o Céu, as estrelas ou as galáxias, nem mesmo criou o funcionamento do seu organismo. Não foi você que colocou ordem no Universo nem criou plantas e animais. Foi Deus quem criou todas as coisas — Deus, a Divina Inteligência.

Lembre-se de que você é o que contempla. Você tem livre-arbítrio para escolher o que deseja contemplar, seja ódio, seja amor, mas se tornará a imagem e semelhança do que escolheu. Então, escolha dizer: "Sou íntegro, sou iluminado, sou inspirado, sou um filho de Deus, sou livre, feliz e alegre; sou iluminado e saudável, sou perfeito." Essa deve ser sua prece, sua canção para Deus, que você pode ver realizada. Ela entra em seu coração e tudo o que é impresso no subconsciente, tudo o que sente como verdadeiro, se manifesta em sua existência. O que você liga ao Eu sou?

O que você fala do Eu sou que é o mais profundo do seu ser? Declara que é filho do Deus Vivo? Ou diz "Sou filho de Joe e Jennie Jones, sou fraco e não sirvo para nada"? Não! Diga com convicção: "Sou filho do Deus vivo. Eu sou herdeiro de tudo o que Ele criou." O Ser Universal está dentro de você. O indivíduo Eu Sou é o mesmo Eu sou universal. A palavra "personalidade" deriva do termo "persona", que significa "máscara" — a máscara que todos usamos é a soma total do nosso modo de pensar, nossos sentimentos e crenças. Ela é formada com base na doutrinação, em conceitos teológicos e em crenças que foram impressos no nosso subconsciente durante nossa infância e nos nossos treinamentos, ambiente e condicionamentos.

É comum, por exemplo, certas pessoas que estão procurando emprego — ou que desejam ser promovidas — serem obrigadas a se submeter a testes psicológicos porque os empregadores querem ter informações sobre o temperamento e a disposição de cada um. As companhias preferem que seus funcionários não estejam cheios de hostilidade, preconceitos e temores ou sob estresse emocional. Esses testes não são cem por cento exatos, mas revelam grande parte do caráter, temperamento e disposição dos candidatos. Além disso, mostram as aptidões e os talentos, e o potencial para trabalho em diferentes áreas, como mecânica, ciências físicas e biológicas, recursos humanos ou marketing. Muitas vezes, uma pessoa colérica, cheia de rancor e hostilidade não é considerada apta a pilotar um avião ou dirigir um grande veículo de carga. A raiva e outras condições negativas afetam a visão e o candidato pode calcular mal as distâncias e causar um acidente.

Indivíduos desse tipo não conseguem viver em paz com a família, os vizinhos, com ninguém, porque estão em guerra consigo mesmos. A guerra é apenas ânsia, cobiça, ódio, inveja, ciúme, cólera, e assim por diante. Todavia, a lei está escrita no nosso coração e gravada nas nossas profundezas, e se não tivermos paz, amor e harmonia em nosso subconsciente, não haverá paz no nosso ambiente. Uma nação é um agregado de indivíduos. Pessoas ou povos irados não fazem paz com ninguém porque brigam consigo mesmos. O que está no interior sempre combina com o que está no exterior.

"Grande paz têm os que amam Tua lei e nada os ferirá. Manterás em perfeita paz aqueles cuja mente está focada em Ti." Sim, concentre sua mente em Deus e o rio da paz estará sempre fluindo e permeando seu ser. "Com meus olhos repousando em Ti, não há mal no meu caminho."

William K. teve um ataque de angina. Seu médico diagnosticou que a causa era um bloqueio nas coronárias e praticamente não existiam chances de cura, dando-lhe apenas três ou quatro meses de vida. William não aceitou a situação porque estava decidido a viver. Posteriormente, ele me contou que se lembrou de que tudo o que ligamos ao EU SOU se torna realidade e resolveu pôr o ensinamento em prática.

"Eu estava de cama, mas inventei uma música com as afirmações positivas e passava o dia cantando: 'Eu sou saudável e perfeito. Eu sou forte. Eu sou vigoroso. Eu sou tranquilo e feliz. Eu sou abençoado por Deus. Eu estou curado.'"

De fato, William ficou totalmente curado em duas semanas e tem o eletrocardiograma para provar. O médico não escondeu seu espanto com esse resultado.

Sim, nós nos tornamos tudo o que ligamos ao EU SOU com convicção. Deus é a Única Presença Curadora, o Único Poder, e está à disposição de todos nós nos momentos de crise. Mantenha sempre sua tranquilidade de espírito reiterando que o rio da paz de Deus fluirá através de todo o seu organismo sempre que você chamar por Ele.

Eu costumava dar palestras na Yogi Forest University, que fica ao norte de Nova Délhi, perto da cordilheira do Himalaia. Muitos animais selvagens subiam até a universidade, mas não atacavam ninguém. Um dos iogues que conheci me contou que tinha o hábito de entrar na selva para caminhar, e nenhum animal feroz, nenhuma serpente, jamais o tocava. Às vezes, até recostava em um tigre para descansar. Como conseguia isso? Ele me disse que via a presença de Deus em todas as Suas criaturas e estava em paz com elas.

Um repórter entrevistou um fazendeiro no Arizona.

— O senhor não tem medo do número enorme de cascavéis que existem nesta região?

A resposta foi:

— Não. As cobras sabem que eu não vou machucá-las e eu sei que elas não vão me machucar.

Esse homem, como o iogue, estava em paz com a natureza, e essa atitude é uma via de mão dupla. Muitos guardas-florestais e caçadores afirmam que quando olhamos para um leão com paz no coração, ele não atacará. Todavia, se começarmos a correr, o ataque virá imediatamente.

Eu sou o alfa e o ômega, o começo e o fim. Ação e reação são uma coisa só. A ideia para uma peça de teatro, uma sinfonia, uma invenção e tudo o mais já está em sua mente. Quando essas coisas se tornam realidade, são uma exata reprodução do que estava em sua mente. A ideia e a manifestação são uma coisa só. A ação e a experiência são uma coisa só. Se você escreveu um romance, o tema central, a ação, os personagens e cenários etc. são reproduções do que acontecia em sua mente. O começo e o fim são sempre a mesma coisa.

AUMENTE O PODER DO SEU SUBCONSCIENTE
PARA CONQUISTAR UMA VIDA MAIS ESPIRITUALIZADA

Comece seu dia com pensamentos de amor, fé e confiança, e isso é o que se refletirá nas pessoas, condições e circunstâncias que você encontrará em seu caminho. Você terá êxito no trabalho e nos empreendimentos, porque criou um bom começo, uma atitude de fé e confiança. Essa é sua atitude de espírito. Todavia, quem começa o dia com medo, ansiedade e desconfiança só encontra o fracasso. O fim sempre confirma o começo, o visível é uma prova do invisível. Comece o dia com Deus, comece o dia com uma prece, com amor, e você vivenciará o amor. Jamais comece com medo ou ansiedade.

Em uma ocasião em que estive em Detroit, um homem me contou que havia começado seu negócio, um restaurante, com um mínimo de capital. Mas tinha o hábito de dizer: "Estou fazendo a coisa certa e serei bem-sucedido. Vou colocar em prática a Regra de Ouro e vou ter pleno êxito na minha vida profissional." Com o passar do tempo, vários investidores vieram procurá-lo e lhe deram apoio financeiro. Atualmente ele, de fato, é extremamente bem-sucedido. Por quê? Porque começou seu negócio com fé e confiança.

Então, lembre-se: "Sou o alfa e o ômega, o começo e o fim, disse o Senhor." Deus é o começo e Deus é o fim. Quem se alia a Deus constitui uma maioria, e se Deus é por você, quem será contra você? Tenha sempre em mente as grandes verdades, como: "Eu sou o primeiro e o último e além de mim não existe Deus. Sou o Senhor, teu Deus, que te tirou da terra do Egito, da casa da servidão. Eu sou o Senhor teu Deus, e do nascer do sol até o ocaso, não existe outro. O amor de Deus inunda a sua alma A luz de Deus ilumina o seu caminho agora e para sempre."

Resumo do capítulo

- Quando você diz EU SOU, está anunciando a Presença do Deus Vivo no seu interior. Está declarando que é. EU SOU AQUELE QUE É. Essa afirmação indica o que você gostaria de ser ou de fazer. "É" significa a prece atendida, o êxito, a realização do seu desejo, do seu sonho ou da sua aspiração.
- Tudo o que você liga ao EU SOU com sentimento e compreensão se torna realidade.
- Afaste sua atenção do seu problema, seja ele relacionado com doença, seja com carência, seja com limitação. Focalize sua atenção no seu ideal, na sua meta, no seu objetivo. Afirme que é o que anseia ser, sentindo que seu desejo já se realizou. Então, o antigo estado desaparecerá e você vivenciará a alegria da prece respondida.
- Tenha a profunda convicção de que tudo está bem, apesar de a razão mostrar que o problema será difícil de solucionar. Permaneça tranquilo. Viva em um clima de vitória e a vitória será sua.
- O Reino dos Céus — ou o Reino de Deus — se localiza dentro de você. É sua consciência, sua percepção de ser — sua parte invisível. É sua mente, seus pensamentos, sua conscientização, sua imaginação, seus sentimentos e suas crenças. O seu estado de conscientização é a soma do que você pensa, sente e acredita, o que imagina ser.
- Ao longo dos séculos, os homens procuraram pelo Santo Graal, pela pedra filosofal e pela palavra mágica, mas ela sempre esteve em nossos lábios milhares de vezes por dia.

É o Eu sou que anuncia o seu Puro Ser, sua Realidade, o Espírito Vivo no seu interior. Ele nunca nasceu e jamais morrerá. A água não consegue molhá-lo, o fogo é incapaz de queimá-lo, o vento não o sopra para longe. Tome consciência dessa realidade que é sua.

- Pare de se acusar e condenar. Aprenda que agora você pode declarar o que deseja ser. Afirme que possui o que anseia possuir, que está fazendo o que gostaria de fazer. Procure viver dentro desse clima mental. Suas declarações pouco a pouco irão passando da sua mente consciente para o inconsciente, no qual gradualmente irão se tornando convicções, desde que sejam nutridas e sustentadas. A certa altura, suas limitações se desintegrarão e você, como a fênix, se levantará das cinzas do passado para se tornar uma nova pessoa.

- Ponha Deus em primeiro lugar em sua vida e tudo dará certo para você. Se você está enfrentando caos, confusão, doença ou pobreza significa que está pondo alguma coisa na frente de Deus. No princípio, só havia Deus. Todas as manhãs, antes de sair para o trabalho ou fazer outras atividades, sente-se, tranquilize sua mente e peça a Deus que o guie, de modo a fazer sempre as ações corretas. Peça paz e harmonia, e o amor de Deus inundará sua alma, seu coração e todo o seu ser.

- Jamais diga "Eu sou fraco" ou "Eu não conseguirei". Também nunca diga "Não existe saída para essa situação". Apenas afirme: "Eu sou me mandou para cá." Se está enfrentando discórdia no seu emprego ou no seu lar, se sofre com um problema emocional ou doença, proclame: "Deus está aqui e Ele me mostrará o caminho. Deus pode

me curar em todos os aspectos." Então, as portas se abrirão e sua estrada da vida ficará iluminada, favorecendo a superação das adversidades.
- Para ter boa sorte, conscientize-se de que você é o dono dos seus pensamentos, de suas emoções e reações, é o criador e formador das suas condições, das suas experiências e dos seus sucessos. Cada pensamento sentido como verdadeiro e recebendo a permissão da sua mente racional se enraíza no subconsciente e mais cedo ou mais tarde frutifica. Bons pensamentos geram bons frutos. Pensamentos negativos geram frutos amargos.
- Comece o dia com amor, fé e confiança e você terá amor, fé e confiança o dia inteiro. Se você puser pensamentos de amor, fé e confiança nos seus empreendimentos, alcançará o sucesso, porque teve um bom começo. O importante é sua atitude mental. O resultado será a imagem e semelhança dos seus pensamentos. Se começar seu dia com medo, ansiedade e preocupações, você conhecerá o fracasso. Sim, o fim confirma o princípio. O visível é uma prova do invisível.

Capítulo 2
O grande segredo de todas as eras da humanidade

Infelizmente, existe um número imenso de pessoas que acredita em magia sombria, mau-olhado ou feitiçaria e acha que pode ter a vida afetada por influências externas. Elas mesmas criam suas desventuras e frequentemente caem na armadilha de serem vítimas do que mais temem. São crenças falsas, mas que às vezes causam até a morte desses indivíduos.

As sugestões de outras pessoas não têm poder para criar o que elas sugerem. O poder está no seu pensamento, não porque se trata do *seu* pensamento, mas porque é pensamento. A capacidade do Espírito é pensar. O Espírito é a presença de Deus em você e é sempre o movimento de seu pensamento que tem o poder de criar. Você tem o poder de rejeitar por completo qualquer sugestão negativa e se unir mentalmente com a Onipotência dentro do seu ser. Então, estará sintonizado com o Infinito.

Para, de fato, ter uma vida plena e feliz, você tem de despertar para a maior de todas as verdades. Esse é o grande segredo de todas as eras da humanidade. Ele está expresso na Bíblia, no livro do Deuteronômio. *Ouve, ó Israel: Yahweh, nosso Deus, é o único Senhor.* A palavra "ouve" significa compreender. "Ó Israel" significa iluminado, despertado, uma pessoa que sabe que o Eu sou é a presença de Deus em nosso interior.

AUMENTE O PODER DO SEU SUBCONSCIENTE
PARA CONQUISTAR UMA VIDA MAIS ESPIRITUALIZADA

Uma pessoa que reconhece a presença de Deus e se sintoniza com ela entende que está ligada ao Altíssimo. "Senhor" significa o Poder Supremo. Existe um Único Poder, o Poder de Deus. Ouve, ó Israel, o Senhor nosso Deus, o Poder Soberano, o Poder Supremo. "Nosso Deus" significa nosso Governador, o Poder Infinito que nos guia e orienta. Ele é "nosso único Senhor" — não dois, nem três, nem dez, nem dez mil. Essa é a maior de todas as verdades: o Único Poder se movimentando como unidade, harmonia, beleza, amor e paz, o Princípio de Vida em todos nós.

Em muitas religiões, as crianças, altamente impressionáveis, são ensinadas sobre um Deus colérico, pronto a castigar as mínimas transgressões, e sobre um diabo que só pensa em fazê-las cair em tentação. São avisadas de que se forem muito más irão para o inferno, onde queimarão e sofrerão para sempre. Ora, a mente infantil só pensa em figuras ou imagens mentais. Devido a essas histórias, elas imaginam Deus sentado em um trono nos Céus, cercado de anjos, e o diabo em um abismo profundo, envolto em chamas.

Ensinar essas mentiras cria nas crianças uma psicologia de medo e condenação que pode chegar a lhes destruir a vida. Céu e inferno só existem em nossa mente. Todos nós criamos nosso próprio Céu e nosso próprio inferno pela maneira como pensamos, imaginamos, sentimos e acreditamos. O inferno é o conjunto de nossas restrições e o Céu é nossa mente em paz. "Pai nosso, que estais no Céu" descreve a Inteligência Invisível dentro da qual nos movimentamos, vivemos e temos nosso ser.

Na Antiguidade, os povos primitivos atribuíam o prazer e a felicidade aos deuses e as dores, os sofrimentos e a pobreza aos espíritos maus ou demônios porque não entendiam os fenômenos da natureza, como secas, terremotos e inundações. Para aplacar a ira dos maus espíritos, faziam oferendas e criavam rituais com música e dança.

O Sol lhes dava luz e calor, mas em uma seca prolongada ele calcinava o solo e matava os animais. O fogo cozinhava seus alimentos, mas também podia queimá-los gravemente. A chuva era bem-vinda, mas as tempestades os deixavam paralisados de medo. Além dos raios, que matavam muitos indivíduos, elas traziam inundações, que frequentemente matavam seus filhos e seus animais. Sem saber a verdadeira causa das suas aflições, sua compreensão sobre os poderes externos consistia em crenças fundamentais em muitos tipos de deuses. A partir desse raciocínio ignorante, os povos primitivos passaram a suplicar pela inteligência dos ventos, das estrelas, da água e das pedras, na esperança de que eles os ouviriam e responderiam às suas preces. O passo seguinte foi criar rituais e cerimônias em que faziam oferendas e sacrifícios para os deuses da chuva e do vento, por exemplo. Com o passar dos séculos acabaram por dividir as forças da natureza em deuses com poderes benéficos ou maléficos. É por isso que encontramos universalmente a crença em dois poderes antagônicos.

A crença em dois poderes — bem e mal — não é mais do que uma ressaca causada por ideias ignorantes e supersticiosas. As forças da natureza não são e nunca foram boas ou más. O mesmo vento que infla as velas de um barco tanto pode levá-lo para um porto seguro como para os rochedos. A eletricidade tanto pode ser usada para fazer um motor funcionar como para eletrocutar um condenado. Se usada de maneira construtiva, a energia atômica pode ser fornecida para uma comunidade. A mesma energia, porém, pode arrasar essa comunidade. A água sacia nossa sede e não podemos viver sem ela, mas também pode se tornar um tsunami, matando milhares de pessoas.

Bem e mal não são partes da natureza e só existem na mente dos indivíduos. Pense no bem e o bem surgirá; pense no mal e o mal virá.

A verdade fundamental é que somos parte do Senhor Deus todo-poderoso. O único poder imaterial que podemos conhecer é o nosso pensamento, e ele é criativo. Quando nossos pensamentos são pensamentos Divinos, só encontraremos o bem.

Uma jovem, Lisa L., veio me procurar porque estava passando por uma grande aflição. Contou que havia se desligado de certa religião e as pessoas da igreja estavam rezando contra ela, pedindo que fosse castigada. Agora sentia que tudo estava dando errado em sua vida. Achava que tinha sido amaldiçoada e temia que algo de muito ruim fosse lhe acontecer. Lógico que isso era um movimento da mente dela, porque seres humanos não têm esse tipo de poder. Eu lhe expliquei que tal maldição era, na verdade, o uso negativo da lei do seu subconsciente e que era ela quem estava impondo maldições sobre si mesma devido ao medo. Falei que o que mais temos se torna real para nós se não soubermos revertê-lo. Por isso, precisamos procurar ter sempre pensamentos de amor e nos ligarmos a eles com todo o coração. Essa é a verdade eterna de Deus.

As sugestões daquelas pessoas tinham se tornado um movimento dos próprios pensamentos de Lisa e, como os pensamentos são criativos, ela estava criando seu sofrimento. Sem saber, estava transferindo seu poder interior para os membros da antiga igreja, sem se conscientizar de que eles não tinham o menor poder sobre ela. Aconselhei-a a parar imediatamente de conceder seu poder a outras pessoas. Tudo o que precisava fazer era se alinhar com o Infinito Oceano da Vida e do Amor dentro dela e dar toda a sua devoção e lealdade. Assim agindo, nada de mau lhe aconteceria. Ensinei-a a repetir frequentemente as afirmações do Salmo 91: "Eu habito no esconderijo do Altíssimo e repouso à sombra do Todo-Poderoso; direi do Senhor: Ele é meu refúgio e minha fortaleza. Meu Deus, em quem confio."

Também acrescentei:

— Você deve ver essas pessoas como criaturas extremamente ignorantes e ter pena delas. O verdadeiro e máximo poder é construtivo. Elas estão fazendo sugestões que podem até ter um poder, mas não O Poder, que é Deus. Ele se movimenta com harmonia, beleza, amor, paz, com Onisciência e Onipotência.

E continuei:

— Lembre-se de que uma sugestão não tem poder a não ser que você lhe conceda esse poder. Alie-se com plena consciência à vida, ao poder e ao amor que estão no seu interior e sinta o amor de Deus a envolvendo e penetrando em sua alma. Afirme que você tem uma vida encantada. Sempre que pensar nas pessoas daquela igreja, afirme: "Eu os deixo sair de minha vida e os entrego a Deus."

Praticando os ensinamentos muito simples que lhe dei, a moça alcançou a paz e chegava a rir de si mesma por ter concedido poder aos antigos companheiros. Depois de uma ou duas semanas, alguém lhe contou que cinco das mulheres haviam adoecido e se afastado da igreja. Como a jovem havia criado um escudo de amor em torno de si, os pensamentos maldosos voltaram com o dobro da força para os seus desafetos. Isso é que se chama "bate e volta" ou "efeito bumerangue". E, acredite, ele existe mesmo!

Em um dos meus livros, relatei o caso de uma mulher de Honolulu que havia se casado com um homem de etnia e religião diferentes das dela, causando muito desgosto à sua família. Como o pai era um *kahuna*, um sacerdote da crença havaiana, e afirmava possuir poderes mágicos, ele tomou a decisão de acabar com aquele casamento por meio da feitiçaria. Por incrível que pareça, essa mulher, formada em psicologia pela Universidade do Havaí, vivia com medo, apavorada diante da maldição do pai. Eu lhe expliquei que se ela e o marido estavam unidos pelo amor, nada nem ninguém poderia lhes prejudicar o casamento. Deus é amor, e quando dois corações batem como um só, todas as maldições, excomunhões e pragas do mundo poderiam ser comparadas a um revólver de brinquedo atirando contra um navio de guerra.

A suscetibilidade do nosso subconsciente às impressões, junto com o uso negativo da nossa imaginação, paralisa milhões de pessoas que não conseguem pensar corretamente. Essa mulher sofria por causa da ilusão de que a feitiçaria do pai, o que constitui um uso negativo da mente, era poderosa e conseguiria atingir seu objetivo.

As sugestões negativas, maldições e imprecações maldosas não têm nenhum poder sobre qualquer pessoa, a não ser que ela seja tola e suficientemente ignorante para aceitá-las. Devemos estar sempre conscientes de que somos unos com o Deus de Amor. "Um somado a Deus já constitui uma maioria. Se Deus é por nós, quem será contra nós?" Lemos no Salmo 91: "A desgraça jamais te atingirá e praga nenhuma chegará à tua tenda... não temerei nenhum mal porque estás comigo."

Minha explicação tirou um grande peso da mente da mulher havaiana. Eu lhe dei uma prece para ser repetida várias vezes por dia:

Papai, eu não tenho mais medo de você. Penso que você é digno de pena. Acha que tem poder, mas está apenas usando sugestões negativas. O que você sugere ou deseja para uma outra pessoa está criando em sua própria vida. Sei que estou unida com Deus, o Eterno, e tenho Seu poder dentro de mim. Ele me ama e ama meu marido. Ele nos envolve com seu amor e cuida de nós. Quando penso em você, afirmo que Deus é por mim e ninguém pode ser contra mim. Estou livre de você. Eu o abençoo e o afasto completamente da minha vida.

Pouco tempo depois, a mulher me escreveu dizendo que o pai continuou a odiá-la e ao marido, e que jurava que mais cedo ou mais tarde iria destruí-los com seus poderes. Ela ignorou todas as pragas e ameaças, e, algumas semanas depois, o pai sofreu um enfarte fulminante, caindo morto na rua. Em sua opinião, o homem matara a si mesmo com seu ódio terrível, e eu concordei com ela, porque o ódio mata o amor, a paz e a harmonia. Ele é a negação da Presença Divina em nós.

O ódio, a inveja, o ciúme e a hostilidade matam o amor, a paz, a harmonia, a alegria, a vitalidade e a benevolência. Os pensamentos negativos e destrutivos do *kahuna* lançados à filha e ao genro foram rechaçados porque não encontraram um terreno fértil na mente do casal e voltaram para ele multiplicados.

Tudo o que você deseja para uma outra pessoa é primeiro criado e manifestado no próprio corpo e na experiência. Na Antiguidade, as multidões acreditavam cegamente que os seus sacerdotes tinham o poder de amaldiçoar os que os desagradavam ou irritavam e se aproveitavam da ignorância do povo. Moisés foi capaz de ver por trás das mentiras, das fraudes e dos truques dos sacerdotes egípcios. A religião egípcia era fundamentada na crença da existência de vários deuses, vários poderes. Moisés, porém, sabia que Deus era um só. "Yahweh é o único Deus, tanto no alto do Céu como cá embaixo, na terra. Não existe outro!" (Dt 4, 39). Essa percepção e certeza levaram-no a derrotar todas as ideias negativas e maldições lançadas pelos sacerdotes.

É absolutamente necessário você entender de maneira perfeita esta verdade: a harmonia, a beleza, o amor, a paz, a alegria e todas as bênçãos que podemos receber na vida vêm de uma Única Fonte. Existe um Único Poder. Deus não pode fazer nada de mau, nada que seja diferente do amor, porque Ele é Amor Ilimitado. Deus é harmonia, não pode desejar discórdia. Deus é alegria, não pode desejar tristeza. Deus é harmonia, não pode desejar sofrimento. Deus é vida eterna e não pode desejar a morte, porque a morte não existe. Deus é vida, sua vida aqui e agora.

Na Bíblia, alguém é considerado morto quando não conhece as verdades do ser, quando não sabe que Deus habita em seu interior e que pensamentos são matéria e criam o seu futuro.

As chamadas maldições, pragas, feitiçarias, magia sombria, satanismo e tantas outras bobagens têm origem na crença ignorante em um poder que se opõe ao Poder Divino. Diante de pessoas que lidam com isso, só temos uma atitude a tomar. Devemos ter pena delas porque não têm nenhum poder e são tremendamente ignorantes. Acreditar que existe uma força maligna capaz de desafiar Deus é ter como base a superstição, a ignorância e o medo. O único demônio que existe é a ignorância e todo o sofrimento que vemos no mundo é consequência dela.

Quem usa o Único Poder de maneira construtiva, harmoniosa, pacífica e jubilosa vê o que chamamos de Deus. Quem o usa com ignorância e ideias negativas e destrutivas está criando em sua vida aquilo que chamamos de Satã, diabo, espíritos malignos, miséria e sofrimento. Por isso, volte-se sempre para o Espírito Vivo Todo-Poderoso dentro de você, abra sua mente e seu coração e afirme várias vezes diariamente:

> Deus *é*, e Sua Presença flui através do meu ser como harmonia, beleza, amor, paz, alegria e abundância. Deus cuida de mim e por isso estou sempre protegido pelo círculo sagrado do Amor Eterno de Deus.

Quando você reconhecer a supremacia do Espírito e o poder do seu próprio pensamento, descobrirá que todos os seus caminhos são agradáveis e pacíficos. Como é maravilhoso saber essa verdade! Saiba, compreenda e afirme que Deus é a Única Presença e o Único Poder. Pare de andar em círculos! Mantenha os olhos voltados para a glória de Deus e avance na sua jornada de vida por uma estrada luminosa. Não se comporte mais como uma máquina, citando sempre os mesmos clichês e estereótipos, pensando da mesma maneira e reagindo mecanicamente. Quando seu automóvel fica velho, você não pensa em comprar outro? Quando uma roupa deixa de servir em você, não é hora de adquirir outra?

Aproprie-se de uma nova visão, uma nova autoimagem, um novo nível de consciência, de uma nova interpretação da vida. Espere o melhor. Tenha uma jubilosa expectativa de que seu futuro será glorioso. Acredite firmemente que ele é possível. Viva com essa nova autoimagem e você vivenciará a alegria e a emoção de ver seu sonho realizado. Do que você tomou consciência hoje? Qual é o seu nível de percepção? Você vive com seu cônjuge e filhos, ouve-os falar e agir. Todavia, há muitas coisas acontecendo em seu lar sem que todos percebam. Se um de vocês ligar um rádio ou um televisor, verá imagens, sons e músicas que estão sendo transmitidos e permeiam sua casa, sua cidade, o país inteiro.

E então? Você está consciente da Divindade que habita o seu interior que pode curá-lo, motivá-lo, inspirá-lo, revelar seus talentos ocultos e, em suma, fazer milagres em sua vida? Tenha absoluta certeza de que esse Poder está sempre presente, pronto para ser canalizado. Comece a usá-lo agora mesmo.

O Dr. Lothar von Blankschmidt, um cientista aeroespacial, membro da Rocket Society, contou-me que sempre que se vê diante de um problema complicado na Lockheed, a companhia em que trabalha, ele fecha os olhos, acalma a mente e afirma: "A Infinita Inteligência dentro de mim lança luz sobre este projeto." E subitamente a mente dela é iluminada com a resposta, que às vezes surge sob a forma de um gráfico em sua tela mental. O pedido é atendido.

Você deve se afastar mentalmente dos antigos modelos de pensamento e começar a dar atenção aos desejos que gostaria de ver realizados. É óbvio que se você pretende ir a San Francisco, primeiro tem de sair da cidade onde mora. Da mesma maneira, se deseja ser feliz, espiritualizado, bem-sucedido e próspero, precisa deixar para trás velhas mágoas, implicâncias, ideias negativas, sentimentos de culpa etc. e estabelecer uma nova autoimagem. Faça um quadro mental imaginando-se como gostaria de ser e seja fiel a ele, repetindo-o várias vezes ao dia, até que essa imagem seja transmitida para o seu subconsciente, no qual será ampliada e materializada. Depois de algum tempo ela chegará à sua vida cotidiana como alegria da prece atendida. Você se renovará em Deus e começará a progredir de glória em glória.

Dirija sua mente com decisão e alegria para o progresso, a promoção e a realização de modo a construir em sua mente uma nova residência, na qual você viverá em um clima mental de júbilo e expectativa positiva. Ao sentir que sua nova autoimagem é verdadeira e perceber essa realidade em sua mente consciente, ela se solidificará no subconsciente, tornando-se parte integrante do seu ser.

Esforce-se para eliminar velhos padrões. Não vá para o trabalho ou volte para casa sempre seguindo o mesmo itinerário. Não leia sempre o mesmo jornal ou as mesmas revistas. Tente mudar seu modo de falar, evitando os termos e interjeições que você repete habitualmente. Arranje novos amigos, procure fazer um novo amigo a cada dia. Agindo assim, perceberá oportunidades e valores que jamais havia visto. Pense sobre tudo e todos a partir do ponto de vista do Único Poder e você alcançará níveis que não conhecia.

Conscientize-se de que existe Um Poder, Uma Presença, Uma Causa e Uma Substância. Tudo é criado por Ele e vem Dele; Deus é, e Deus é tudo o que existe. A Presença e o Poder estão dentro do seu ser, fluindo através dele como harmonia, saúde, paz, alegria, ação correta, expressão verdadeira e inspiração. Entenda que você é um canal desobstruído para o Divino e que, se pensar e sentir Suas verdades, terá todas as bênçãos da vida.

Habitue-se a meditar sobre as maravilhas do Infinito e coisas maravilhosas acontecerão em sua vida. Tenha certeza de que Deus o está orientando; que a Divina lei e ordem governam sua vida; e que a Divina paz inunda sua alma. Conscientize-se de que Deus é amor, paz, beleza e alegria e que Nele não existem trevas. "Vinde a mim todos os que estais cansados sob o peso de vossos fardos e eu vos darei descanso."

Sim, o Infinito está sempre sorrindo para você, pronto a atender seus pedidos e dizendo: "Clame por mim e eu te responderei. Estarei contigo na adversidade. Porque a mim se apegou, eu o protegerei." Deus também diz: "Antes de chamares, eu responderei; enquanto ainda estiveres falando, eu ouvirei." Isso significa que mesmo antes de você pedir, a resposta já está pronta, porque o Infinito só sabe as respostas e, obviamente, não tem problemas. Por isso, astrofísicos, engenheiros, médicos ou químicos acostumaram-se a contemplar apenas as soluções, na certeza de que Deus tudo vê e tudo sabe.

Horace L. havia falido pouco tempo antes de vir se consultar comigo. Estava com úlceras gástricas e pressão alta e descrevia sua situação como "um lixo". Acreditava que era vítima de uma maldição lançada por algum desafeto profissional, que Deus o estava castigando por pecados cometidos no passado e sentia-se merecedor dessas punições. É lógico que eram falsas crenças gravadas em sua mente.

Expliquei-lhe que, enquanto acreditasse que era vítima de uma maldição, continuaria sofrendo pelo simples fato de que nossas crenças tomam forma como experiências, condições e acontecimentos em nossa vida. Eu lhe dei a seguinte prece, que deveria repetir constantemente, e ela criou maravilhas na vida dele. Essas afirmações também funcionarão para você, leitor. Deixe-a se aprofundar em sua mente subconsciente:

> Existe um Único Criador, uma Única Presença e um Único Poder. Esse Poder está dentro de mim como mente e espírito. Essa Presença se movimenta através de mim como harmonia, saúde e paz. Eu penso, falo e atuo a partir do ponto de vista da Infinita Inteligência. Sei que pensamentos são matérias, que atraio aquilo que sinto, que eu serei aquilo que imagino ser. Medito constantemente sobre essas verdades. A Divina ação correta governa a minha vida; a Divina lei e a Divina ordem reinam supremas e operam em todas as fases da minha vida. A Divina orientação é minha agora. O Divino êxito é meu agora. A Divina prosperidade é minha. O Amor Divino inunda minha alma. A Divina sabedoria rege todas as minhas transações. Sempre que pensamentos de medo ou preocupação surgem em minha mente eu afirmo imediatamente: "Deus está me guiando agora" ou "Deus sabe a resposta". Sei que me habituando a pensar desse modo milagres irão acontecer em minha vida.

Horace fez essa prece em voz alta cinco ou seis vezes por dia, e no fim de um mês havia recuperado a saúde e tinha sido convidado para ser sócio de um empreendimento promissor. A vida dele transformou-se por completo porque uma ideia nova e produtiva foi entronizada em seu subconsciente e o compeliu a expressar a prosperidade divina. Sim, ideias e convicções podem ser consideradas nossos mestres porque somos controlados e governados por elas.

Conversei com Dianne M., que estava sendo tratada com anti-inflamatórios e fisioterapia por causa de artrite reumatoide. Ela me disse que rezava bastante, mas...

— Sempre que começo a pensar em saúde, paz e harmonia, as ideias de dor, deformidade e incapacidade tomam conta da minha mente e expulsam os pensamentos positivos.

Depois de alguns minutos de conversa, descobri que desde a infância Dianne havia sido condicionada a acreditar na impossibilidade de se curar de muitas doenças. Havia vários casos de artrite na família e, como ela acreditava que essa doença é deformante e pode apenas ser controlada com um tratamento constante, faltava-lhe a capacidade de escolher a saúde perfeita e a harmonia no seu organismo.

Expliquei a ela que era possível neutralizar essa atitude se seguisse minhas instruções. A primeira coisa a fazer era tirar da mente a crença em dois poderes, um causador de doença e outro determinando o grau da sua saúde. Ela não conseguia perceber a simples verdade de que a causa de toda enfermidade, pobreza, miséria e sofrimento do mundo é a crença simultânea em dois poderes, o que gera uma instabilidade mental, pois quem crê na existência de dois ou mais poderes não sabe exatamente em que acredita. Por isso, não consegue se apegar de forma completa à ideia de pedir alguma coisa a Deus, na convicção de que sua súplica será atendida.

Dianne decidiu modificar seu modo de pensar e focalizar a mente no Único Poder, e começou a afirmar com veemência:

Acredito firmemente que existe apenas um Único Poder Supremo, que é todo inteireza, beleza e perfeição. Tenho plena certeza de que a chave do sucesso em todos os aspectos da vida é saber e acreditar no Único Poder, que é infinitamente bom e perfeito. Em plena consciência eu afirmo que o amor curativo desse Poder que me criou agora está dissolvendo todos os nódulos e depósitos em meu organismo que não faziam parte dele quando fui criada. Sou um templo do Deus Vivo e glorifico o Criador em meu corpo.

Enquanto Dianne continuava a fazer essa prece, sua fé no Único Poder foi aumentando e, pouco a pouco, a crença em um poder maligno capaz de se opor a Ele foi diminuindo até a plena convicção no Deus Supremo se tornar soberana em sua mente. Eu insisti para que ela continuasse a fazer o tratamento médico e a fisioterapia assim, e suas pernas e mãos recuperaram a flexibilidade. O inchaço regrediu e as radiografias mostraram que os depósitos de cálcio nas articulações estavam diminuindo progressivamente. Por ter entronizado em seu subconsciente a crença em um Único Poder, Dianne estava compelindo seu organismo a neutralizar tudo o que o afastava da perfeição.

Uma mulher que veio me consultar tinha escrito uma tese para seu curso de mestrado a qual chamou de *The Way of Life* [Como a vida funciona, em tradução livre] e fora muito bem recebida porque, como eu mesmo pude constatar, continha sólidas ideias científicas e muitas verdades espirituais. Entretanto, sua vida pessoal era um verdadeiro caos. Apesar de ter só 25 anos, já havia passado por quatro divórcios. Reconhecia que era etilista e não conseguia controlar suas finanças. Devia até o aluguel do apartamento.

Depois de uma boa conversa, expliquei-lhe que as teorias, os postulados e exemplos que havia colocado em sua tese eram muito bons, mas ainda não tinham se aprofundado em sua mente e se manifestado em sua experiência. Se isso não acontecesse, seriam inúteis. Em outras palavras, o conhecimento que havia em sua cabeça tinha de se tornar um conhecimento no seu coração. Insisti que ela precisava assimilar e se apropriar dessas verdades até se tornarem uma parte viva do seu ser da mesma maneira que um pedaço de pão se torna parte do seu sangue. Suas ideias, teorias e afirmações eram muito bonitas, mas não se refletiam em seu corpo, seu caráter e sua vida.

Costumo dizer que uma pessoa pode ser a primeira classificada em um exame sobre metafísica, tirando nota máxima em todas as questões, e continuar confusa ou neurótica e ser um completo fracasso na vida cotidiana. Esses conhecimentos estão na superfície, no seu intelecto, e precisam ser incorporados à sua mente subconsciente, da mesma forma que o alimento ingerido se torna parte integrante do nosso organismo, como tecidos, músculos e ossos.

Dei à moça uma prece, instruindo-a a regular e sistematicamente encher a mente e o coração com essas verdades até conseguir uma transformação. Salientei que os ensinamentos que ela transmitia em sua tese tinham de entrar em seu subconsciente, porque "o homem é o que pensa". Esta é a prece:

Deus é amor e Seu amor inunda minha alma. Deus é paz e Sua paz inunda minha mente e meu corpo. Deus é beleza, totalidade e perfeição, e Sua inteireza é minha agora. Deus é alegria e Sua alegria é minha agora. Sinto-me plena e realizada.

Um cientista pode apresentar uma hipótese ou teoria, mas antes que ela seja aceita como um fato científico, deve ser objetivamente validada ou, caso contrário, continua sendo uma hipótese. Da mesma maneira, os pensamentos, as ideias e as verdades positivas que você afirma têm de se manifestar, incorporando-se em sua experiência de vida. É preciso demonstrar suas crenças religiosas em todas as áreas da sua existência. A fé sem obras não é fé. Tirar nota máxima em um exame de metafísica, como vimos anteriormente, não significa nada. É bem possível que uma irmã dessa pessoa, que não conhece nada sobre o funcionamento da mente, esteja levando uma vida abençoada porque tem uma fé que poderíamos chamar até de simplória na bondade de Deus, aqui, na terra dos vivos. Ela acredita em saúde, em êxito, em bem-estar e, sem ter consciência disso, está colocando em prática as leis da mente.

Muitas pessoas me perguntam: "Se Deus existe, por que Ele não põe um fim às guerras, à criminalidade e elimina a fome e as doenças?" Todos já ouvimos milhares de vezes essa história, que é mais velha do que andar para a frente. Outros indivíduos vivem se lamentando e choramingando, dizendo: "Por que Deus me faz sofrer assim?" Ou "Por que Deus deixou isso acontecer comigo?", ou ainda: "Sou uma pessoa boa, vou sempre à igreja e não cometo grandes pecados. Leio os textos sagrados, dou dinheiro para obras de caridade e estou sempre sofrendo" etc. Como sempre repito, a resposta é muito simples: Deus, o Poder Universal, é Infinita Mente, Infinita Inteligência e Infinita Vida e habita dentro de cada um de nós. Sempre que pensamos estamos usando o Poder Criativo, e o problema é que ele tanto pode ser usado para o bem como para o mal.

Você tem vontade, escolhe a iniciativa. "Escolhei neste dia a quem ireis servir." Em que você está pensando? Ralph Waldo Emerson afirmava que somos o que pensamos o dia inteiro. Você é o pensador e o responsável pelo modo como pensa, pois "Ele é o que pensa no coração".

Costumo visitar pessoas internadas em hospitais e algumas me dizem: "Por que isso foi acontecer comigo? Não desejo mal a ninguém." Outras se queixam: "Por que Deus está me castigando? Sou uma pessoa honesta, nunca cometi uma injustiça." Outros, ainda, juram que são bons cristãos, judeus, gregos ortodoxos e até budistas, mas em Deus não existe divisões nem religiões, somente a realidade fluindo para sempre. A presença de Deus é totalmente impessoal e não faz discriminação entre pessoas.

A explicação para tudo isso é muito simples. Se você pensa no bem, o bem acontece. Se pensa no mal, o mal aparece. Ao longo dos milênios, sacerdotes e teólogos hipnotizaram e fizeram uma lavagem cerebral nas pessoas, fazendo-as acreditar que o mal era causado pelo diabo, uma criatura com patas de animal, chifres, orelhas de morcego e uma cauda comprida com um ferrão na ponta. Esse ser, que supostamente nos tenta a agir mal, não existe. Ele nada mais é do que uma criação da mente distorcida e mórbida dos pobres fiéis enganados pelos próceres das muitas seitas e religiões, que está gravada na mente coletiva. Acreditar no demônio é pura ignorância.

Quando somos crianças e nossa mente é ainda impressionável, somos incapazes de ter um raciocínio abstrato e, por isso, aceitamos essas figuras esquisitas que foram sugeridas por nossos pais, professores etc.

É o mesmo que dizer a uma pessoa em transe hipnótico: "Agora você está vendo uma cobra se arrastando pelo chão." O subconsciente aceita essa sugestão e o hipnotizado vê a forma em pensamento da cobra rastejante, que lhe parece real. Esse tema me faz lembrar de Martinho Lutero, que, segundo contam, atirou um tinteiro no diabo, que não era mais do que uma projeção do próprio pensamento causado pelas ilusões da mente relacionadas com o bem e o mal.

Conheci um garoto de oito anos, com problemas emocionais e um tanto neurótico, que sempre leu histórias sobre as aparições da Virgem Maria em Lourdes, Guadalupe e Fátima, e percebi que havia começado a repetir constantemente que mais cedo ou mais tarde também teria uma visão. "Um dia eu também verei a Virgem", "Um dia receberei uma mensagem." Isso é auto-hipnose. Como era de esperar, havia uma figura de Maria no livro de orações dele e várias estatuetas e quadros da Virgem em sua casa e sua escola. Um dia, estávamos dando um passeio pelo parque vizinho, quando ele disse:

— Estou vendo Nossa Senhora!

Eu perguntei:

— É mesmo? E como a Virgem está vestida?

— Ela está vestida de branco, tem um rosário na mão e há muitas flores junto dos seus pés.

Foi a descrição exata da figura que estava no seu livro de orações.

Isso é o que se chama de sugestão hipnótica, uma alucinação subjetiva. O menino estava plenamente convencido de que receberia mensagens da sua visão.

AUMENTE O PODER DO SEU SUBCONSCIENTE
PARA CONQUISTAR UMA VIDA MAIS ESPIRITUALIZADA

Se a notícia começasse a se espalhar, logo haveria milhares de pessoas no parque também afirmando que estavam vendo Nossa Senhora. Mas, de qualquer modo, essa é a história. A maioria das pessoas é incapaz de entender a mais simples das verdades.

Deus é Infinito e o Infinito não pode ser dividido ou multiplicado.

Como você está usando esse poder? Como Deus, conquistando saúde, felicidade e abundância? Ou com maldade, ignorância e destrutivamente, quando então pode se chamar diabo, Satã, miséria, sofrimento, dor, carência e limitação?

Você pode usar o Único Poder para ter luz, o que significa que quando pede de maneira consciente, a Infinita Inteligência lançará luz sobre qualquer problema. "Eu fiz a luz; Eu crio as trevas." Quando, diante de um dilema ou enfrentando um período de caos e confusão, estará criando a escuridão ao dizer "Estou esgotado, cheio de bloqueios" ou "Não vejo uma saída, não há esperança para a minha situação". Em Deus, só existe a plenitude da alegria, e Nele não existem trevas.

O Poder Divino habita no seu interior e tudo o que acontece em sua vida depende do modo como ele é usado. Quem afirma que não encontra uma solução está dizendo: "A Infinita Inteligência não sabe resolver o meu problema." Essa é a atitude de um ateu e, no momento em que se sente esgotado, confuso e bloqueado, você está agindo como um ateu. Você crê em Deus? Creio que não. Se acreditasse Nele, na Infinita Inteligência, teria certeza de que Deus criou todas as coisas e tudo vê e tudo sabe. Ele não precisa de mapas ou bússolas. É Onisciente e já tem prontas todas as soluções e respostas para os problemas que encontramos na vida.

Muitas pessoas que afirmam ser cristãs, de fato são ateias. Quem diz, por exemplo, "Minha filha foi desenganada. Não há cura para a doença dela", está dizendo que Deus não pode curá-la. Apesar de saber que Deus a fez nascer a partir de uma célula, afirma que Ele não pode reverter uma doença supostamente incurável. Nesse instante, a pessoa é ateia, não crê no Poder Maior e, como recebemos de acordo com nossas crenças, ela está vivendo nas trevas da confusão criada por sua ignorância ou mau uso do Supremo Poder. Criamos a paz quando meditamos sobre tudo o que é verdadeiro, belo e nobre. O mal é criado pelos pensamentos negativos, destrutivos ou impiedosos. Como você está usando o Único Poder?

Por tudo isso, você pode rir de indivíduos que falam de azar, feitiçaria, magia sombria ou satanismo porque, ao contrário do que acreditam, não têm poder para prejudicar ninguém. São criaturas dignas de pena, só isso.

Todas as forças da natureza podem ser usadas tanto para o bem como para o mal. Como pode um indivíduo se tornar uma nova pessoa, vivenciar um renascimento ou querer uma transformação interior se não é capaz de entender a mais simples e básica das verdades? Ninguém conseguirá se expandir ou evoluir espiritualmente sem chegar à absoluta convicção de que existe um Único Poder. "Sou o Senhor, este é meu nome. Minha glória não darei a ninguém, nem meu louvor a imagens esculpidas. Sou o Senhor teu Deus, que vos tirou da terra do Egito. Não terás outros deuses diante de mim." Essas afirmações mostram que o bem e o mal estão na mente do indivíduo e não em outro lugar qualquer.

A análise final sobre o que é bom ou mau é determinada pelo seu pensamento. Não acredite em nada que você não entenda. Se estiver diante de uma situação desse tipo, coloque-se em uma gaveta da sua mente e diga: "Meu Eu Superior lança luz sobre esse assunto." *Não acredite em nada do que você não entenda*, repito, porque é uma instrução de máxima importância. Se alguém lhe disser que temos de voltar muitas vezes a este mundo para expiar nosso carma, seus argumentos até poderão soar como plausíveis ou razoáveis, mas muita gente não compartilha essa opinião. O melhor a dizer é algo como "Eu não entendo muito bem como isso funciona" ou "Isso não faz sentido para mim porque acho que é contrário às leis da natureza. Mesmo assim, vou guardar essa ideia na mente, meu Eu superior, para que ele me esclareça sobre essa questão".

Todas as crenças tendem a se manifestar. Por exemplo, se você acredita que precisa voltar muitas vezes a este plano para expiar seus pecados, está se prendendo às correntes da escravidão e não conseguirá negar ou evitar essa crença porque tudo o que está gravado no subconsciente acaba se tornando realidade. O subconsciente não distingue entre uma verdade e uma brincadeira. Portanto, ao se colocar na servidão, na miséria, você não conseguirá evoluir espiritualmente. Para ser franco, não compreendo o que dizem as pessoas que acreditam na reencarnação.

A presença de Deus não sabe nada sobre isso. Ela não castiga e tampouco conseguiria castigar. O julgamento pertence ao Filho e o Filho é nossa mente. É você que se castiga, porque o Princípio Vital não pode julgar nem castigar. Se você se queima, ele o perdoa e lhe dá novas células, novos tecidos para favorecer a cicatrização e faz diminuir a dor e o inchaço. O mesmo acontece se você se ferir, porque ele sempre procura restaurar sua integridade.

Pense grande a partir de agora. Amplie sua visão, contemple a liberdade, a paz de espírito, a abundância e a benevolência. Você se torna o que contempla. Sua nova autoimagem tem um funcionamento próprio e seu próprio poder de autoexpressão. Não existe nada que possa se opor a você, por isso não há a menor causa para a ansiedade, porque você é esse ser. Todos os homens e as mulheres bem-sucedidos possuem uma característica que se destaca entre as demais: a capacidade de tomar decisões rapidamente e de persistir nessas decisões até chegar ao término da situação. Portanto, agora tome a decisão de que quer conhecer mais e mais deste Infinito oceano de vida e amor no seu interior, porque onde não existe visão acontece a morte.

"Erguerei meus olhos para as montanhas, de onde vem meu auxílio." Tenho certeza de que sua visão está dirigida para a perfeita saúde, harmonia e paz de espírito. O Espírito que habita em você é Eterno e Imutável. Não existe nem tempo nem espaço. Portanto, por que você deveria pensar que tem de se redimir por alguma coisa ou que alguém o está castigando e você tem de resgatar seu carma, e outras coisas dessa natureza?

Você pode ter absoluta convicção de que a imagem mental à qual permanece fiel será desenvolvida em sua mente subconsciente e consequentemente se manifestará em sua experiência. "Estás sempre comigo e tudo o que tenho é teu. Hoje, estarás comigo no paraíso" — não amanhã, no ano que vem ou daqui a vinte anos, mas agora mesmo. No instante em que você se volta para Deus em fé e adoração, com amor no coração, Ele se volta para você. Esqueça o que foi deixado para trás, avance na direção do prêmio por recorrer a Deus todo-poderoso. Sim, o prêmio é saúde, felicidade e paz de espírito.

Esqueça o que ficou para trás. O passado está morto e nada mais importa senão o momento presente. Quando você o modifica e mantém essa mudança, o passado está morto e sua vida inteira está modificada. Um novo começo de um novo fim. Essa é uma das verdades muito simples de entender. "Eu sou o alfa e o ômega, o começo e o fim, disse o Senhor." Por isso, comece com fé e confiança, comece com amor no coração. Tome a decisão de se tornar uma nova pessoa em Deus. O passado está enterrado e esquecido.

Não estou falando sobre um pensamento superficial, mas sobre todos os que têm um intenso desejo de mudança no coração. "Abençoados os que têm sede e fome de justiça, porque serão saciados." Os que inundarem a mente com o rio caudaloso das verdades de Deus estarão limpando os sedimentos que estiveram se acumulando por vinte, quarenta ou sessenta anos.

"O amor expulsa o medo, pois aquele que teme não é perfeito no amor. O perfeito amor expulsa o medo. O medo cria um tormento, e aquele que teme não é perfeito no amor." O amor liberta, concede, o amor é o espírito de Deus. Ele não tem altura nem profundidade, nem comprimento nem largura, não vem nem vai e preenche todos os espaços. O amor é uma exsudação da benevolência, é a ampliação do coração. Ele a todos eleva e vê a presença de Deus em todas as pessoas, em todos os lugares. Veja a presença de Deus em você, seus filhos, cônjuge, parentes, amigos e colegas de trabalho.

Diga frequentemente: "Vejo Deus nas outras pessoas e o amor, a luz, a verdade e a beleza de Deus estão ressuscitando agora mesmo na mente e no coração dessas criaturas." Se você adquirir esse hábito, maravilhas começarão a acontecer em sua vida. Comece agora mesmo. Isso é chamado de prática da presença de Deus. Veja Deus em tudo o que o cerca, nas árvores, nas pedras, nos regatos... Essa é a Divina Presença, a Onipresença de Deus.

É bastante simples compreender a onipresença, porque o homem moderno tem plena consciência do funcionamento das ondas de rádio e televisão. Um habitante de Chicago e outro de Londres podem ouvir ou assistir ao mesmo programa ao mesmo tempo. O presidente dos Estados Unidos discursa na China e indivíduos do mundo inteiro o assistem em tempo real. Da mesma maneira, a Presença do Infinito está ao mesmo tempo em você e em todos os lugares. Você não precisa cruzar oceanos ou voar pelo espaço para encontrá-la. "A palavra não está nem em tua boca nem em teu coração, não depende de querer e fazer." Essa "palavra" é o Eu sou, também chamada de a palavra perdida. Ela está perdida para milhões de indivíduos, pois milhões não sabem que quando dizem "eu sou" estão anunciando a Presença e o Poder de Deus dentro deles, a maior de todas as verdades.

O que você costuma ligar ao Eu sou? Isso é o que você vai se tornar. A presença de Deus está dentro de você, porque Eu sou significa ser, vida, consciência, o Espírito Vivo Todo-Poderoso, A Percepção Não Condicionada, a Conscientização Não Condicionada. Ele não tem nome e é sempre o mesmo no mais profundo do seu ser, eterno, único, inteiro, completo, perfeito, indivisível, imutável, sem tempo nem espaço, sem rosto, formato ou figura, a presença silenciosa que habita o coração de todas as pessoas. Essa é a Presença Divina em você.

Honre essa Presença; exalte-a. Deus é o doador e a dádiva e você é o receptor. Tudo já lhe foi dado e as únicas coisas que você pode dar a Deus é honra, glória, fé e absoluta confiança.

Volte os olhos para a presença de Deus. Mantenha sua atenção no esplendor fulgurante da Glória Divina e assim você se elevará cada vez mais alto. Irá de poder em poder, de glória em glória. Que Deus o mantenha nesse caminho a partir de agora.

Resumo do capítulo

- A verdade básica é que você é o Senhor Deus todo-poderoso. O único poder imaterial que você conhece é seu pensamento e seu pensamento é criativo. Esse é o único poder que você conhece. Quando seus pensamentos são os pensamentos de Deus, Ele está com seus pensamentos sobre o bem. Esse é o único poder que existe no mundo.
- É absolutamente necessário você entender, sem dúvida alguma, que a harmonia, a beleza, o amor, a paz, a alegria e todas as bênçãos da vida vêm de uma Única Fonte. Existe um Único Poder. Deus não pode fazer qualquer coisa que seja diferente do amor, pois Ele é o Amor Ilimitado. Deus é paz e não pode desejar o sofrimento. Deus é alegria, não pode desejar tristeza. Deus é vida e na vida não existe morte. Deus não pode desejar a morte, porque não existe morte. Na Bíblia, a morte é a ignorância das grandes leis da vida. Deus é vida e é sua vida agora.
- Aproprie-se de uma nova visão, uma nova autoimagem, uma nova percepção, uma nova interpretação da vida. Espere

sempre o melhor. Olhe com agradável antecipação para um futuro glorioso. Acredite que ele é possível. Viva com uma nova autoimagem e conhecerá a alegria e a emoção em ver seu sonho realizado.

- Conduza sua mente de maneira alegre, positiva e definida na direção do avanço, progresso, promoção e realização. Movimente-se mental e espiritualmente para estabelecer em sua mente uma nova residência, dentro da qual poderá viver em um clima mental de realização do desejo que acalenta no seu coração. A hipótese de que sua nova autoimagem é real e a sensação de ela já ser realidade em seu subconsciente fará com que fique profundamente gravada e, posteriormente, se torne um fato da sua vida.
- Os pensamentos, as ideias, as verdades que você afirma têm de se tornar matéria para serem parte integrante de sua experiência. Eles não devem ser considerados coisa passageira. Você tem de demonstrar suas crenças religiosas em todas as áreas de sua vida. A fé sem obras é uma fé morta. Você deve mostrar ao mundo que acredita em Deus, o Único Poder.
- Pense grande a partir de agora. Amplie sua visão. Contemple a liberdade, a paz de espírito, a abundância e a benevolência com todos. Você se torna o que contempla. Sua nova autoimagem tem princípios próprios de funcionamento, poder próprio de se expressar. Não existe nada capaz de se opor a você, por isso não há motivo para ansiedade ou preocupação.

Capítulo 3
Qual o verdadeiro significado da expressão "A vontade de Deus"?

Um grande erro cometido pela maioria das pessoas no mundo inteiro é achar que, para elas, a vontade de Deus é algo desagradável ou ruim, como doença, infortúnios ou até uma morte trágica. A vontade de Deus é a natureza de Deus. Deus é Vida e a Vida não pode desejar a morte. Como pode a Vida morrer? Como Deus poderia morrer? Ora, Deus não tem começo nem fim. "Mais velho do que a noite ou o dia; mais jovem do que o recém-nascido. Mais brilhante do que a luz; mais escuro do que a escuridão, muito além de todas as coisas e criaturas, mas fixado no coração de todos."

Deus é Vida e não tem começo nem fim. Portanto, a tendência da vida é se expressar como alegria, harmonia, amor, sabedoria, ordem e beleza, e se expressar através de você. Ela procura um receptáculo sagrado que poderia se expressar em níveis muito mais elevados através de você. A vontade de Deus é a tendência da própria Vida.

Reflita sobre como o Princípio Vital procura sempre nos curar. Se você se queimar, ele lhe dará nova pele e tecidos para reparar os que foram afetados. Ele sempre procura restaurar, curar. A Bíblia diz: "Ele restaura a minha alma." O médico afirma: "Eu trato do ferimento, mas Deus é quem cura." Todas as preces dirigidas à Infinita Presença Curadora que existe em todos nós são respondidas de acordo com o grau de nossa crença. O Novo Testamento nos diz: "Tudo o que pedires, crendo, receberás." Acreditar é estar vivo para alguma coisa, aceitar algo como verdadeiro. "Tua fé te salvou" — não a fé em um credo ou em dogmas, mas a fé nas leis criativas da sua mente.

Se você afirma constantemente que a vontade de Deus é fazê-lo sofrer, essa declaração é uma prece e, lógico, você sofrerá de acordo com ela, porque está dando instruções erradas à sua mente subconsciente. Se acredita que tem de sofrer, receberá segundo sua crença. Mas como o Espírito pode sofrer? Deus é Espírito, a única presença e o único poder, a absoluta bem-aventurança e a absoluta harmonia. Nada é capaz de se opor a ele, desafiá-lo, distorcê-lo ou prejudicá-lo. Ele é a única presença e poder e não tem como lutar contra si próprio.

A verdade é que a vontade do Infinito para você é algo muito maior e mais grandioso do que um ser humano conseguiria conceber. Portanto, a verdade incontestável é que o Infinito deseja para você e toda a humanidade a saúde perfeita, a harmonia, a paz, uma autoexpressão mais ampla e mais bela, experiências engrandecedoras, prosperidade e oportunidades para servir ao próximo. Infelizmente, muitas pessoas não se conscientizam da verdade magnífica de que a vontade de Deus para nós é algo que transcende nossos mais loucos sonhos. Ele quer para nós uma vida mais abundante em todos os aspectos.

Fico chocado ao ouvir alguém dizer, mesmo nesta época de ciência e conhecimento, que a vontade de Deus é ver-nos sofrer devido a ínfimos desvios de conduta. Não, Deus deseja para nós uma existência abundante, na qual seremos um receptáculo pelo qual Ele se expressará em níveis cada vez mais elevados. Sim, devemos nos tornar um canal para o Divino.

Se você está vivendo em pobreza ou está doente física ou mentalmente, se não está ocupando seu verdadeiro lugar no mundo, se está solitário e frustrado, tenha certeza de que essa não é a vontade de Deus. A alegria do Senhor é vê-lo forte e disposto a evoluir.

Lembro-me de um episódio que aconteceu em Nova York há muitos anos. Um clérigo foi a uma casa na qual um menininho de quatro ou cinco anos tinha acabado de morrer e disse aos pais que o filho deles havia falecido porque essa era a vontade de Deus. Uma investigação posterior revelou que o pai e a mãe estavam embriagados e não tomaram nenhuma providência para cuidar do garoto, que estava com uma febre de 40°. Então, essa morte ocorreu por causa de negligência, indiferença e embriaguez, e não teve nada a ver com a vontade de Deus.

Não existe morte. Existe apenas a vida. Quando passamos para a dimensão seguinte da vida, ganhamos um novo corpo, adequado para esse nível da existência. Assim, vamos trocando de corpo até o infinito, progredindo de glória em glória, porque não existe fim para a nossa glória. A vida é uma interminável evolução, é uma progressão contínua. O Ser Infinito está no nosso interior e ninguém é vítima do acaso. A Vida é uma unidade e procura expressões como harmonia, beleza, amor e paz. O dicionário diz que *vontade* significa um desejo, escolha, ou intenção — como sua vontade de vencer, de concordar, de fazer,

AUMENTE O PODER DO SEU SUBCONSCIENTE
PARA CONQUISTAR UMA VIDA MAIS ESPIRITUALIZADA

de ter e de ser. Também diz que *vontade* significa a escolha de alguém que tem autoridade para comandar ou decretar.

Creio que você já ouviu dizer que se decretar alguma coisa ela acontecerá. Sua vontade significa convicção. Se você deseja ter mais saúde ou inventar uma ratoeira mais eficiente, construir uma casa melhor para sua família ou se especializar em sua profissão, ter mais dinheiro, ser mais bem-sucedido, conviver melhor com os vizinhos, ser capaz de cantar ou tocar um instrumento, esses desejos não são contrários à tendência da vida ou à vontade do Infinito. Se realizados, todos eles contribuirão para o bem da humanidade.

Em suma, se sua vontade, seu desejo, plano ou propósito estão voltados para a direção da Vida e contribuirão para a humanidade de qualquer modo ou forma, você está operando de acordo com a tendência universal da Vida, que é harmonia, paz, beleza e amor. Um desejo precisa se tornar uma convicção antes de se realizar. Por exemplo, um etilista pode querer deixar de beber. Isso é um desejo, mas não vai adiantar ficar repetindo essa intenção. Ele precisa falar com autoridade e essa autoridade vem da conscientização de que, pelo simples fato de ser humano, tem o poder de se unir com a Infinita Presença e o Infinito Poder, com a certeza de que terá uma resposta para o seu problema. Então, deverá afirmar: "A liberdade me pertence. A paz de espírito é minha. A sobriedade é minha. O médico está me congratulando pela minha recuperação e perfeita saúde." Sempre que surgir a vontade de beber, deve repetir: "A liberdade é minha. A paz de espírito é minha. Todos estão me cumprimentando pela minha recuperação." Reiterando continuamente essas afirmações, colocando pensamento sobre pensamento, imagem mental sobre imagem mental, ele passará de pensamento e imagem para função e fato. O desejo agora se tornou uma convicção, que ficou impregnada no seu subconsciente, e sabemos que tudo o que é impresso na mente mais profunda é expresso na tela do espaço. O desejo tornou-se uma convicção e uma convicção não pode ser cancelada. Esse é o poder do Altíssimo. A vontade do homem tornou-se a vontade de Deus.

A prece "Seja feita a Tua vontade, não a minha" não é um fatalismo cego, mas a percepção de que o Poder Supremo está lhe dando apoio. Conscientizando-se desse fato, primeiro decretando com ousadia e, em seguida, por meio da repetição, da fé e da expectativa, seu desejo, sua vontade ou sua ideia afundam no seu subconsciente e se transformam em uma certeza. Como uma semente que, ao ser plantada, morre para que sua energia passe para uma outra forma de si própria, o desejo morre, para que sua energia seja transformada em convicção.

Lembre-se sempre de que seu desejo, sua vontade ou intenção têm de se tornar uma convicção, têm de se impregnar no subconsciente, têm de se tornar parte dele. Então sua vontade será a vontade de Deus, pois o poder do Altíssimo estará operando através de você.

Certa vez um homem me disse que seria muito feliz, alegre e bem-sucedido se Deus o deixasse em paz. Por mais absurdo que pareça, ele realmente achava que era Deus que o fazia sofrer e, de alguma maneira distorcida, acreditava que poderia governar o Universo melhor do que o Todo-Poderoso. "Odeio Deus por todos os fracassos, problemas e tragédias que ele colocou sobre mim." Comecei falando a esse homem que Deus ou a Vida

Infinita não tinham nada a ver com a miséria, as desgraças e tragédias da existência dele.

Você vivencia a doença, a dor, o sofrimento e o fracasso por causa do seu modo destrutivo de pensar e pelo mau uso da lei. Você mesmo se castiga por meio das leis naturais de causa e efeito. O castigo cessará quando você parar de agir errado. É uma blasfêmia dizer que Deus manda qualquer tipo de doença, sofrimento ou carência para nós. É blasfêmia dizer que a vontade de Deus é que você sofra um acidente ou contraia uma doença infecciosa ou tenha câncer porque você está mentindo sobre o Infinito.

Somos nós que criamos nossos problemas por meio dos pensamentos, de nossa ignorância sobre as leis da vida e sobre a atuação do Espírito Santo. O que nos acontece não deve ser atribuído a Deus, porque erramos por causa da ignorância e da inexperiência. As forças ou poderes da natureza não são bons nem maus — são neutros. O bem e o mal são movimentos da nossa mente, provêm do modo como pensamos e agimos, e a atitude que temos em relação às coisas — não nas coisas em si. O vento que faz o barco bater contra o rochedo é o mesmo que o levará a um porto seguro. Todavia, o capitão do navio tem de aprender as leis da navegação antes de começar a carreira no mar. Da mesma forma, a eletricidade não é boa nem má, apenas tem de ser usada da maneira certa, para não causar mortes, e os que lidam mais diretamente com ela têm de aprender as leis da condutividade e do isolamento.

Nosso subconsciente não é mau, mas, se pensarmos no mal encontraremos o mal em nossa vida. Como você usa a mente? Você precisa decidir que tipo de sementes irá plantar no jardim da sua mente, porque os pensamentos, como as sementes, geram plantas da própria espécie. As ideias acolhidas e consideradas verdadeiras pela sua mente consciente serão reproduzidas na tela do espaço, porque tudo o que for impresso no subconsciente será aceito e manifestado por ele.

Shakespeare escreveu: "O bem e o mal não existem; eles são criados pelo pensamento." Se você está enfrentando um problema, a melhor oportunidade para resolvê-lo é aqui e agora. Se decidir enfrentá-lo, a força e o poder necessários para eliminá-lo estão dentro de você. O problema em si não é mau; ele não surgiu para atormentá-lo, mas para libertá-lo; ele lhe permite colocar em ação o esplendor contido que há no fundo do seu ser. Se você não tivesse problemas, dificuldades e desafios na vida, jamais conseguiria evoluir espiritualmente. Perceba de maneira nítida qual é a sua dificuldade ou problema e aprenda a transcendê-lo, colocando à prova sua capacidade de eliminá-lo, porque você nasceu para vencer, para ter sucesso e triunfar. O Infinito habita dentro de você. O Infinito não fracassa.

Jerry J. tinha uma grave deficiência de audição e visão que vinha se agravando ao longo dos anos. Ele estava amargurado e cheio de rancor contra Deus, a quem acusava de ser o causador dos seus males. Sentia-se inseguro e inferior, seu aparelho auditivo não era satisfatório e isso lhe causava grande irritação. Evitava contar aos amigos que seu mal era progressivo e ficava constrangido quando alguém lhe dizia que o encontrara no clube e o chamara, sem obter resposta. Jerry inventava desculpas e sua raiva contra Deus aumentava a cada dia. Ensinei-lhe a fazer uma lista de tudo o que havia de bom na vida dele. Jerry começou agradecendo pela sua bela e fiel esposa, pelas suas três filhas saudáveis e inteligentes, por ter uma casa confortável, pelos amigos bondosos e compreensivos e pelos simpáticos vizinhos. Depois de ler e reler a lista, Jerry parou de pôr a culpa dos próprios infortúnios em Deus e conscientizou-se de que havia um certo número de pessoas que não queria mais ver e vozes de parentes que detestava ouvir. Ele venceu essa situação abençoando e libertando mentalmente esses indivíduos. Começou a fazer com regularidade a prece que escrevi para ele:

> Minha visão é espiritual, eterna e uma qualidade de minha mente. Meus olhos são ideias Divinas e estão sempre em perfeito funcionamento. Minha percepção da verdade espiritual é objetiva e poderosa. A luz do entendimento me faz ver mais e mais a verdade de Deus a cada dia que passa. Enxergo muito melhor em termos espirituais, mentais e físicos. Vejo imagens de verdade e beleza em todos os lugares. A Infinita Presença Curadora está, agora mesmo, restaurando o perfeito funcionamento dos meus olhos, segundo o projeto de Deus. Eles são instrumentos Divinos que me permitem receber mensagens tanto do mundo interior como do exterior. A luz de Deus está revelada nos meus olhos e nos meus ouvidos. Ouço, amo e conheço a verdade. Meus ouvidos também são ideias de Deus, instrumentos perfeitos que me revelam a Sua harmonia. O amor, a beleza e a harmonia de Deus fluem pelos meus olhos e pelos meus ouvidos. Estou sintonizado com o infinito. Ouço sempre a voz suave de Deus dentro de mim. Meus ouvidos estão abertos e desimpedidos e a Presença Curadora aguça minha audição.

Jerry passou a afirmar essas verdades de três a quatro vezes por dia, de manhã e à noite, e pouco a pouco elas se aprofundaram no subconsciente dele e tornaram-se ativas e poderosas em sua vida, libertando o seu esplendor aprisionado, a Presença Curadora que habita nele. No fim do mês, Jerry começou a vivenciar uma grande mudança de personalidade e sua visão e audição melhoraram de maneira notável. De fato, voltaram quase ao normal. Seus médicos ficaram impressionados com essa recuperação. Jerry transcendeu o problema e transmutou o que antes chamava de ruim para algo de muito bom. Atualmente é um homem feliz, alegre e saudável.

Em outras palavras, o subconsciente aceita as ordens da mente racional ao pé da letra. Quando alguém diz "Não suporto ver essa pessoa", ou "Nunca mais quero ver esse sujeito", o subconsciente começa a diminuir a visão.

Longfellow disse: "Desejar o que Deus deseja é a única ciência que nos dá tranquilidade." O que Deus deseja para nós é ver-nos saudáveis, felizes e alegres. O Infinito deseja que vivamos maravilhosas experiências. Todos nós estamos neste mundo para reproduzir todas as qualidades, os atributos e poderes do Infinito e diariamente podemos progredir, avançando na direção da luz, expressando mais e mais nossa Divindade até nos tornarmos as pessoas que Deus projetou, criaturas felizes, alegres, iluminadas e inspiradas que caminham pela terra com o louvor ao Pai eternamente nos lábios.

Como eu disse anteriormente, o trágico erro cometido por pessoas bem-intencionadas é que elas imaginam que o desejo de Deus para o ser humano é algo ruim ou, no mínimo, desagradável. Um dos motivos para esse estranho conceito é que esses indivíduos olham para Deus vendo-o como uma pessoa dura e exigente, um tipo de tirano caprichoso que vive nos Céus, entre as nuvens, enviando castigos para crianças desobedientes. Isso, obviamente, é absurdo. Deus é o Princípio Vital em todos nós e, por ser onipresente, está em todos os lugares, e ninguém pode ficar fora do Infinito. Ele está em todos os lugares — no ar, no Sol... "Podes fazer tua cama no paraíso ou partir o pão no inferno. Sempre estarei junto de ti." Inferno significa carência, servidão, doença e limitações. "Se eu ascender ao Céu, Vós estareis lá. Se eu ganhar asas de manhã e voar para os confins do mar, Vós me encontrareis lá."

A maravilhosa verdade é que o desejo de Deus para nós é uma paz e autoexpressão maiores, maior sabedoria, maior prosperidade, maior amor em todos os seus aspectos, maiores iluminação, entendimento e beleza. Se a vontade de Deus para nós fosse a doença, todos os médicos, psicólogos, enfermeiras, sacerdotes, pastores, imãs e rabinos estariam trabalhando contra a vontade de Deus, o que é o cúmulo do absurdo.

Phineas P. Quimby, o pioneiro do Novo Pensamento, relatou o caso de uma mulher que estava muito doente. Ela sofria de dores terríveis, mas procurava se conformar, dizendo: "Se estou sofrendo é por vontade de Deus." Então Quimby lhe perguntou: "E seus pais? Você acha que eles gostam de ver você sofrendo desse jeito?" A resposta foi imediata: "Óbvio que não! Eles me amam!" Quimby indagou: "Por qual motivo insondável você acha que o amor dos seus pais é maior do que o de Deus, que é infinito amor, absoluta harmonia e paz? Todo amor vem de Deus. A soma do amor de todos os pais deste mundo não é

QUAL O VERDADEIRO SIGNIFICADO DA EXPRESSÃO "A VONTADE DE DEUS"?

mais do que uma gota no infinito oceano do amor." A mulher teve um grande despertar espiritual e curou-se completamente.

Se você está doente, solitário, frustrado, entediado, empobrecido ou deslocado, não está expressando a vontade do Infinito e só vivenciará confusão e discórdia na vida. Mas quando se unir com a paz de Deus passará a expressar Sua vontade, e a harmonia, a vitalidade e a prosperidade serão uma constante em sua experiência.

Deus, sendo vida, não pode desejar qualquer mal para si próprio. A vida é amor, alegria, paz e beleza, e sua tendência é expressar sua natureza. Além disso, ela é a mesma hoje, como foi ontem e será amanhã. Deus é a paz absoluta e não pode desejar discórdia, caos e confusão. Deus é vida e, como eu já disse tantas vezes, não pode desejar morte. Na Bíblia, a morte é ignorância, é nossa morte para as verdades de Deus.

Deus é absoluta alegria e não pode desejar dor ou sofrimento. Portanto, se nossos entes queridos adoecem ou morrem, não é por vontade de Deus. Todo o ar do mundo estava aqui quando nascemos e ninguém precisa rezar por ar. Toda a água estava aqui e todas as estrelas brilhavam no Céu. O sol nunca deixa de nascer no horizonte. Deus só deseja para nós um bem que transcende tudo com o que um dia poderíamos sonhar.

Por isso, é errado afirmar: "Eu sou pobre. Eu estou doente. Eu sou fraco. Eu estou cansado. Eu estou falido." Quando você faz essas afirmações, está criando essas condições em sua vida por meio de declarações negativas e destrutivas, que ficam alojadas em seu subconsciente e se materializarão em sua vida. Você está neste mundo para evoluir, crescer e se expandir. Entenda: se todas as suas faculdades estivessem plenamente desenvolvidas no seu nascimento, você jamais teria oportunidade para se descobrir. Por exemplo, se você fosse compelido a amar seu cônjuge, não teria livre-arbítrio e não poderia escolher seu parceiro ou parceira de vida entre todas as pessoas que vivem neste mundo. Lembre-se de que você é um ser que pode escolher e não é obrigado a nada. Você tem liberdade para amar, liberdade para reter o amor. Você não é um bicho, não é governado pelo instinto. Diz a Bíblia: "Escolhe neste dia a quem irás servir." Sim, cabe a você escolher porque tem iniciativa e raciocínio, e pode chegar a uma decisão por meio das próprias faculdades.

Normalmente, olhamos para um mundo tridimensional e somos governados por aparências e condições até despertarmos para o fato de que por meio de nossos pensamentos e nossas emoções podemos controlar e dirigir nossa vida. Pouco a pouco, vamos despertando para a verdade de que circunstâncias e condições são efeitos — e não causas — do que acontece em nossa vida e que tudo pode ser mudado. À medida que modificamos nossa mente, modificamos nosso corpo, nosso ambiente e nossa condição.

Você cria o que pensa, atrai o que sente e se torna o que imagina. Suponha que você leu um texto para registrá-lo em um gravador. Se não gostar do resultado, pode apagar a fita para reaproveitá-la. Da mesma maneira você pode apagar traumas psíquicos, sentimentos de culpa e medos da sua mente subconsciente, gravando sobre elas as verdades espirituais de Deus. A nova vibração dos seus pensamentos apaga os modelos negativos que estão gravados na sua mente mais profunda. Portanto, você tem liberdade para ser, fazer e ter, tem liberdade para ser o que deseja ser. A presença de Deus está no seu interior, procura se expressar através de você e quer que você reproduza todas as qualidades e os poderes de Deus. É para isso que você está neste mundo.

Jamais se esqueça de que você é um ser que tem vontade própria e pode escolher. Você tem escolha, intenção, determinação e, assim, tem capacidade de aproveitar a tendência do Espírito Vital de se expressar por meio do seu ser.

Para transformar seu desejo — ou sua escolha — na vontade do Onipotente, você precisa envolvê-lo em emoção, fazer com que se torne animado, dar-lhe vida. Entusiasme-se com ele, sinta a sua realidade e envolva-o em sentimentos positivos até se tornar uma parte integrante do seu subconsciente. Em suma, caminhe com ele, alimente-o, sustente-o, exalte-o, sinta o poder do Altíssimo dando-lhe apoio, ponha toda sua atenção nele, porque a atenção é o segredo do pensamento criativo. Quando você coloca sua atenção em alguma coisa, seu subconsciente a engrandecerá e multiplicará.

Quando você aprende a escolher com sabedoria, passa a optar por felicidade, paz, segurança, alegria, saúde, abundância e todas as bênçãos da vida. Assim, estará dando prioridade ao reino de Deus no seu interior. Ao alimentar seu desejo, sustentá-lo, sentir sua realidade e alegrar-se com ele, pouco a pouco ele irá tomando corpo no seu subconsciente e se tornará a vontade de Deus no fundo do seu ser.

**AUMENTE O PODER DO SEU SUBCONSCIENTE
PARA CONQUISTAR UMA VIDA MAIS ESPIRITUALIZADA**

Quando você conhece as grandes verdades de Deus e sabe como escolher, não escolherá a doença, a carência ou as limitações e sim os eternos valores da vida. Ao entronizar os valores espirituais e verdades de Deus na mente, seus pensamentos serão voltados para eles. Por isso, escolha a orientação Divina, escolha a ação correta, a Divina ordem e o Divino êxito em sua vida. O que é verdade para o Infinito é verdade para você, porque Deus habita em seu interior e ele é o Espírito Vivo Todo-Poderoso. Deus é vida; Deus é sua vida agora. Deus é sempre bem-sucedido, quer esteja criando uma estrela, quer um planeta, quer uma árvore ou uma rocha, e, como consequência, você foi criado para ser bem-sucedido, porque o Infinito não consegue cometer erros. Com certeza, a vontade de Deus é que você só encontre êxito na vida.

Há pessoas que são vítimas da mente da massa, ou mente coletiva, que inconscientemente escolhem a doença, o infortúnio, a carência e a limitação e ficam dizendo: "Sou perseguido pelo azar, tudo o que faço dá errado, vou fracassar, pegar uma infecção", e assim por diante. Elas não percebem que pensamentos são coisas e que tudo o que imaginam é atraído por elas. Se você não cuidar dos seus pensamentos, os jornais, vizinhos e todos os que compõem a mente coletiva (milhões e milhões de indivíduos) pensarão por você e sua vida se tornará uma bagunça. Então, quais foram as escolhas que você fez ao acordar? Que tipo de pensamentos escolheu?

Conscientize-se de que a vontade de Deus está sendo expressa através de você em todas as ocasiões. Habitue-se a afirmar que a vontade de Deus está sendo expressa em todos os departamentos de sua vida, prestando atenção ao que você pretende ao afirmar "Seja feita a vontade de Deus". Tome todo o cuidado para se libertar das conotações erradas e absurdas daqueles que acham que a vontade do Infinito pode significar o surgimento de situações graves ou desagradáveis. Ao usar essa frase, pense sempre em algo belo e glorioso porque o Infinito só pode nos desejar vida, amor, verdade, beleza e glória. Faça a seguinte prece várias vezes por dia:

> Deus é infinito amor, infinita bem-aventurança, indescritível beleza, inteligência infindável, harmonia absoluta. Ele é onipotente, onisciente, supremo e absoluta paz. Não existem divisões ou conflitos no absoluto. Deus é infinitamente bom e perfeito. Seus olhos são puros demais para contemplar a iniquidade. A vontade de Deus está se manifestando em minha vida como harmonia, saúde perfeita, felicidade, paz, abundância, amor e perfeita expressão Divina.

Não há uma melhor atitude mental. Se você meditar regularmente sobre essa prece, seu ambiente e circunstâncias atuais serão milagrosamente transformados na semelhança do que está sendo contemplado. Assim, quando você disser "A vontade de Deus está atuando em minha vida", suas palavras terão um novo e maravilhoso significado. Se afirmar "O plano de Deus está se materializando em minha vida", saberá que esse plano só pode ser belo, ordenado, simétrico e bem proporcionado, porque a ordem é a primeira lei Divina. Tudo o que existe de bom na vida está à sua disposição e você só precisa abrir a mente para recebê-lo. "Abre tua boca, disse Ele, e eu a encherei." A boca, nesse caso, significa a mente. Essa ordem Divina nos mostra que todas as coisas estão prontas para a mente que estiver pronta. Abra a mente para receber a dádiva que lhe foi concedida, que estava à sua espera desde a criação do Universo.

O plano de Deus só pode expressar mais de Si próprio através de você, fazendo-o avançar sempre para a frente e para o alto na direção do Infinito. É uma prece excelente e estratégia espiritual soberba dizer com profundo entendimento "Seja feita a vontade de Deus", especialmente quando você captou o verdadeiro significado dessas palavras. Se você entronizar na mente a ideia de que a vontade de Deus está operando em todos os aspectos da sua vida, essa crença dominante e construtiva governará sua existência e o fará agir e se expressar de acordo com o que está impresso em sua mente. Sim, a convicção dominante dita, governa e controla todos os aspectos de sua vida. Quando você tem certeza de que a luz e o amor de Deus o estão orientando e governando, você estará automaticamente imune de cometer erros de julgamento, decisões inadequadas e desperdício de tempo e esforço em empreendimentos inúteis.

Já ouvi muito essa afirmação: "Eu quero se Deus quiser para mim." Que tola superstição! O que Deus não poderia querer para nós? Deus é o doador e a dádiva. Ele nos deu a Si próprio. A Presença Divina está em nossas profundezas subjetivas. O mundo todo é nosso. Ora, se você realmente acredita que Deus é a Vida e a Presença Divina em seu interior e também é Infinita Inteligência e amor ilimitado, por que imaginar que Deus não quer dar alguma coisa, seja qual for? Tudo já nos foi dado. Apenas precisamos aceitar essas dádivas. A dádiva de Deus é saúde, paz, alegria, sensação de estar no devido lugar, abundância, sabedoria e muito mais. Tudo isso está à sua disposição.

QUAL O VERDADEIRO SIGNIFICADO DA EXPRESSÃO "A VONTADE DE DEUS"?

Há uma outra frase supersticiosa: "Acho que não consegui porque não seria bom para mim." Pessoas que fazem essa afirmação estão vivendo em um mundo de dualidade e aceitam a presença de dois poderes na mente quando, de fato, existe um único poder. São criaturas que têm Deus e o diabo no pensamento, o que as faz ser muito instáveis em todas as situações da vida. A felicidade não é boa para todos nós? Creio que ninguém duvida de que Deus deseja nossa felicidade. Se você ora por uma ação correta, por que começar pensando em uma ação errada? A ação correta é regida por princípios imutáveis. Não existe uma lei ou um princípio para as ações erradas. Tenha sempre em mente que em Deus existe a plenitude da luz e Nele não há trevas. Há princípios que regem a alegria, mas não a tristeza. Princípios que regem o amor, não o ódio. Princípio de acerto, não de erro. Princípio da harmonia, não da discórdia.

Que tipo de deus não gostaria que você fosse livre, alegre, iluminado e radiante? Qual é o deus que você abriga em seu coração?

Lembre-se de que você está aqui para reproduzir todas as qualidades, potencialidades e aspectos do Eterno e progredir de glória em glória. Se você deseja uma cura, uma sabedoria maior ou compreensão espiritual, se quer ser rico ou mais inteligente e hábil nos negócios, não deve haver a mínima dúvida em sua mente de que a Infinita Presença e Poder também desejam que você tenha tudo isso. Se você acha que Deus deseja que você adoeça, ou o está testando por um motivo insondável, ou pensa que a Presença Divina poderia criar uma enfermidade para castigá-lo, seu Deus não é digno da sua consideração e atenção, e essa crença é um conceito falso e supersticioso impresso em sua mente.

Deus quer que você seja saudável e próspero. Muitos indivíduos, por causa de falsas crenças religiosas implantadas no subconsciente quando eram crianças impressionáveis, acreditam que existe virtude na carência e na limitação. Não há nada de prazeroso na pobreza. E por sua vez há as infinitas riquezas de Deus à sua disposição. Deus lhe oferece abundância sem limites para usufruir. Acredite nesse caminho como uma forma de sair da pobreza em que você se encontra.

Você não consegue contar os grãos de areia de uma praia ou as estrelas no Céu. Já tentou contar as flores que ficam nas margens de uma estrada enquanto você a percorre de automóvel? Para onde você olhe, está diante de uma profusão da riqueza de Deus. As ideias de Deus são infinitas. Você pode ter agora uma ideia que daria emprego para milhões de pessoas. Uma invenção é uma ideia que está na mente. Um livro, uma nova empresa ou um novo empreendimento imobiliário também são ideias que estão na mente de todos nós. Você pode olhar para um pedaço de deserto e ter a ideia de transformá-lo em um condomínio cheio de casas, árvores e vegetação luxuriante. A natureza é rica, abundante e até extravagante. Devido à cobiça e ganância nós criamos carências artificiais, mas não existe carência na sabedoria de Deus ou falta de ideias criativas na mente humana, que é também a mente de Deus. Devemos abrir nossa mente e sermos receptivos para o fluxo de ideias Divinas que está sempre pronto e disponível para nós.

Acredite que tudo o que você possa desejar já está guardado na arca do tesouro de Deus. A Presença Divina em nós está sempre pronta para atender às nossas necessidades a qualquer hora e em qualquer espaço. O mundo exterior com suas condições econômicas, inflação, deflação ou opiniões alheias não pode nos tocar quando elevamos o nível de nossa conscientização. Quem é completamente livre no seu modo de pensar sobre finanças e saúde prosperará em todos os aspectos da vida.

Ninguém glorifica o Infinito quando está doente, frustrado, neurótico, infeliz ou pobre. A fé sem obras não é fé. Quantas vezes já ouvimos isso? Você precisa demonstrar sua fé em Deus conquistando Suas riquezas. Elas têm de aparecer na casa em que você mora, no seu corpo, na sua arte e na sua ciência, nos seus negócios, em todos os aspectos da sua vida. Você está aqui para reproduzir tudo de bom que há na mente de Deus.

Acreditar em um Deus de amor é expressar amor e acreditar em um Deus de abundância é expressar a vida abundante. Se você tem desejo de escrever uma peça de teatro, um livro ou de construir uma nova casa, seria extremamente tolo imaginar que Deus não deseja que você faça essas coisas. Ele está no seu interior e é Dele que vem o desejo, porque Ele deseja se expressar através de você.

Deus lhe deu a mente que você possui, mãos para construir e escrever, a ânsia de melhorar e progredir, mais a inteligência e a capacidade de fazer tudo o que pretende. Se Deus lhe deu uma voz maviosa, é tolice perguntar: "Será que é vontade de Deus que eu cante profissionalmente?" Não hesite! Vá em frente e cante! Ele lhe deu as cordas vocais, Ele lhe deu a voz. Ele lhe deu a música. Não é preciso perguntar mais nada.

AUMENTE O PODER DO SEU SUBCONSCIENTE PARA CONQUISTAR UMA VIDA MAIS ESPIRITUALIZADA

Suponha que alguém diga: "Se Deus quiser que eu escreva uma peça de teatro, ele me avisará." Outra afirmação absurda. Seu desejo, ou ideia, precisa ser apropriado em sua mente e sentido como verdadeiro. Quando ele for aceito pelo subconsciente, este o fará se concretizar. Essa é a lei da mente. O desejo passa a ser uma convicção subconsciente. Se você está querendo saúde, um emprego, um contrato para cantar ou financiamento para uma invenção, o Espírito Infinito abrirá o caminho para que essa ideia seja desenvolvida. Como uma semente, ela atrairá tudo o que é necessário para germinar, pois cada desejo tem uma dinâmica própria. Sabendo disso, conscientize-se de que Deus está agindo em sua vida. O Eterno lhe deu seu desejo ou invenção e abre a porta para que essa invenção possa ser transformada em realidade. Para acelerar essa evolução, procure ver sua invenção em funcionamento e você recebendo parabéns pelo extraordinário sucesso obtido.

Depois de ter a ideia, você tem de pensar nela atentamente e aos poucos ela irá ficar gravada no subconsciente, como a ideia que o fez aprender a andar. Você repetiu o modelo de pensamento muitas e muitas vezes, e depois de algum tempo andar se tornou uma ação automática. Sim, você tem de nutrir a ideia, senti-la e alegrar-se com ela. Uma vez impressa na sua mente mais profunda, ela se torna uma convicção compulsiva porque uma das leis do subconsciente é a compulsão.

Por exemplo, quando um etilista estabelece a liberdade do vício na mente, não sente mais desejo de beber porque sua vontade e seu desejo tornaram-se vontade de Deus, transformando-se em uma convicção profunda.

"Seja feita a Tua vontade, não a minha." A convicção ou impregnação da mente subconsciente faz com que, automaticamente, o desejo se torne uma realidade. Nossas convicções e crenças ditam e controlam todas as nossas ações conscientes. O subconsciente é o poder que move o mundo.

Um homem veio me procurar alguns anos atrás. Confessou que era etilista e contou que quando tomava uma dose era compelido a beber até cair inconsciente. Em outras palavras, perdera o controle de si próprio e de seu subconsciente; seguindo a lei que o rege, era impelido a beber cada vez mais. Sua história era bem conhecida. Ele fora infiel no casamento e a mulher pedira o divórcio. Inconformado, tentara várias vezes se reconciliar com ela, inutilmente. O homem começou a beber para aliviar seu sofrimento psíquico, como alguém que toma uma aspirina para fazer cessar uma dor de cabeça. Cada vez que tomava uma dose para melhorar seu estado de espírito, acabava bebendo demais e se culpava por ser fraco, por não ter força de vontade para parar. Agindo assim, repetidamente gravava no subconsciente a ideia de fraqueza e inferioridade, rejeitando o poder do Infinito em seu interior.

Os hábitos e vícios são formados pela repetição de atos ou pensamentos até eles estabelecerem um modelo de comportamento no subconsciente, no qual crescem até atingir o ponto de saturação. O homem passara a sofrer de um bloqueio mental, como se fosse uma petrificação do vício no subconsciente, que o lembrava constantemente de que precisava de uma bebida. Tomando a primeira, perdia o controle. No início, tinha escolha e conseguia parar depois de duas ou três doses, mas agora era vítima de uma compulsão.

AUMENTE O PODER DO SEU SUBCONSCIENTE
PARA CONQUISTAR UMA VIDA MAIS ESPIRITUALIZADA

Esse homem reverteu seu modo de pensar e se libertou com o uso da mesma lei que o fez se tornar um bebedor compulsivo. De maneira regular e sistemática, passou a contemplar a liberdade e a paz de espírito, afirmando que beber e se alimentar eram ideias de Deus para que ele tivesse uma vida plena, saudável e harmoniosa. Criou um pequeno filme mental no qual se via completamente sóbrio, recebendo os elogios de amigos por ter se livrado do vício. Sempre que se sentia tentado, revia esse filme, sabendo que o poder do Altíssimo estava fluindo através dessas imagens, fazendo-as se aprofundarem no subconsciente, elaborando um novo padrão de comportamento.

As ideias são gravadas na mente mais profunda por meio de repetição, fé e expectativa. À medida que o homem continuava a imaginar sua liberdade e paz de espírito, crendo no poder infindável de Deus e tendo a convicção de que um dia seu desejo de ter uma nova vida iria se realizar, foi surgindo uma aurora que expulsou as trevas. Seu desejo consciente — o de se libertar de um hábito destrutivo — tornou-se sua vontade subconsciente, significando que uma profunda convicção se alojou em sua mente mais profunda. Isso é vontade de Deus. O homem foi compelido a expressar a liberdade, pois uma das leis do subconsciente é a compulsão.

Quando você era criança, com certeza sofreu uma série de restrições e tabus e um número enorme de "faça" ou "não faça". Pode ter ouvido que a vontade de Deus para os homens é o sofrimento, que ficou doente porque o Senhor quis castigá-lo por uma tolice qualquer ou por causa de um pecado capital, como faltar à missa aos domingos. Eu mesmo passei por isso.

QUAL O VERDADEIRO SIGNIFICADO DA EXPRESSÃO "A VONTADE DE DEUS"?

Que crenças cruéis! Elas contaminam e poluem a alma porque são baseadas em grosseira superstição e estupidez.

Talvez seus pais ou parentes tenham dito que você era um pecador e, depois de morrer, iria cozinhar no inferno. Como alguém pode pensar tão mal de Deus? Que tipo de amor de pai é esse? Você gostaria de ver um filho queimando em um mar de fogo por toda a eternidade? É lógico que a criança que ouvia essas mentiras passou a ter pouco amor na vida adulta.

Deus é amor. Não existe — nem nunca existiu — inferno. É na mente humana que se aloja o fogo da vingança, do ódio e da hostilidade, e são eles que destroem as células e os tecidos cerebrais. Vemos esse resultado em hospitais e hospícios.

Quantas mentes de crianças foram contaminadas e poluídas com todo tipo de estranhas ideias e falsas doutrinas! Conscientize-se acima de tudo de que Deus é amor e Deus não faria nada diferente do amor. "Seja feita Tua vontade assim na terra como no Céu" é uma prece maravilhosa quando você percebe seu verdadeiro significado. O "Céu" é sua mente ou sua percepção mental e espiritual, a Infinita Inteligência que habita em seu interior. Ele é a parte invisível e imaterial do seu ser — pensamentos, emoções e vida. No Senhor nós vivemos, nos movimentamos e pensamos. Isso é o que o faz ser vivo! Deus é vida, não um ser barbudo e colérico que mora em alguma nuvem e fica constantemente nos vigiando para nos flagrar em pecado.

Então, o que você tem no Céu — sua mente — você vivenciará na terra, no plano objetivo. A "terra" é seu corpo, seu mundo, seu ambiente, sua conta bancária, sua profissão, os acontecimentos e circunstâncias em todas as fases da sua existência.

AUMENTE O PODER DO SEU SUBCONSCIENTE
PARA CONQUISTAR UMA VIDA MAIS ESPIRITUALIZADA

Sua vontade é a capacidade de definir seus objetivos e escolher metas, ideais ou projetos. Trate com carinho os pensamentos produtivos, dê-lhes toda sua atenção e devoção e eles se concretizarão. Então, o deserto em que você vive se transformará no paraíso, vivenciando a alegria da prece atendida. Deus não o criou com um espírito de medo, mas com uma mente sadia, que conhece o poder do amor. Cada dia que passa é o tempo da renovação, do ressurgimento e do renascimento. Toda a natureza proclama a glória de cada novo dia para nos lembrar de que devemos despertar para a presença de Deus em nós, saindo do nosso longo período de sono nas cavernas da carência e limitação para caminharmos e avançarmos na direção da luz. O medo, a ignorância e a superstição precisam morrer em nós para que haja a ressurreição da fé, da confiança, do amor e da benevolência.

Agora, prepare-se para uma prece que será uma transfusão do amor e graça de Deus, dizendo com todo o fervor:

> Estou inundado com a vida purificadora, harmonizadora, curadora e restauradora do Espírito Santo. Meu corpo é um templo do Deus Vivo. Ele é puro, íntegro e perfeito. Todas as funções da minha mente e meu organismo estão em pleno funcionamento, regidas pela Divina ordem e pela Divina sabedoria. Deus, que vive em mim, tudo cura e tudo renova. A paz de Deus enche a minha alma. O amor de Deus satura todo o meu ser e Deus, no fundo do meu ser, está me guiando agora mesmo.

Resumo do capítulo

- Deus é Vida e não tem começo nem fim. A tendência da Vida é expressar a si própria. A Vida é beleza, alegria, harmonia, amor, sabedoria, ordem e verdade. Ela procura se expressar através de você. Deus é o Princípio Vital e você é o templo a partir do qual Ele o conduzirá para níveis mais elevados. A vontade de Deus é a tendência de uma vida em constante progresso.

- A prece "Seja feita a Tua vontade e não a minha" não revela um cego fatalismo, mas é a percepção de que o poder do Altíssimo está lhe dando todo o Seu apoio. Quando você se conscientizar desse fato e passar a clamá-lo com veemência, a repetição, a fé e a expectativa farão seu desejo ou ideia se afundarem no seu subconsciente para se tornarem uma convicção.

- É vontade de Deus que sejamos todos saudáveis, felizes e alegres, e que tenhamos uma vida repleta de experiências maravilhosas. É vontade do Infinito expressarmos cada vez mais sabedoria, verdade e harmonia. Estamos neste mundo para expressarmos mais e mais da nossa Divindade até nos tornarmos a pessoa que Deus pretendeu que fôssemos ao nos criar — uma criatura feliz, alegre, iluminada e inspirada que caminha pela terra com o louvor a Deus sempre nos lábios.

- Os poderes ou forças da natureza não são bons ou maus, apenas neutros. O bem e o mal são criados pelo movimento

de nossa mente, o modo como pensamos e agimos, e a atitude que temos diante das coisas — e não nas coisas em si.
- Lembre-se de que você é um ser que tem vontade e pode escolher. Possui a capacidade da opção, da intenção, da inclinação e da determinação e a tendência do Princípio de Vida é se expressar através de você.
- Você tem liberdade para amar, liberdade para receber amor e liberdade para retê-lo. Você não é um animal que age por instinto. "Escolhe hoje a quem pretendes servir." Cabe a você a iniciativa e a intenção. Sim, você possui a capacidade de escolher, de selecionar e de chegar a uma decisão por meio da sua capacidade de raciocinar.
- Você não está glorificando o Infinito quando cai doente, quando se sente frustrado, neurótico, infeliz ou pobre. A fé sem obras é uma fé morta. É preciso demonstrar sua fé em Deus e nas riquezas de Deus exibindo-as em sua casa, sua ciência e arte, nos seus negócios e no seu corpo, em todas as fases de sua vida. Você está aqui para reproduzir as coisas em que realmente acredita. Está aqui para recriar, retratar e expressar em sua vida o que é a verdade do Infinito.
- Uma prece magnífica e soberba estratégia espiritual é dizer, com todo o seu entendimento, "Seja feita a vontade de Deus", em especial se tem plena consciência do significado dessas palavras. Se entronizar em sua mente a clara e definida ideia de que Deus está operando em todos os aspectos de sua existência, criará uma crença construtiva em seu subconsciente que fará o bem se concretizar em sua vida. Quando você sabe que a luz e o amor de Deus o estão guiando e governando em tudo, fica automaticamente

imune de cometer erros de julgamento, decisões pouco sábias e de desperdiçar tempo e esforço em empreendimentos sem futuro.

- Quando você anima seu desejo, ou ideia, quando o nutre, sustenta, sente a sua realidade e se alegra com ela, o poder do Altíssimo está lhe dando todo o apoio, até ele se aprofundar no seu subconsciente. Como uma semente, o desejo morrerá para germinar como a prece atendida. Então sua ideia se tornará vontade de Deus e ela se concretizará em sua vida.

Capítulo 4
O Quarto Modo de Orar

Diz o Livro de Daniel: "Então, Nabucodonosor encheu-se de cólera e a expressão do seu rosto alterou-se contra Sidrac, Misac e Abdênago... Depois, ordenou aos homens mais fortes do seu exército que amarrassem os três jovens e os precipitassem na fornalha acesa... Sidrac, Misac e Abdênago caíram amarrados no meio da fornalha acesa... Então, o rei Nabucodonosor ficou perturbado e, tomando a palavra, perguntou a seus conselheiros: 'Não foram três os homens que atiramos no fogo, amarrados?' Em resposta, disseram ao rei: 'Certamente, ó rei.' E ele prosseguiu: 'Mas estou vendo quatro homens, os quais passeiam no meio do fogo sem sofrerem dano algum, e o quarto deles tem o aspecto de um Filho de Deus.'" (Dn 3, 19-25)

O quarto homem na fornalha é a consciência de Deus, sua percepção do Espírito Vivo Todo-Poderoso que vive no seu interior. Ele significa que você está em um estado mental exaltado, em sintonia com o Infinito. As antiquíssimas Escrituras afirmam: "A água não o molha, o fogo não o queima, o vento não o sopra para longe, a espada não o fere." Quando você está em um certo estado de espírito, em uma dimensão espiritual mais elevada, o fogo não o queima e os venenos não o matam.

Effel Ralston, o grande engenheiro elétrico inglês, escreveu um artigo sobre a experiência de uma de suas sócias, que teve a visão de um avião saindo das nuvens em chamas. Ele explodiu a cerca de trezentos metros do solo, depois se partiu e caiu. A mulher tinha certeza de que isso ia acontecer e sabia onde ficava o aeroporto e a que hora aconteceria o acidente. Em sua vidência, tentou ver a tripulação, mas piloto e copiloto lhe apareceram totalmente queimados, irreconhecíveis. Ela apressou-se a ir à casa de uma amiga, vizinha do aeroporto, onde encontrou uma outra senhora, que convidou para ajudá-las nas suas orações. Às duas e meia, começaram a rezar. De repente, o avião que havia visto mentalmente saiu das nuvens, em chamas. Ele explodiu e queimou. Quando os bombeiros chegaram, constataram que os dois tripulantes estavam incólumes, sem nem mesmo uma queimadura. Um caso parecido com o de Sidrac, Misac e Abdênago. Um deles disse, ainda abalado: "Eu ia me atirar para fora quando de repente uma sensação de absoluta paz e segurança me envolveu e então voltei a sentar." Por incrível que possa parecer, esse homem era filho da mulher que fora convidada a participar das orações.

Existem inúmeros casos parecidos documentados em todo o mundo. Os três homens do Livro de Daniel representam a fé, o amor e a compreensão. A fé, naturalmente, é a crença em que a Infinita Inteligência nos atende quando chamamos por ela. Amor, na Bíblia, significa aliança, lealdade e devoção ao Único Poder, é colocar o Criador em primeiro lugar em nossa vida. Compreensão quer dizer que nos mantemos firmes em nossa convicção sobre o funcionamento da lei, sabendo que tudo em que acreditamos em nosso coração irá nos acontecer.

O Quarto Modo de Orar é contemplar a presença de Deus, o Infinito dentro de nós. É impossível haver dois Infinitos porque a Infinidade não pode ser dividida ou multiplicada. As mulheres que oraram perto do aeroporto praticaram a presença de Deus dentro do avião. Em outras palavras, contemplaram a presença do amor, da paz, da harmonia, da beleza e da ação correta, e na mente e no coração delas mergulharam os dois homens na Sagrada Onipresença, banhados na luz de Deus. E eles foram salvos.

Joseph Chilton-Pierce, um renomado pesquisador dos fenômenos paranormais, conta em um dos seus livros que em Surrey, na Inglaterra, nos anos de 1935 e 1936, foi feita uma série de experiências com dois faquires indianos. Os testes foram elaborados por médicos, físicos, químicos e psicólogos das universidades de Oxford e Cambridge. Os faquires andaram sobre brasas em condições controladas, sob os olhares céticos e penetrantes dos cientistas. Não houve um período de concentração mental nem foram ingeridas substâncias químicas alucinógenas. Os dois indianos repetiram a caminhada sobre brasas sob uma variedade de condições e ao longo de um período de várias semanas. As temperaturas do leito de brasas variaram entre 450°C e 500°C. A temperatura interna chegou a atingir 1.400°C. Foi constatado que não houve nenhum tipo de truque ou alucinação.

Chilton-Pierce salientou que o ponto mais marcante da experiência aconteceu quando um dos faquires percebeu que um professor de psicologia estava extremamente interessado e ávido para entender o processo. Então, os dois faquires lhe disseram que ele também seria capaz de andar sobre as brasas, desde que ficasse de mãos dadas com um deles. Conforme o professor explicou posteriormente, ele foi tomado por uma onda de fé e soube que ia conseguir. Tirou os sapatos e as meias e os três atravessaram o leito de brasas sem nenhuma queimadura.

A fé é uma atitude mental, é um modo de pensar. Pensar no Poder Criativo, no Único Poder que prontamente nos atende quando clamamos por Ele. Todos nós já sofremos queimaduras ou sabemos como doem, mas quem tem fé e está sintonizado com o Infinito consegue atingir um estado de conscientização elevado e ficar imune a elas.

O seguinte artigo foi publicado na revista *Psychic Digest*:

> Poucas pessoas sabem que o sucesso de Virginia Graham, apresentadora do famoso programa de televisão "Girl Talk", só veio após ela vencer um câncer terminal, tornando-se um marco na história da medicina. Seu médico falou sobre esse milagre e explicou que Virginia purificou sua corrente sanguínea com seus pensamentos. Ela fazia preces fervorosas, com a certeza de que seria curada e viveria por muito tempo. "Eu sempre tive o espírito de um náufrago sobrevivente, e nunca me passou pela cabeça que eu poderia afundar." Esse amor pela vida se propaga e talvez tenha sido um dos principais motivos do sucesso de um outro programa, "Climbing to the Top". Lógico que é verdade que muitos morrem com câncer terminal, mas Virginia decidiu pensar diferente: ter fé e criar uma imagem de saúde na mente. Um estado de consciência elevado foi o responsável pela cura. Virginia Graham viveu por mais quarenta anos depois do acontecido e faleceu em 1998 aos 86 anos.

Talvez você tenha um extraordinário conhecimento de ciência, filosofia e religião, e seja uma pessoa piedosa e fiel aos ensinamentos de sua igreja, mas ele não é suficiente para resolver os problemas que surgem na sua vida e na de qualquer outro ser humano. Isso deveria nos forçar a nos voltarmos para a Suprema Inteligência que habita em nós e deixar que a Presença e o Poder coordenem nossas atividades e guiem nossa vida por sendas agradáveis e pacíficas.

Quando Charles Lindbergh atravessou o oceano Atlântico em sua pequena aeronave, estava sozinho, sem copiloto, rádio ou paraquedas, e dependia apenas de uma bússola. Conforme contou depois, durante o voo ele dormiu várias vezes de olhos abertos e teve a oportunidade de vivenciar a atuação de poderes mais elevados no seu interior, que controlaram sua mente e seu corpo, dirigindo o avião e fazendo-o acordar quando necessário. Nessas ocasiões, quando sua mente racional ficava suspensa em repouso, ele viu formas transparentes viajando a seu lado. Era como se estivesse sendo guiado por seres fantasmagóricos muito simpáticos, que falavam como humanos e lhe davam importantes informações sobre navegação aérea. Essas presenças lhe davam uma sensação de segurança e conforto. O tempo todo ele estava imóvel, profundamente adormecido, mas seu subconsciente assumia o controle da aeronave.

Essas figuras amigas não tinham um corpo físico, mas sua forma era humana. Lindbergh não conseguiu focalizar sua atenção na rota que havia estabelecido, porém, quando acordou, avistou a costa da Irlanda e estava a poucos quilômetros fora do curso. Ele teve uma experiência com a quarta dimensão, que salvou sua vida. Esse é o Quarto Modo de Orar. Aprenda o máximo de ciências e humanidades que puder, porque isso é importante. Cultive uma boa filosofia de vida capaz de lhe dar postura, equilíbrio, serenidade e tranquilidade. Encontre uma religião em que possa crer. Uma religião deve lhe dar alegria, felicidade, paz de espírito e segurança. Lembre-se de que sua vida deve demonstrar em que você acredita.

Todavia, se você se vir diante de uma grande dificuldade ou de um grande desafio, e descobrindo que todo o seu conhecimento e sua crença não têm poder para vencê-lo, volte-se para a Presença Divina em seu interior, o Ser Absoluto, o Espírito Vivo Todo-Poderoso, sabendo no fundo do seu coração que Ele é onisciente, onipotente e onipresente. O Eterno sabe todas as respostas e soluções, e antes mesmo de você pedir, está pronto para atender às suas súplicas.

O aviador Eddie Rickenbacker estava à deriva no oceano, em um bote salva-vidas, depois de sofrer um grave acidente. Não tinha nenhum tipo de comida ou água potável. Ele clamou pela Presença e Poder e pouco depois uma gaivota veio pousar-lhe no ombro e serviu-lhe de alimento. Mais tarde, uma chuva torrencial matou-lhe a sede. Como o próprio Eddie contou, ele foi protegido e salvo dentro da ordem Divina. As muitas orações, sua filosofia de vida, crença religiosa e o conhecimento de ciências não fizeram nada para salvá-lo, mas quando clamou pela ajuda do Eterno, que está sempre presente e tudo vê e tudo sabe, Ele o atendeu.

O Quarto Caminho engloba tudo o que a humanidade conhece de ciência, de filosofia e de religião, e a elas se somam a conscientização e o reconhecimento exaltados da presença de Deus em todos os seres humanos. A ciência está em constante mutação. Como Robert Millikan, do California Institute of Technology, em Pasadena, salientou há alguns anos, o dogma dos elementos imutáveis deixou de existir com a descoberta da radioatividade. Atualmente, lidamos com um Universo de densidades, frequências e intensidades, um Universo em constante mudança, em constante evolução, dinâmico e vivo. O Universo inteiro está vivo — mesmo que seja em diferentes graus de existência ou de inteligência. Portanto, quanto mais inteligência for despertada na humanidade, maior será a liberdade que encontraremos.

Os dois princípios fundamentais da física — a conservação da massa e a conservação da energia — não existem mais como verdades separadas, tal como o Dr. Millikan apontou anos atrás. Einstein nos ensinou que matéria é a energia reduzida ao ponto da visibilidade. Energia é o termo usado pelos cientistas para falar do Espírito, ou Deus. Atualmente, sabemos que matéria e energia são intercambiáveis e interconvertíveis, o que está causando grandes mudanças no conhecimento humano. O Dr. Rubinstein, da UCLA, em um artigo publicado no *Los Angeles Times*, disse que a medicina está a poucos passos de se tornar completamente ultrapassada devido aos rápidos avanços na ciência e na tecnologia, e o médico que continua praticando apenas o que aprendeu quando estava na faculdade está tão atrasado no seu conhecimento que chega a ser perigoso.

A química e a física estão passando por uma transformação tão rápida que os livros escritos há poucos anos estão defasados em relação ao conhecimento mais recente. As religiões estão se modificando no mundo inteiro e os dogmas estão caindo em todas elas. O dogmatismo significa afirmar alguma coisa sem conhecimento, insistir em considerar verdadeiro o que qualquer cientista sabe que é inverídico, como a criação do mundo em seis dias ou que Adão e Eva foram expulsos do Jardim do Éden e se tornaram os pais de toda a humanidade. Simples parábolas. De fato, o Jardim do Éden é nosso mundo interior e Adão e Eva representam o consciente e o subconsciente. Uma interação harmoniosa entre a mente racional e a subjetiva gera saúde, felicidade, paz, abundância e segurança.

O dogmatismo é típico em pessoas de mente fechada, que muitas vezes ainda acreditam que o Sol gira em torno da Terra e até que nosso planeta é plano. Incrível, não? Entenda que a Árvore do Bem e do Mal do Jardim do Éden é a Presença Viva no seu interior. Ela representa os bons e maus pensamentos que, como plantas, se enraízam e crescem para produzir opiniões, fixações, preconceitos e temores, mas também para gerar frutos excelentes, como a crença na Regra de Ouro, na Lei do Amor e da Bondade, Honestidade e Integridade. Sim, a Árvore da Vida, ou Árvore do Bem e do Mal, está dentro de cada um de nós.

Voltaire disse: "Se Deus não existisse, seria preciso inventá--lo." A ciência deu grandes passos e foi sempre uma bênção para a humanidade. Por exemplo, antigamente, quando a peste assolava uma cidade da Europa, o pároco da igreja formava uma procissão, carregava o ostensório com a Hóstia Sagrada e água benta e percorria as ruas benzendo os habitantes. Para sorte da humanidade, a ciência foi progredindo e introduziu o tratamento de esgotos e os conceitos de higiene, salvando milhões de pessoas. Lister, Pasteur e outros pesquisadores fizeram os médicos adotarem procedimentos de esterilização em maternidades e hospitais, e inúmeras vítimas foram salvas. Antes disso, as pessoas morriam como moscas nessas instituições.

O QUARTO MODO DE ORAR

O mundo teve filósofos maravilhosos, como Platão, Aristóteles, Plotino, Sócrates, Emerson, William James, Kant e muitos, muitos outros, que nos deixaram ensinamentos extraordinários. Entretanto, a filosofia não é muito útil se não a colocarmos em prática.

Ao longo das eras tivemos terríveis guerras religiosas, apesar de todos os ensinamentos dos filósofos; e a ciência, embora esteja em constante progresso, até agora foi incapaz de solucionar os problemas do mundo. Religião, com seus dogmas e tradições, filosofia e ciência, apesar de serem necessárias e úteis, falharam miseravelmente em trazer paz para a mente perturbada. Tem havido muitas guerras no mundo e elas *continuarão* a acontecer enquanto a humanidade não despertar para a presença de Deus dentro de cada um de nós e se conscientizar de que os bilhões de indivíduos que estão neste planeta não são mais que meras extensões de nós mesmos, que existe uma Única Mente. *Só então* perceberemos que tudo o que desejamos ou pensamos para os outros estamos criando em nossa mente, nosso organismo e nossa vida cotidiana. Quando despertarmos para essa verdade tão simples, começaremos a abençoar toda a humanidade. Não teremos vontade de roubar, enganar, caluniar ou fraudar. Não haverá avareza em nosso coração porque saberemos que podemos possuir tudo o que desejamos, já que o Espírito está pronto para atender aos nossos pedidos.

Os teólogos preferem falar sobre Deus a ensinar os homens e mulheres a vivenciar Deus no próprio coração. Existem muitas pessoas que são boas, caridosas e religiosas que seguem todas as regras e os regulamentos de suas igrejas, mas sofrem de maneira miserável em hospitais e sanatórios, esperando que Deus, Jesus ou Maria sejam seus salvadores. Elas estão completamente erradas. Você é o salvador de si mesmo, você atende às suas preces. Tudo o que você imprime no seu subconsciente é manifestado como forma, função, experiência e acontecimento. Quem não sabe disso está vivendo na Idade das Trevas, é um medievalista no modo de pensar. É como se estivesse vivendo na selva. Óbvio que ser uma pessoa piedosa e fiel aos mandamentos da sua religião é bom, mas só a partir de um ponto de vista externo. Todavia, a lei da mente é: "O homem é o que pensa em seu coração (ou subconsciente)" E nós criamos o nosso modo de viver e nosso futuro.

São as crenças firmemente enraizadas em seu subconsciente que acabam se tornando realidade. Você vivencia o que de fato acredita em seu coração. Se acredita em fracasso, mesmo que trabalhe arduamente, irá fracassar. Você pode ser muito bom e caridoso, dar esmolas aos pobres e visitar os idosos e enfermos, mas o que se manifesta em sua vida é o que está gravado em seu coração e não o que você aceita em teoria. Não é a crença nominal em certos valores que tem importância, e sim a crença profundamente gravada em seu coração. Por exemplo, alguém pode frequentar a igreja todos os dias e receber os sacramentos, mas se ela está sempre esperando reveses, se tem medo de doenças contagiosas, do fracasso financeiro ou matrimonial, são essas coisas que acontecerão em sua vida, porque a lei do Senhor é perfeita: não se pode pensar negativamente e ter uma vida construtiva e harmoniosa.

Digo sempre que muitas pessoas são capazes de conseguir nota máxima em qualquer tipo de exame de filosofia ou metafísica, mas têm uma vida simplesmente caótica. Elas citam Platão,

Aristóteles e Emerson. A propósito, muitos conhecem Ralph Waldo Emerson como escritor porque aprenderam sobre ele em aulas de literatura, mas se seguissem o que ele nos ensinou em seus livros estariam vivendo na luz, vivenciando cada momento que dura para sempre. Foi Emerson que escreveu: "O homem é o que pensa o dia inteiro" e "Se sua alma está ereta, só o bem acontece", querendo explicar que quem age dessa maneira está exaltando Deus no seu interior, presença que ele chamava de Alma Divina.

As ideias filosóficas e metafísicas não são assimiladas, digeridas e incorporadas ao subconsciente. O conhecimento cerebral não é o conhecimento no coração. Não há dúvida de que a ciência, a filosofia e a religião são necessárias e cada uma é boa à sua moda, mas não se esqueça de unir as três sob o manto da presença de Deus em nós, o Único Poder.

Um médico da Força Aérea que serviu no Vietnã contou-me que, ao saltar de paraquedas da sua aeronave avariada, caiu na mata fechada e, sozinho, teve de cuidar dos seus ferimentos. Ele era bem versado em ciências, estudava as filosofias do mundo e começou a orar da seguinte maneira: "Sei que Deus, ou o Espírito Eterno, está dentro de mim. Ele tudo vê e está me levando agora mesmo para a segurança." Conforme me disse, tinha certeza de que a Infinita Inteligência iria lhe dar uma resposta.

Esse oficial médico me contou que pouco depois viu a figura do irmão, que falou: "Vou chamar os paramédicos para virem cuidar de você. Eles estarão aqui em meia hora." De fato, passou pouco tempo até uma equipe médica chegar e resgatá-lo. Quando perguntou como sabiam que ele estava nesse lugar remoto, um deles explicou que um oficial tinha chegado ao seu acampamento e lhes dado indicações exatas de onde havia alguém gravemente ferido. Quando solicitados a fazer uma descrição da pessoa que lhes dera o aviso, fizeram uma descrição exata do irmão do oficial ferido, que havia morrido em ação cerca de um ano antes. Esse é o Quarto Caminho. A solução vem por caminhos que nem sempre conhecemos.

Alguém poderia descrever esse acontecimento como sendo uma forma de pensamento capaz de falar, outros diriam que o ferido viu um ser quadridimensional. "Eu não estava desmaiado. Vi meu irmão e ouvi sua voz, como se fosse uma pessoa de verdade." Eventos desse tipo são até comuns, mas não temos meios para explicá-los.

Toda a ciência, filosofia e crença religiosa do oficial não conseguiram salvá-lo, mas existe dentro de todos nós o Espírito que nos deu vida e está sempre pronto a nos ajudar. No Livro de Daniel, lemos: "Teu Deus, a quem serves continuamente, te salvará." A história de Daniel é a história de todos os seres humanos, de você também. Ficamos sabendo que quando Daniel foi atirado na cova dos leões, deu as costas a eles e voltou-se para sua luz interior. Os animais não puderam atacá-lo. Se você compreender bem essa passagem bíblica, terá a capacidade de se safar de qualquer problema grave que possa surgir em sua vida.

Lembro-me de um soldado contando que em uma certa altura as balas estavam vindo de encontro a ele de todas as direções.

— Quis rezar, mas só consegui me lembrar de umas palavras que minha mãe dizia quando eu era pequeno: "O Senhor é meu pastor, nada me faltará."

O rapaz nem sabia de onde vinham essas sentenças, mas outras vieram-lhe à mente: "Ele me faz repousar em verdes pastagens, restaura a minha alma."

Na sua hora de suprema necessidade, ele voltou-se para o Poder Maior. De repente, começou a trovejar e, depois de um relâmpago, começou uma grande tempestade, que inundou toda a área em que ele se encontrava. Os tiros cessaram e o soldado conseguiu chegar à sua base em segurança. Houve uma resposta, uma solução dada pela Infinita Inteligência.

Lembre-se: Daniel é você. Quando se viu diante de uma situação ameaçadora, ele deu as costas para os leões e procurou uma solução, uma saída, através do Poder do Todo-Poderoso no seu interior. Muitas pessoas, ao se verem diante de um problema, ficam olhando para ele, pensando e falando nele, o que só serve para aumentá-lo a ponto de serem engolidas por ele. Quando você se vir em uma situação difícil, aja como Daniel. Os leões da cova representam as situações aparentemente insolúveis que encontramos na vida. Ignore-as e focalize sua atenção na solução, clamando por Deus e colocando emoção na visualização do seu desejo atendido. Acredite fervorosamente que o Supremo Poder está se movimentando a seu favor.

Realizar um desejo é como pôr uma semente em um canteiro preparado de jardim. O seu desejo de se libertar do problema ou da situação é uma semente que você deposita na sua mente subconsciente tendo certeza de que ele se tornará realidade, germinando com seu pleno potencial, porque as sementes geram frutos da própria espécie. Não se preocupe ou fique imaginando como a resposta virá, porque não entendemos por completo o funcionamento do subconsciente. Sua consciência — ou percepção — é a Única Presença e o Único Poder, a Causa Eterna de toda a criação. Elabore um novo paraíso, um novo Céu, uma nova atitude mental e uma nova terra, uma nova existência aparecerá. Lembre-se: Deus está sempre presente e virá em seu auxílio nas tribulações. Você habita no refúgio do Altíssimo, repousa à sombra do Senhor, dizendo de Yahweh: "Meu abrigo, minha fortaleza, meu Deus em quem confio." Sim, Deus o cobre com suas penas e sob suas asas você descansará. A verdade de Deus deve ser sempre seu escudo e sua armadura. Como Ele colocou seu amor sobre nós, ele nos preparará um lugar na eternidade e nos guiará em segurança. Lembre-se destas palavras: "Tu és meu refúgio, Tu me salvarás, Tu me orientarás com hinos de libertação agora e para sempre."

Resumo do capítulo

- O Quarto Modo de Orar é contemplar a presença de Deus, o Infinito dentro de você. Não pode haver dois Infinitos. A Infinidade não pode ser nem dividida nem multiplicada.
- Quando você se encontrar diante de uma grande dificuldade ou de um grande desafio, ou descobrir que todo o seu conhecimento e sua crença são incapazes de resolvê--los, volte-se para a Presença Divina em seu interior, o Ser Absoluto, o Espírito Vivo Todo-Poderoso, sabendo que ele é onisciente, onipotente e onipresente. Ele sabe apenas as respostas, todas elas, e, antes de você clamar, já está atendendo ao seu pedido. Ele é o Eterno, o Supremo, o que sempre se renova e perpetua.

- O Quarto Modo reúne todo o conhecimento da ciência, da filosofia e da religião e acrescenta a conscientização e o reconhecimento exaltado da presença de Deus na humanidade.
- A chamada Árvore da Vida, ou Árvore do Bem e do Mal, é a Presença Suprema no interior do seu ser e representa os bons e maus pensamentos ou ideias que se enraízam e germinam em fixações, complexos, preconceitos e temores, ou como crença na Regra de Ouro, a Lei do Amor e Bondade, Honestidade e Integridade. Portanto, o bem e o mal estão dentro de todos nós.
- Sempre que desejamos alguma coisa para um outro ser humano ou pensamos constantemente nele, devemos nos lembrar que estamos primeiro criando esses pensamentos em nossa mente e eles se manifestarão em nosso organismo e em nossa vida cotidiana e profissional. Se despertarmos para essa simples verdade, estaremos sempre derramando bênçãos sobre nosso próximo e sobre a humanidade, e jamais desejaremos roubar, enganar ou defraudar. Não haverá avareza e mesquinhez em nosso coração porque teremos a certeza de que o Espírito está pronto para nos dar tudo o que pedimos e sentimos ser verdade.
- Você é seu salvador, porque é você quem atende às suas preces. Tudo o que você permite que seja gravado no seu subconsciente é expresso como forma, função, experiência e acontecimento. Então, lógico, é você que atende aos seus pedidos.
- São as crenças profundamente enraizadas no seu subconsciente que se tornam realidade. Você vivencia o que acredita em seu coração. Quem acredita em fracasso, mesmo que

trabalhe arduamente, irá fracassar. Não adianta dar esmola aos pobres, pagar o dízimo, visitar os enfermos e os idosos desamparados; o importante é o que você crê no fundo do coração, e não as teorias. Não é a crença em religiões ou filosofias que se materializa em sua vida.

- Muitas pessoas, quando se veem diante de um problema, ficam olhando para ele, conversando sobre ele, o que só serve para aumentá-lo. Ele chega a ficar tão grande a ponto de engoli-las. Faça como o profeta Daniel. Vire as costas ao problema e concentre-se na solução que virá através do Poder do Altíssimo. Focalize sua atenção na presença de Deus em você e tudo será resolvido.

Capítulo 5
Ciência e religião

Atualmente, está havendo uma grande revolução no campo da física e da química, e tudo o que aprendemos na escola sobre a natureza e a evolução humana ficou ultrapassado e grande parte do conhecimento nesses campos se tornou irrelevante diante das modernas descobertas. Por exemplo, não se fala mais no postulado dos elementos imutáveis e considera-se que existe uma única substância básica, e a diferença entre as várias substâncias que encontramos no mundo é causada pelo número e a velocidade dos elétrons em torno de um núcleo. Tudo é entendido em termos de vibração, densidades, frequências e intensidades. O mundo inteiro é um mundo de vibrações. O dogma sobre elementos imutáveis desapareceu com a descoberta da radioatividade.

Os cientistas modernos salientam que fazemos parte de um Universo vivo, dinâmico e em constante evolução. Tudo está vivo. O Dr. Robert Andrews Millikan, que por muitos anos foi reitor do California Institute of Technology, afirmou que os dois princípios fundamentais da física — a conservação da massa e a conservação da energia — não existem mais como verdades distintas e separáveis.

Einstein e outros cientistas também demonstraram a impossibilidade da transformação da massa em energia e da energia em massa, dizendo, portanto, que energia e massa são uma coisa só. Como está dito nos antigos Upanishads, os textos sagrados da Índia, escritos há dez mil anos, "A matéria é o grau mais baixo do Espírito e o Espírito é o mais alto grau da matéria", exatamente o que a ciência moderna atualmente afirma. "Energia" é o nome que os cientistas usam para "Espírito", que, obviamente, é Deus. Deus é Espírito, Deus é adorado em Espírito e Verdade. O Espírito não tem rosto, formato ou figura. E é esse Espírito que está em cada um de nós.

Uma vez li um artigo no qual alguém perguntava a Einstein o que era a matéria. A resposta foi: "Matéria é a energia reduzida a ponto da visibilidade." Como falei anteriormente, a ciência moderna nos ensina que a única diferença entre uma substância e outra é o número dos elétrons e a taxa de velocidade com que eles giram em torno do núcleo, comprovando a teoria de Pitágoras de que número e movimento governam o mundo.

Nosso corpo, então, é formado por ondas luminosas vibrando em diferentes frequências. É por isso que somos o que pensamos o dia inteiro, porque nossos pensamentos são criativos. Os pensamentos se transformam em células, tecidos, músculos e ossos, e também são os instrumentos que modelam nosso destino, nosso futuro. Estudos parapsicológicos recentes demonstraram que os pensamentos criam imagens em filmes fotográficos virgens e em lâminas de água. Por isso, está provado que eles têm forma e estrutura em nosso cérebro e que pouco a pouco vão sendo condensados em estruturas do nosso organismo e em experiências, acontecimentos e condições de nossa vida.

Alguns cientistas do início do século XIX afirmavam que todas as grandes descobertas da física já haviam sido feitas e só faltava fazer medições mais exatas dos fenômenos conhecidos. Mas não se pode medir o amor com uma régua ou pesá-lo em uma balança. E como medir a vida, a paz e a beleza? Felicidade, sabedoria, conhecimento, elucidação ou inspiração? Nesses casos, estamos lidando com o intangível e o imponderável.

Quando você levanta uma cadeira, é o Poder Invisível que a tira do chão, e não suas mãos. Não podemos ver o Poder que movimenta nossos dedos para escrevermos. Eles não se movem sozinhos. O corpo também não se movimenta sozinho, alguma coisa o faz se movimentar. O corpo é caracterizado pela inércia e são os pensamentos, as emoções e as visualizações que o colocam em ação, seja para o bem, seja para o mal. Sua mente pode usar seu organismo para tocar uma melodia divina ou um hino de ódio.

Você verá que os dogmas de muitos grupos religiosos afirmam ser absoluta verdade algumas coisas que já foram contraditas pelas modernas descobertas científicas. Nos Estados Unidos, ainda hoje, há milhares de pessoas que interpretam a Bíblia ao pé da letra e acreditam piamente que o mundo foi criado em seis dias e que Deus, cansado pelo esforço da criação, teve de descansar no sétimo dia. O Gênesis bíblico é apenas uma parábola. Os geólogos, paleontólogos, arqueólogos, antropólogos, geneticistas, físicos, astrônomos e outros cientistas chegaram à conclusão de que o cosmos tomou forma a partir de um centro definido ("Big Bang") e que o nosso planeta precisou de milhares de bilhões de anos para chegar ao que é atualmente. Todas essas mudanças aconteceram dentro da ordem e sequência corretas segundo um projeto arquetípico da Infinita Inteligência, que é o único poder criativo.

AUMENTE O PODER DO SEU SUBCONSCIENTE
PARA CONQUISTAR UMA VIDA MAIS ESPIRITUALIZADA

O juiz Troward, que viveu na Índia por muitos anos e tinha uma intuição notável, foi um grande estudioso das religiões do mundo e escreveu vários livros sobre a ciência da mente. Em um deles, ele diz:

A história física de nosso planeta nos mostra primeiro uma nébula incandescente dispersa sobre vastas amplidões do espaço. Posteriormente ela se condensa em uma estrela central — o Sol —, cercada por uma família de planetas reluzentes, ainda mal consolidados. Sucede-se um número incontável de milênios de lentas formações geológicas. A Terra, inicialmente populada por formas de vida incipientes, vegetais e animais, a partir desse momento começa um avanço incessante, lento e majestoso que, pouco a pouco, etapa por etapa, a transforma no belo planeta em que vivemos.

Troward escreveu esse texto em 1900, mas a maioria dos modernos cientistas concorda com ele. Fica nítido que Troward teve uma percepção intuitiva sobre a gênese como contada na Bíblia.

O correto é vermos os seis dias da criação como as seis grandes etapas na evolução do cosmos, que duraram bilhões de anos. A história relatada no Gênesis também retrata os seis passos da prece. Seis dias são o tempo que precisamos para impregnar nosso subconsciente com uma ideia ou um desejo. O sétimo dia é o sábado, o Sabbath, que significa uma certeza, uma convicção que sentimos em nós mesmos quando sabemos que nossa prece foi atendida. Ele é o intervalo de tempo entre a impregnação e a manifestação. Portanto, o sábado da Bíblia não tem nada a ver com os dias da semana, como segunda, terça ou quarta-feira.

CIÊNCIA E RELIGIÃO

Se não entendermos o significado oculto do que está escrito na Bíblia, estaremos lendo apenas a tradição oral de vários povos semitas colocada em palavras. Assim, em termos psicológicos, os seis dias representam o tempo que levamos para selecionar uma ideia ou conceito, colocarmos emoção nela e senti-la como uma verdade. Isso pode durar um minuto, uma hora ou vários dias. Assim que somos bem-sucedidos na impregnação do subconsciente, imaginando o desejo realizado e sentindo a emoção agradável advinda da manifestação, podemos repousar, porque não é mais necessário procurar o que já temos. E, como sempre repito, quando um desejo, ou uma ideia, penetra no fundo do subconsciente, ele é como a semente que morre no solo para germinar, concedendo sua energia para uma outra forma de si mesma. Enquanto estamos sentindo o desejo, não houve a impregnação no subconsciente, por isso é essencial pensar nele com interesse, envolvê-lo em amor até ele conseguir afundar no subconsciente, para então ser compelido a se realizar.

Os cientistas modernos não podem se dar ao luxo de terem mentes fechadas. A cada dia que passa, novas descobertas e revelações estão impulsionando-os a deixar de lado os antigos conceitos mecanicistas e materialistas do século XIX e a nos explicar que vivemos em um Universo fluido, de forças dançantes, que está em constante mutação, e que tudo o que nele existe é um fenômeno mental.

Sir James Jeans, um físico e astrônomo inglês, disse, depois de quarenta anos de pesquisa, que estava convencido de que o Universo inteiro era apenas um pensamento — um pensamento do Ser Infinito feito de maneira matemática, ordenada e sequencial. Ora, milhares de anos atrás, os Upanishads já diziam que Deus pensa e mundos aparecem.

No campo da medicina, é costumeiro descartar os livros e manuais de diagnóstico e tratamento antiquados ou ultrapassados, e, da mesma maneira, você também tem de ignorar as velhas superstições e falsas crenças sobre um Deus vingador, sobre o inferno, purgatório, forças do mal, diabo etc. etc. que estão totalmente fora de lugar nos tempos modernos. Temos de entender essas coisas pelo que são na verdade — simples estados mentais criados pelos nossos ancestrais devido à ignorância e incompreensão dos fenômenos naturais. Você precisa tomar uma firme decisão de não permitir que nada, além do mais fino vinho da sabedoria espiritual, seja servido para os convidados do banquete nupcial.

Seja um buscador da verdade, mas mantenha a mente aberta. Quando lhe ocorre a ideia de que Deus o está castigando ou que irá julgá-lo no último dia, faça a si mesmo as seguintes perguntas: De onde veio essa ideia? Qual é sua verdadeira origem? Quem, no meu passado, costumava fazer essas afirmações? Há um significado real nisso? É lógica, razoável, está de acordo com as leis da natureza ou o atual conhecimento científico? Se conseguir entender que se trata de falsas crenças, pergunte-se: será que fui vítima de uma lavagem cerebral em minha infância? Será que estou hipnotizado, condicionado pela ignorância, superstição e medo infundado? Onde se originou esse pensamento?

Os povos primitivos, que não sabiam que Deus está dentro de nós, criaram um Deus que vivia fora deles e, na simplicidade do seu estado mental, atribuíam a Ele todas as paixões que encontravam em si próprios, como a inveja, o ciúme, a raiva, o ódio etc. Além disso, tinham consciência de que eram sujeitos a forças que estavam fora do seu controle. O Sol lhes dava calor, mas também provocava queimaduras doloridas e secava as plantações. O fogo que cozinhava o alimento e os aquecia no inverno podia se espalhar e matar. A água que lhes saciava a sede às vezes lhes inundava as terras, afogando pessoas e animais de criação. O trovão os aterrorizava. Amor ou aversão, medo e esperança deram origem às primeiras ideias sobre religião. No seu modo infantil de raciocinar, esses indivíduos perceberam que quando um inimigo mais forte do que eles estava a ponto de feri-los, às vezes conseguiam demovê-lo com presentes ou oferendas e rebaixando-se para aplacar-lhe a fúria. A partir desse raciocínio grosseiro, passaram a fazer oferendas, cerimônias e rituais para os ventos, a água, o fogo, as estrelas, as árvores etc. na esperança de que seriam menos implacáveis com eles, e, com o passar dos séculos, transformaram as forças naturais em deuses.

Na Antiguidade, os povos conceberam o Universo dividido em inúmeros deuses, e suas ideias de Deus variavam de acordo com as sensações de dor e prazer e com a parte benéfica ou maléfica das forças da natureza. Por isso, os deuses, gênios e divindades acabaram sendo separados em bons ou maus. Daí deriva a universalidade dessas duas ideias opostas em todos os sistemas de religião.

Existe um Único Poder. Se ele é usado de maneira construtiva, harmoniosa e pacífica, é chamado de Deus de amor e bondade. Quando o Poder é usado de maneira ignorante, estúpida ou maldosa, nós o chamamos de diabo, Satã, maligno, azar, infortúnio, e assim por diante.

Pensar com o coração é uma metáfora para o subconsciente, no qual estão nossas crenças profundas, as emoções que o governam e controlam. Seja qual for a ideia ou crença que está enraizada no seu subconsciente no dia de hoje, ela está assumindo o controle dos seus pensamentos, ações e reações. E, então, qual é essa ideia dominante? Se você acredita em fracasso e que é perseguido pelo azar, com certeza não será bem-sucedido nos seus empreendimentos, mesmo que trabalhe arduamente 18 horas por dia. Lembre-se da ciência da mente: você recebe de acordo com o que acredita.

Se você acha, por exemplo, que se tomar friagem vai pegar um resfriado, está instalando uma falsa crença em sua mente, que, como um falso deus, vai mesmo criar a doença em um dia frio. Há quem pense ser vítima do azar, e, uma vez que aceita isso como verdade, acaba sendo governado por essa falsa crença. O suposto azar é a soma dos seus medos e das superstições entronizadas em sua mente, criadas por eles mesmos. Confie sempre nas leis da mente. Pense no bem e o bem acontecerá; pense no mal e o mal acontecerá.

Existem muitas ramificações da ciência, como a química, a física, a matemática, e assim por diante. Também há uma ciência da mente, ou Ciência Divina, o conhecimento da nossa Divindade. Ela não trata do mundo objetivo ou material, e, mesmo sendo subjetiva, pode ser ensinada.

Pratique essa ciência, que tem como base a resposta da sua mente subconsciente ao seu modo consciente de pensar e visualizar. Os resultados virão.

Sim, entronize em sua mente ideias de saúde, harmonia, paz, alegria e ação correta e ocupe-se com elas, que gerarão sua emoção, sua força, e você será compelido a criá-las em sua vida. Então, descobrirá que, de fato, é o que pensa o dia inteiro. **Os cientistas costumam dizer que não sabem exatamente o que é a** luz. Alguns dizem que ela se movimenta em ondas, outros que ela forma partículas chamadas *quantum*, no singular, ou *quanta*, no plural. Todavia, essas várias teorias só geram resultados sob certas condições específicas. Nós, contudo, sabemos o que é a luz: "Eu sou a luz do mundo", disse o Senhor. A conscientização é a luz.

Não conhecemos tudo sobre a Suprema Inteligência que habita dentro de nós, mas podemos aprender muito sobre ela. Por exemplo, é possível aprender o funcionamento da nossa mente consciente e do subconsciente para termos uma vida tranquila, saudável e produtiva.

Arthur Thompson, um famoso cientista, dizia: "Não pode haver nada neste mundo que exista separado de Deus e nenhum Poder que não seja o Dele." Muitos cientistas, tanto de séculos passados como da atualidade, falaram — e falam — sobre o Infinito e o funcionamento da mente humana. Todos têm consciência de que há uma Energia Infinita que tudo governa. Muitos desses homens, inclusive vários agraciados com o Prêmio Nobel, são místicos. Um místico é uma pessoa que intuitivamente percebe as grandes verdades de Deus sem um processo de raciocínio consciente.

Arthur Thompson afirmava que a atividade religiosa é formada por filamentos intelectuais e emocionais produzidos pelos movimentos da mente, os quais vão se estendendo até o Absoluto que vive dentro de nós. Ele salientou que o centro da religião é uma crença, uma realidade espiritual muito além do mundo cotidiano e o fato mais importante na experiência religiosa. Em outras palavras, está nos dizendo para nos voltarmos em direção ao fundo do nosso ser, para o Único, o Belo, o Perfeito e o Bondoso.

Albert Cliff, famoso químico canadense, escreveu em seu livro *Lessons of Living*:

Na última década, o mundo foi se tornando cada vez mais consciente do tema da alimentação e nossos mais importantes jornais e revistas estão publicando muitos artigos sobre nutrição escritos por especialistas, a maioria deles nos aconselhando a comermos os alimentos que deveríamos comer em vez de nos alimentarmos da comida que gostamos de comer. Somos bombardeados pela palavra "vitamina", vinda de todos os lados possíveis, com alertas sobre as coisas horríveis que poderão nos acontecer se não lhe dermos a devida importância.

Mais adiante, Cliff diz:

Como químico especializado em alimentos, sei que a comida que ingiro diariamente é convertida em várias partes do meu corpo. Assim, meu bem-estar físico depende da minha dieta diária para se desenvolver. Todavia, há alguns anos foi descoberto que apesar de seguirem uma "dieta perfeita", segundo os padrões dos nutricionistas, muitas pessoas foram acometidas de doenças que, de acordo com todos os princípios nutricionais, jamais deveriam ter surgido. Foi então que resolvi me aprofundar no estudo da mente, que me ensinou ser o alimento que dou à minha mente todas as horas e todos os dias um alimento de extrema importância para o meu ser. Aqui se aplicam as palavras do Novo Testamento: "Por isso, não andeis preocupados, dizendo: Que iremos comer? Ou, que iremos beber?" Meditando sobre essas frases, descobri que eu — e somente eu — era a causa de meu intenso sofrimento com úlceras estomacais por 27 anos. Quando mostrei a mim mesmo que minhas más vitaminas mentais eram a verdadeira fonte da minha doença e saúde deficiente, tornei-me o que desejei ser: saudável, feliz e bem-sucedido.

É óbvio que esse especialista conhece a necessidade de comer do ser humano, mas nos instrui sobre o alimento mais importante, que é a soma das coisas belas, justas, puras, verdadeiras e favoráveis que guardamos na mente. Medite sobre o alimento que você está dando à sua mente.

Se você estiver com raiva, ódio ou ressentimento, mesmo que consulte o melhor dos nutricionistas, siga uma dieta saudável e nutritiva e tome todas as vitaminas e sais minerais recomendados, não conseguirá se livrar de problemas de saúde como artrite, reumatismo, hipertensão, tromboses e até câncer. Você é o que come mental e espiritualmente. Isso é a ciência da mente.

Einstein disse:

A mais bela e mais profunda emoção que podemos experimentar é a sensação do místico. Esse é o poder da verdadeira ciência. Quem não conhece a emoção, quem não consegue mais se maravilhar e ficar mudo de encantamento diante do Universo, age como se já estivesse morto. Precisamos entender que o impenetrável para nós de fato existe e manifesta-se como a mais Elevada Sabedoria e a Mais Radiante Beleza que nossas faculdades embotadas só conseguem compreender em sua forma mais primitiva. Esse conhecimento, essa sensação, é o centro da verdadeira religião.

Em outra ocasião, ele disse: "A experiência religiosa cósmica é a mais forte e mais nobre corrente da pesquisa científica." A maioria dos cientistas, quando fala sobre os mistérios do Universo, suas imensas forças, suas origens, racionalidade e harmonia, procura evitar o uso da palavra "Deus". Einstein, contudo, considerado ateu, não tinha essa inibição.

Minha religião consiste em uma humilde admiração pelo Espírito Ilimitado e Superior que se revela nos minúsculos detalhes que temos capacidade de perceber com nossas frágeis e débeis mentes. Essa profunda convicção emocional da Presença de um Poder Racional Superior, que nos é revelada no incompreensível Universo, forma minha ideia de Deus.

Lembre-se de que essas palavras vieram daquele que é considerado o maior cientista da humanidade, Albert Einstein, vencedor do Prêmio Nobel, como citado no livro *The Universe and Dr. Einstein*, escrito por Lincoln Barnett.

Um outro destacado cientista, Dr. Donald Andrews, professor de química na Johns Hopkins University, falou:

Nos últimos 25 anos, estudos feitos com o espectroscópio, especialmente os dotados com aparelhos de difração, nos deram respostas surpreendentes à pergunta "Quem sou eu?". Para ilustrar essa afirmação, suponhamos que temos a capacidade de entrar em um dos átomos de carbono do nosso organismo. Imaginemos que estamos usando óculos e um aparelho de audição mágicos, que nos permitem ver e ouvir muito mais do que os modernos instrumentos podem captar sobre o movimento planetário dos elétrons em torno do seu núcleo (seu sol). [Agora o autor começa a falar sobre a ampliação de um átomo de cálcio tirado da unha dele.] Enquanto olhamos e tentamos escutar, vemos em primeiro lugar as ondulações criadas pelos elétrons, como ondas formadas pela chuva em um lago. Ouvimos um zumbido que nos faz lembrar de uma colmeia de abelhas. Aumentamos o volume do aparelho auditivo e tomamos consciência da maravilhosa música que está nos envolvendo. Os tons melódicos das ondas que nos cercam por todos os lados, dos quais não tínhamos conhecimento, formam uma imensa e harmônica sinfonia. Os intervalos entre as notas vão muito além das oitavas que poderíamos ouvir em uma sala de concertos. Detectamos acordes que às vezes nos parecem familiares, mas logo percebemos que eles são parte de um plano musical imenso e complexo, que está muito além de qualquer melodia jamais sonhada pelo cérebro humano. Enquanto vamos sendo envolvidos por essa música, nos conscientizamos de que é aqui, nesses modelos de harmonia, melodia e contraponto, que temos a verdadeira Realidade, a Essência que cria tudo o que vemos, sentimos e somos. Assim, com os olhos e ouvidos mágicos da ciência, contemplamos a visão desse reino até então invisível e inaudível onde todos vivemos constantemente, onde nos movimentamos e temos nosso ser. De fato, estamos sintonizados com a música das esferas.

Essas são palavras do Dr. Andrews, um famoso mestre de química, e elas estão de acordo com o que os antigos místicos diziam: "Deus canta uma música e essa canção é a humanidade." O Universo inteiro é essa canção. Portanto, tudo o que você vê nada mais é do que o pensamento de Deus manifestado. Deus imaginando-se como humano, tornando-se o que imagina ser. E nosso corpo é formado simplesmente por ondas, vibrações, densidades, frequências e intensidades — ondas de luz. É o que a ciência moderna vem nos dizendo.

O Dr. Andrews disse ainda:

> Se ao longo de nossa vida conseguirmos manter uma explícita sensação da realidade do Espírito, da Presença de nosso Criador, da existência de um Reino Invisível dentro de nós, essa eterna verdade que a ciência atual está confirmando, poderemos avançar com toda a confiança nessa nova era atômica, indo na direção de um destino de grande elevação espiritual. E, no dia em que a humanidade conseguir estabelecer a paz e a boa vontade em toda a terra, finalmente entenderemos o significado mais profundo da mensagem bíblica: "Conhecereis a verdade e a verdade os libertará."

Isso é o que está afirmando a ciência moderna. Para mim, é uma alegria ouvir essas palavras vindas de extraordinários cientistas. O Dr. Cressy Morrisson, que foi presidente da New York Academy of Science, em seu livro intitulado *Man Does Not Stand Alone*, escreve:

Ainda estamos na aurora da era científica, mas cada vislumbre de iluminação nos revela mais evidentemente a obra de um Criador Inteligente. Fizemos estupendas descobertas com o espírito de humildade científica e de fé fundamentada no conhecimento. Estamos nos aproximando cada vez mais de uma percepção de Deus.

O Dr. Morrisson nos conta quais são os sete motivos de sua fé em Deus:

Primeiro: por uma lei matemática inabalável, podemos provar que nosso Universo foi projetado e executado por uma grande Inteligência no campo da engenharia. Suponhamos que você está colocando dez moedas, com valor de um a dez centavos, no bolso. Dê uma boa mexida nelas. Agora, tente tirá-las do bolso em uma sequência crescente, de um a dez, pondo a moeda de volta todas as vezes e misturando-as de novo. Pela matemática, sabemos que sua probabilidade de tirar a moeda de um centavo na primeira vez é de um para dez; de tirar a um e a dois em sucessão, é de um para cem; de tirar a um, dois e três em sucessão, um em mil; e assim por diante. A probabilidade de você conseguir todas em uma sucessão de um a dez chegaria à probabilidade incrível de um em dez bilhões. Usando o mesmo raciocínio, são necessárias tantas condições exatas para a existência da vida na Terra que elas, de maneira alguma, poderiam existir na relação adequada simplesmente por acaso. Vejamos: a Terra gira em torno do seu eixo à velocidade de cerca de 1.670 km/h, na altura do equador. Se ela girasse a 167 km/h, nossos dias e noites seriam dez vezes mais longos do que são agora e o sol alto queimaria nossa vegetação durante o longo dia, e na longa noite qualquer broto sobrevivente seria congelado até a morte. O Sol, nossa fonte de luz, em sua superfície tem uma temperatura de 5.500°C e nosso planeta está distante dele o suficiente para esse calor eterno apenas nos aquecer de acordo com as necessidades fisiológicas do nosso organismo. Se o Sol nos desse somente metade da sua atual radiação, nós morreríamos congelados; se recebêssemos cinquenta por cento a mais, seríamos assados. A inclinação do eixo da Terra em relação à sua órbita, de 23°C, é a responsável pelas estações do ano. Se ela não existisse, a evaporação das águas dos oceanos seguiria um rumo direto, norte-sul, criando continentes cobertos de gelo. Se a Lua estivesse cerca de 75 mil quilômetros da Terra, em vez da distância real de 310 mil quilômetros, nossas marés seriam tão fortes que os continentes seriam totalmente inundados duas vezes por dia. Com esse movimento, até as mais altas montanhas sofreriam erosão. Se a crosta terrestre fosse somente dez metros mais espessa, não haveria oxigênio, sem o qual a vida animal não pode existir. Se os oceanos fossem poucos metros mais fundos, o dióxido de carbono e o oxigênio seriam absorvidos e também não haveria vida vegetal neste planeta.

Fica bem evidente, a partir desses exemplos e muitos outros que poderiam ser apresentados, que não existe nem mesmo uma probabilidade de um para muitos bilhões de que a vida na Terra existe por acaso.

O Dr. Morrisson continua explicando seus motivos para acreditar em Deus:

Segundo: a engenhosidade da vida para realizar seus propósitos é uma manifestação de uma Inteligência que tudo permeia. Ninguém sabe dizer ou medir o que é a vida. Ela não tem peso nem dimensões, mas certamente tem muita força. Uma raiz em crescimento pode quebrar uma rocha. A vida conquistou a terra, o mar e o ar, dominando os elementos, compelindo-os a se dissolver e remodelar sua combinação. A vida, o escultor, modela todas as coisas vivas. Ela desenha cada folha de cada árvore. Colore todas as flores. A vida também é um músico que ensinou os pássaros a cantar as melodias típicas de cada espécie e os insetos a fazerem uma infinidade de zumbidos para se comunicarem. A vida é o sublime químico que nos vegetais transforma a água e os minerais absorvidos do solo em madeira, seiva, óleos e açúcares, dando sabor aos frutos e perfumando flores, ervas, arbustos e árvores. Nesse processo, os vegetais liberam oxigênio para os animais respirarem. E, pensem!, uma gotícula quase invisível de protoplasma, transparente e com consistência de geleia, tem capacidade de se movimentar, de captar a energia do Sol. Essa única célula guarda em seu interior a semente da vida e tem poder de distribuir essa vida para cada coisa viva que existe no planeta, seja grande, seja pequena. Os poderes dessa gotícula são maiores do que nossa vegetação, animais e pessoas, porque a vida veio dela. A natureza não criou a vida. Rochas vulcânicas e oceanos sem sal não poderiam atender aos requisitos necessários para ela existir. Então, quem a colocou aqui?

Terceiro: a sabedoria animal fala de maneira irresistível de um Deus Criador que infundiu o instinto em criaturas que se não o possuíssem ficariam desamparadas. O salmão passa anos no mar, depois volta ao rio de onde veio e o sobe até alcançar o pequeno afluente em que nasceu. O que o faz seguir esse roteiro tão preciso? Se colocarmos o salmão em um outro afluente, ele voltará ao rio, nadando contra a correnteza, e encontrará seu local de desova original. Mais difícil ainda de descobrir é o mistério das enguias. Essas incríveis criaturas, ao atingir a maturidade, saem das lagoas e dos rios para fazer a migração. As que saem da Europa atravessam o oceano Atlântico, dirigindo-se para as fossas abissais situadas perto das Bermudas. Ali, elas se reproduzem e morrem. Os alevinos, que só conhecem a profunda massa de água em que nasceram, começam sua viagem para a Europa não chegando apenas às praias, mas também voltando para os mesmos rios, lagos e lagoas em que seus pais nasceram. Ninguém jamais viu uma enguia americana na Europa ou uma enguia europeia nos Estados Unidos. A natureza até mesmo atrasou em um ano a maturidade da enguia europeia para compensar pela viagem mais longa e difícil. Então, de onde se originou esse impulso migratório tão extraordinário?

Quarto: nós humanos temos algo além do instinto animal, que é o poder da razão, o raciocínio. Nenhum animal jamais deixou um documento registrando sua habilidade de contar até dez ou mesmo de entender o que dez significa. Onde o instinto é como uma única nota de uma flauta, bela, mas limitada, o cérebro humano contém todas as notas de todos os instrumentos de uma orquestra. Não é preciso me alongar mais sobre este motivo, porque, graças ao raciocínio humano, podemos contemplar a possibilidade de que somos o que somos apenas porque recebemos a centelha da inteligência universal.

Quinto: a maravilha dos genes. Eles são tão minúsculos que se todos os genes responsáveis pela vida de todas as pessoas do mundo fossem colocados em um único local, não conseguiriam encher um dedal. Ainda assim, eles estão em todas as células vivas e são responsáveis por todas as características humanas, animais e vegetais. Sem dúvida, um dedal parece ser um lugar muito pequeno para conter todas as características individuais dos quase oito bilhões de seres humanos. Os fatos, contudo, não podem ser contestados. A evolução da vida na Terra começou em uma célula, que é a entidade que guarda e transporta os genes. Sabermos que um gene ultramicroscópico pode governar toda a vida na Terra é um exemplo de uma profunda astúcia e provisão que só poderiam emanar de uma Inteligência Criativa. Nenhuma outra hipótese se ajustaria a esse caso.

Sexto: ao analisarmos a economia da natureza, somos forçados a entender que somente uma Infinita Sabedoria poderia ter previsto e preparado uma agronomia tão astuta. Muitos anos atrás, uma espécie de cacto foi introduzida na Austrália para proteger uma certa região. Como a planta não tinha inimigos naturais no país, houve um crescimento prodigioso e a abundância persistiu até os cactos cobrirem uma área do tamanho da Inglaterra, prejudicando a agricultura em torno de cidades e vilarejos. Procurando uma solução, o governo pediu um estudo científico sobre o caso, solicitando que não fossem utilizados defensivos tóxicos. Finalmente, os entomologistas, depois de uma pesquisa exaustiva, encontraram um inseto nos Estados Unidos que se alimentava exclusivamente dessa espécie de cacto e não tinha predadores no país. Logo, os animais venceram os vegetais e hoje a expansão desenfreada dos cactos já não existe e restou um pequeno número de insetos, o suficiente para controlar o número de cactos. Esse tipo de equilíbrio ocorre no mundo inteiro. Uma pergunta: Por que os insetos, que se reproduzem tão rapidamente, não dominam a Terra? Porque não possuem pulmões como os vertebrados. Eles respiram por meio de tubos cujo ritmo de crescimento é menor do que o do crescimento corporal. Portanto, jamais existiu um inseto de tamanho grande. Foi essa limitação sobre o crescimento que controlou sua expansão. Se esse obstáculo físico não tivesse sido previsto, os humanos não existiriam. Imagine encontrar diante de nós uma vespa do tamanho de um leão.

Sétimo: o simples fato de os humanos conceberem uma ideia de Deus é em si uma prova única. A concepção de Deus tem origem em uma faculdade Divina da humanidade, que não é compartilhada com o restante do nosso mundo. Essa faculdade é a imaginação. Ela é a responsável pela nossa procura de provas sobre as coisas invisíveis. De fato, à medida que nossa imaginação se aperfeiçoa, ela se torna uma realidade espiritual e podemos discernir em tudo o que existe no Universo os indícios e provas de que há um projeto maior e mais elevado, que Deus está em tudo e todos os lugares e em nenhum lugar Ele está tão próximo de nós como em nosso coração. Isso é verdade tanto em termos científicos como também em imaginativos. Como disse o salmista: "O Céu declara a glória de Deus e o firmamento nos mostra sua obra."

Foram essas as palavras do Dr. Cressy Morrisson, nos dando os sete motivos que fazem um cientista, que chegou a ser presidente da New York Academy of Sciences, acreditar em Deus.

Creio que muitos leitores estão familiarizados com o grande trabalho de pesquisa em andamento em grandes centros científicos do mundo. Figuras importantes, membros do Psychical Research Society da Grã-Bretanha e dos Estados Unidos, que há mais de 150 anos vêm estudando os fenômenos místicos e paranormais, estão se aprofundando cada vez mais no estudo da telepatia, clarividência, clariaudiência, telecinese e todas as outras faculdades da mente. Essas faculdades nos permitem ver, ouvir, sentir, cheirar e nos movimentar independentemente do nosso organismo físico, porque somos seres mentais e espirituais.

Portanto, você não é dependente do seu corpo atual, porque terá outros corpos à medida que for avançando para o infinito. Nós jamais conseguiremos viver sem um corpo — por isso, teremos sempre corpos adequados às dimensões que ocuparemos em nosso progresso na direção de Deus. Todavia, todos os poderes da mente serão mantidos em nosso ser espiritual.

Quero deixar explícito que se você passar o dia inteiro pensando em cem ou um milhão de dólares não irá recebê-los sem esforço. Não, existe uma ciência da mente, com suas leis e princípios de funcionamento. Por exemplo, você tem de estabelecer o equivalente mental de qualquer coisa que possa estar desejando. O princípio da mente subconsciente é impessoal e você receberá tudo o que gravou em sua mente. Seu subconsciente pode ser comparado a um solo fértil, no qual você deposita as sementes dos seus desejos. Mas há uma lei da agricultura e, devido a ela, uma semente só pode gerar uma planta da sua mesma espécie. Assim, se você semear o bem, receberá o bem; se semear o mal, receberá o mal. Então, o que está plantando no seu subconsciente? Quais são seus planos de vida? Lembre-se de que todos os pensamentos que se transformam em uma convicção, uma crença, se tornarão realidade em sua vida.

Receber o que você anseia ter é um processo mental. Será que você é um bom receptor? Não estranhe a pergunta, porque existem milhares de péssimos receptores. Nós recebemos conforme a firme crença que abrigamos no subconsciente, e isso é tudo o que poderemos obter. Automaticamente, atrairemos a manifestação física das nossas aceitações subjetivas, o que é chamado de lei dos equivalentes mentais.

Uma pessoa pode achar que uma renda anual de um milhão de dólares é natural. Para outra, uma quantia como essa é inconcebível. Há indivíduos que possuem dezenas de milhões de dólares e muitos de nós não temos a menor ideia do que uma fortuna como esta poderia comprar. É difícil até acreditarmos nela. Isso se deve ao nosso modelo de aceitação e depende da nossa atitude mental. O subconsciente responde de acordo com o grau de nossa crença e nossa expectativa. Não podemos fugir do nosso modo de pensar, das imagens mentais que nós mesmos criamos. Somos o que pensamos o dia inteiro.

Você pode desejar coisas muito variadas, uma viagem de volta ao mundo em primeira classe, por exemplo, mas o simples desejo não a fará acontecer. Talvez você deseje subir até o pico de uma grande montanha, mas está sempre dizendo: "Mas ela é alta demais. Minhas pernas não vão aguentar, tenho pouco condicionamento físico. Estou velho para essas aventuras." Pensando dessa maneira, você jamais chegará ao pico da montanha, por mais tempo que gaste desejando inutilmente. Todavia, o indivíduo que pratica o pensamento construtivo olha para o topo da montanha e afirma: "Eu vou conseguir porque ponho toda minha atenção nessa empreitada." E, de fato, ele chegará até o pico. Ficará com bolhas nos pés e nas mãos, sentirá dor nas costas, mas chegará lá.

Imagine que você está diante do mar. Se quiser pegar essa água pode fazê-lo a qualquer momento, desde que tenha um recipiente adequado. Se usar uma canequinha, obterá uma canequinha. Se usar um garrafão de plástico, conseguirá vinte litros, e assim por diante. Por maior que seja sua vasilha, essa água não fará falta para o mar, porque a quantidade de água existente no mundo é sempre a mesma. Conscientize-se de que sua mente é um receptor, uma vasilha. Abra a mente e o coração para receber todas as bênçãos da vida. Elas já estão aqui. A propósito, o mundo inteiro já estava pronto quando você nasceu. Já havia gado, plantações, lagos, mares etc. Tudo está à sua disposição, basta você estar pronto para receber.

Os que passam metade da vida desejando nem sempre são receptores. Seu primeiro desejo tem de se tornar uma convicção fundamentada no conhecimento de que essa ideia é real. Um diretor de cinema passou várias noites meditando sobre um tema para um filme, analisando-o por todos os ângulos, sem pressa. Essa foi uma verdadeira meditação. Ele refletiu sobre os cenários, o caráter dos personagens, o desenho e a confecção dos figurinos, a mensagem que seria transmitida aos espectadores e os diálogos mais marcantes. Alguns dias depois, sentiu vontade de escrever e suas ideias se tornaram realidade. Ele acabou escrevendo uma peça de teatro que foi vendida por cinquenta mil dólares.

Onde estava essa quantia, essa riqueza? Na mente desse homem. Ele teve uma ideia e acreditou nela. O subconsciente lhe deu a peça completa. É assim que todos os romances de ficção são escritos: eles surgem das profundezas da mente dos escritores. As invenções que causaram, e ainda causam grandes modificações na nossa vida, também vieram da mente subjetiva de inventores.

Olhe para o alto, procure a melhor vida para você. Não permaneça no vale quando é possível alcançar o topo da montanha. O Espírito é supremo e tudo pode, Ele é a Fonte Eterna de todas as coisas. Afaste seu pensamento da lei das médias, das dúvidas da mente coletiva. Estamos todos ligados a ela, mas não precisamos ser seus escravos.

Pergunte-se sobre o que os quase oito bilhões de pessoas deste mundo estão pensando neste instante. Com certeza, algumas estão pensando em assassinar alguém. Talvez a grande maioria esteja cheia de ódio, raiva, ressentimento, inveja, hostilidade, desejo de vingança, e assim por diante. O problema com a mente coletiva é que ela acredita em tragédias, acidentes, infortúnios, doenças e catástrofes. Sem dúvida alguma, também há os que pensam no bem. Milhões de pessoas estão pensando de maneira construtiva e harmoniosa, mas, infelizmente, constituem uma minoria.

Reflita sobre uma pergunta: "Você está pensando com base nos princípios universais? Está de fato pensando ou deixando que a mente coletiva pense por você? Se não for o proprietário dos seus pensamentos, a mente coletiva pensará por você. Se existe medo, ansiedade, complexo de culpa ou autopiedade, você não está pensando. A mente coletiva está pensando por você, chutando-o para todos os lados, como se fosse uma bola de futebol. Será que você é dono da sua mente? Será que os meios de comunicação, seus parentes e amigos, e até inimigos, estão manipulando sua mente? Você só está pensando de verdade quando tem como base os princípios universais e a contemplação das verdades de Deus a partir do mais elevado ponto de vista. Agindo dessa forma, você será um engenheiro mental, porque não dá mais atenção às coisas que seu avô pensava ou às ideias de um sacerdote atrasado. Você agora pensa como um engenheiro e se baseia nos princípios universais da matemática, das forças de tensão e compressão, geometria e trigonometria, leis que devem entrar nos cálculos para a construção de uma ponte fundamentada nas verdades eternas. Se você se desviar dessas leis e desses princípios essenciais, problemas surgirão.

Nada lhe dará paz, felicidade e êxito se não houver o triunfo dos princípios na própria mente. Não estou falando de crenças, dogmas ou qualquer outra coisa dessa natureza. Afinal, muitas pessoas acreditam piamente em ideias totalmente falsas.

O Espírito habita a eternidade e seu nome é Perfeito ou Natureza. Ele flui através de nós, é o Princípio Vital em cada um de nós. O mais minúsculo dos organismos vivos é uma estrutura perfeita, como vemos ao olhar os microrganismos com um microscópio. Uma folha, uma árvore, um musgo são perfeitos e têm o funcionamento perfeito para o seu plano. O mesmo acontece com os pássaros e os peixes. Todos são perfeitos, como são perfeitos os prótons e elétrons de um átomo. Eles se juntam e se separam segundo as leis perfeitas da natureza.

Por que não começar a pensar no Espírito Infinito que está no seu interior em lugar de pensar apenas nas muitas imperfeições do mundo? Se você está sempre refletindo sobre os defeitos e as manias dos outros, está criando-os na própria mente, no próprio corpo e na sua vida social e financeira. Se tem inveja de alguém, está menosprezando sua pessoa, se empobrecendo e colocando esse indivíduo em um pedestal, dizendo algo como "Olhe, você tem o poder de me perturbar" e, consequentemente, negando sua Divindade, se queixando: "Ele ou ela têm todas essas coisas e eu não posso ter." Isso é negar a Presença Divina em você, é afirmar carência e limitação. Quem é o tolo nessa história? É você, lógico, admita. Enquanto você vive em amargura, envenenando sua comida antes de comer, o indivíduo que você inveja continua vivendo muito bem, obrigado.

Um casal vai conhecer as cataratas do Niágara. A mulher diz: "Não gosto do que estou vendo e nunca mais quero voltar aqui." O marido, por sua vez, afirma: "As quedas são maravilhosas. Lindas, inspiradoras. Pretendo voltar aqui todos os anos." As cataratas são as mesmas, mas a reação mental de duas pessoas diante delas foram opostas: uma sentiu prazer e a outra, desagrado. Perceba que o mundo que vemos é o mundo em que estamos. Somos nós que colorimos o que nos cerca com nosso condicionamento, com as ideias e os conceitos que figuras de autoridade nos impuseram em nossa infância, com nossas crenças e opiniões.

Por exemplo, se você pegar um cubo de anil e colocar em um balde de água, ele colorirá toda a água. Por isso, se você está cheio de ódio ou medo, colorirá toda sua vida com eles. Você também colore cada pessoa que encontra, cada animal que cruza o seu caminho. É sua mente que dá cor às suas experiências.

Suponhamos que você tem um complexo de inferioridade e vive se criticando. Não gosta do que vê em sua pessoa e irradia essa cor, essa sensação, para os membros de sua família, que também passam a vê-lo com desagrado. Por isso Einstein disse: "O mundo que vemos é o mundo que somos." Essa é uma verdade científica. Não estamos aqui para tingir nosso mundo com cores sombrias, mas para encontrar beleza, alegria e harmonia sob a luz resplandecente da Presença Divina que habita nosso interior.

Duas mulheres veem um bêbado caído na sarjeta. Uma delas, que vê a presença de Deus no homem, diz: "O Deus de amor inunda sua mente e seu coração. A paz de Deus inunda todo o seu ser." A outra deixa explícito seu desagrado: "Gente desse tipo deveria ser afogada no rio!" É praticamente uma maldição a expressão do seu ódio contra o bêbado. As mulheres viram a mesma pessoa, mas cada uma o viu através do conteúdo da própria mente.

Quando você olha para seu filho recém-nascido, o vê com os olhos do amor. Você olha para o seu animal de estimação e o vê com os olhos do amor. Tanto o bebê como o animal olharão para você com olhos de amor. Esse carinho colore o momento que está sendo vivido.

Uma jovem me contou que seu chefe era um verdadeiro sádico e parecia ter prazer em irritar e humilhar as pessoas. Ela confessou que o odiava, e não suportava nem mesmo o jeito de ele fumar o cachimbo. É fácil entender o que estava acontecendo. A moça só via os aspectos negativos do homem, e chegou a um ponto em que a voz, as roupas, o modo de acender o cachimbo estavam coloridos pelo ódio que ela emanava. Eu lhe expliquei que ela não tinha responsabilidade pelas ações do chefe, somente pelas ações dela.

Não se trata do que nos acontece, mas o que pensamos sobre o acontecimento. Expliquei à jovem que ela está neste mundo para controlar seu pensamento, sua atitude mental. "Quando você controla seu pensamento, controla sua emoção, porque a emoção sempre vem depois do pensamento." Dei-lhe uma pequena prece para ler em voz alta repetidamente:

A Divina Presença está nesse homem. Ele ama sua mulher e seus filhos. Ele tem respeito pelos seus subordinados. A paz de Deus inunda sua alma e ele ri com o júbilo Divino.

Atualmente, sempre que pensa no chefe, a jovem diz mentalmente. "Deus o ama e cuida de você." Ela está desenvolvendo uma nova atitude mental em relação ao homem; está limpando sua mente e deu os primeiros passos no estabelecimento de um relacionamento profissional harmonioso. Entende que ele é uma expressão do Infinito e possui a mesma mente que ela. Talvez a esteja usando de maneira diferente, mas a mente é uma só. Para fortalecer sua nova compreensão, ela também afirma que se recusa a ver nele qualquer coisa que seja diferente da presença de Deus.

Se alguém diz que ama Deus e odeia seu próximo, seja um irmão, parente ou colega de trabalho, está dizendo um absurdo, porque o outro também é uma expressão de Deus. Jamais esqueça que o Eterno está dentro de todos nós. Quando você estiver doente, clame: "A Presença Curadora de Deus permeia cada átomo do meu ser." O simples reconhecimento desse fato cura e renova, porque está escrito: "Ele restaura minha alma." Deus nos criou a partir de uma célula e conhece todos os processos fisiológicos do nosso organismo e o funcionamento de nossa mente. Portanto, podemos pedir sua ajuda para sanar qualquer tipo de problema pessoal, profissional ou financeiro e para estabelecer bons relacionamentos com as pessoas que nos cercam.

Deus é o Princípio de Vida que anima tudo o que existe no mundo. Ele procura se expressar através de nós como harmonia, saúde, paz, alegria, inteireza, beleza e perfeição. Ele é Amor e o amor não deseja nada diferente do amor. A vida não pode desejar a morte, o que seria uma enorme contradição. A vida simplesmente é. Sintonize-se com o Infinito Oceano de Vida e de Amor que está no seu interior. Não nade contra as marés. Deixe-se levar pelas correntes da vida, do amor, da verdade e da beleza. Quando você se permite tomar pelo ódio, rancor ou inveja, está indo no sentido contrário, está invertendo o rio da vida.

Jamais abrigue em sua mente crenças inabaláveis sobre religião. Encare a religião que você professa como o seu relacionamento pessoal com o Infinito. Não aceite como verdadeiras as ideias sobre Deus e o Universo que a ciência moderna provou serem falsas, como um suposto fim do mundo anunciado por trombetas celestes. Na Bíblia, a palavra "mundo" significa pensar no que é falso, como medo, ódio, ressentimento, rancor e todos os sentimentos negativos. Esse mundo é a mente coletiva, a mente das massas. O fim do mundo é o fim da superstição, da ignorância e do temor na mente humana. Quando você morre para essas crenças, chegou ao fim do mundo em que vivia.

Deus é a Infinita Inteligência que atua em todas as pessoas, todos os animais, vegetais, no cosmos inteiro. Deus é o Espírito da Divina Ordem e da Divina Evolução. Negar a existência de uma Inteligência Suprema é entrar em completa contradição com as atuais descobertas dos cientistas de todo o mundo. Seus conceitos religiosos devem mudar. Afinal, seu bisavô andava a cavalo e você viaja de avião. Antigamente, as pessoas só se comunicavam por meio de cartas, que levavam meses para chegar ao destinatário. Hoje, conversamos em tempo real por meio do telefone ou pela internet. Muitos sensitivos se comunicam por telepatia. Um dia, também ela será normal para todos nós.

Como estão seus conceitos religiosos? Continuam sendo do tempo das carruagens? Será que você já entrou na era cibernética? Lembre-se de que existe uma ciência atômica do Espírito, com suas próprias ondas e frequências. Então, entremos nas elevadas oscilações do Espírito, focalizando nossa atenção em Deus, a Única Presença e o Único Poder. "Com meus olhos em Vós, não haverá mal em meu caminho agora e para sempre."

Resumo do capítulo

- Os cientistas modernos não podem se dar ao luxo de ter uma mente fechada. Novas descobertas e revelações estão compelindo os cientistas a descartar os velhos conceitos materialistas e mecanicistas do século XIX, mostrando-lhes que estamos vivendo em um Universo fluido, em constante mutação, que o Universo inteiro é um fenômeno mental.

- Você deve afastar dos seus pensamentos velhas superstições e falsas crenças sobre um Deus vingador, sobre inferno, purgatório, diabo, forças malignas, e assim por diante. Essas são ideias e linguagem antiquadas que não cabem mais no mundo atual. Elas são meros estados mentais criados pelos nossos ancestrais devido à sua ignorância e falta de entendimento. Declare que chegou a hora de decisão na sua mente e que só o mais fino vinho da sabedoria espiritual será servido em seu coração.
- Existe um Único Poder. Quando ele é usado de maneira construtiva, harmoniosa e pacífica, você o chama de Deus. Quando esse uso é ignorante, estúpido e maldoso, ele é chamado de diabo, Satã, maligno, miséria, sofrimento, infortúnio etc.
- Quando se fala em pensar no coração, estamos nos referindo ao subconsciente. São nossas mais profundas crenças que nos governam e controlam. Seja qual for a ideia dominante em seu subconsciente neste momento, é ela quem está guiando seus pensamentos, suas ações e reações. Preste atenção na sua ideia dominante. Se você acredita que é um fracasso, que é perseguido pelo azar, jamais será bem-sucedido, mesmo que trabalhe arduamente 18 horas por dia. Você recebe de acordo com sua crença. Essa é a ciência da mente.
- Eleve o nível dos seus pensamentos. Peça o melhor, peça uma vida farta e feliz. Você pode ficar no vale ou atingir o pico da montanha. O Espírito é Supremo.
- Deus é a Eterna Fonte de tudo o que existe. Separe seu pensamento da lei das médias, que é a mente das massas

ou mente coletiva. Os quase oito bilhões de pessoas estão pensando de maneira bem diferente uns dos outros.

- Se você fica refletindo sobre os defeitos e as atitudes erradas dos outros, está criando essas condições na sua mente, no seu corpo e em sua vida, tanto pessoal como financeira. Quando sente inveja de alguém, está se menosprezando, empobrecendo. É como se estivesse colocando o outro em um pedestal e dizendo: "Você tem o poder de me perturbar." Isso é negar sua Divindade, porque é como se afirmasse que essa pessoa pode ter as coisas que você não tem. Quem nega a Presença Divina no seu interior está afirmando carência e limitação.

- Deus é o Princípio Vital que anima tudo o que existe. Esse Princípio Vital procura se expressar através de você como harmonia, saúde, paz, alegria, inteireza, beleza e perfeição. O Deus de Amor não pode desejar qualquer coisa que seja diferente do amor; a Vida não pode desejar a morte. A Vida simplesmente é. Sintonize-se com o Infinito Oceano de Vida e Amor que está no seu interior. Se você nadar contra a maré estará dificultando sua vida. Deixe-se levar pelas correntes do amor, da verdade e da beleza. Quem se permite ser tomado pela raiva, por ressentimento ou inveja, está nadando contra o rio da vida.

Capítulo 6
Todo fim é um começo

Teremos uma nova vida? Essa pergunta já foi feita milhares de vezes. A verdade é muito simples: não existe morte no sentido do esquecimento. Deus é vida e essa vida é nossa vida agora. Deus é vida e não tem começo nem fim. A humanidade, sendo a vida de Deus manifestada, não pode morrer. Deus pensa na humanidade e tudo o que Deus pensa é eterno. É por isso que somos imortais. Nosso espírito é o espírito de Deus porque Deus é espírito.

Não devemos pensar na morte como inevitável, como se fosse uma entidade que viesse nos buscar. Temos de pensar nela como um novo começo, um novo dia de nascimento em Deus e uma existência mais abundante. Não é certo pensar nela como uma perda, mas como um ganho. Em vez de ficarmos meditando tristemente na separação, pensemos em nos *reunir* com todos os nossos entes queridos. Em vez de imaginarmos que um dia iremos embora deste mundo, pensemos que chegaremos a um novo destino, um novo endereço.

O Espírito nunca nasceu e jamais morrerá. O corpo, sim, tem um começo e um fim, e estamos constantemente mudando de corpos. Quando o corpo, ou veículo do Espírito, não for mais o instrumento adequado para nosso grau de desenvolvimento, ele é descartado e o Espírito se veste com outro corpo. Teremos uma sucessão de corpos até chegarmos ao Infinito. Ninguém jamais ficará sem corpo, isso é impossível.

Cada espírito, disse Emerson, constrói uma casa para si próprio. Todavia, nunca um corpo será igual ao anterior, porque ele tem de ser adequado a cada nova dimensão. O da quarta dimensão, por exemplo, é rarefeito e menos denso.

Phineas Parkhurst Quimby disse, em 1847, que a morte está em nós e não na pessoa que faleceu e que continua tão viva como nós. Quando vivenciarmos a realidade do chamamos morte, nos conscientizaremos de que ela é um novo nascimento, porque cada fim é um começo.

O grande poeta inglês John Milton disse que a morte é a chave de ouro que abre o palácio da eternidade. É impossível algo tão universal como a morte ser visto como algo ruim, porque ela foi criada por Deus. Nossa jornada progride de glória em glória, sempre para cima e para o alto na direção de Deus. Estamos cercados pela constante renovação, pelos processos da natureza. Vemos a ressurreição de uma planta quando sua semente, que ficou congelada no solo durante o inverno, brota ao chegar a primavera.

Admitimos sem problemas a ideia da ressurreição na natureza, a metamorfose dos insetos, a renovação das plantas etc., mas parece que ficamos paralisados de medo quando tratamos da humanidade. Hesitamos em assumir a ideia de que nascimento e morte são os dois lados da página da vida, a vida em processo de mutação. O velho é descartado para dar lugar ao novo. Essa é a transação consumada no chamado processo de morte. Quando passarmos para a próxima dimensão da vida, continuaremos com o pleno uso de nossas faculdades mentais. Reconheceremos nosso ambiente e conheceremos outros. Veremos e seremos vistos. Entenderemos e seremos entendidos.

Avançaremos em todas as fases de nossa vida, porque a vida é crescimento, expansão, novidade e libertação. Existe muito mais do que um fim, porque acontece um novo começo.

Essa é uma lei cósmica, universal. A vida é progressão, uma evolução interminável que está sempre se ampliando. Na próxima dimensão, você terá a lembrança da sua vida no plano terrestre e do que foi ou realizou porque essa memória é o elo que não o deixa esquecer a continuidade da sua vida individual, enquanto continua sua jornada evolutiva.

Deus é Infinito e você também é infinito. Por mais eras que passem, jamais se esgotarão as glórias, as harmonias e as belezas que estão no seu interior. Sim, você é uma criatura maravilhosa!

Somos todos imortais. Cada criança que nasce tem uma vida universal, porque é Deus assumindo a forma de um bebê, como se descesse do Céu, a dimensão invisível, para aparecer em um corpo terrestre. E, nas profundezas do subconsciente do recém-nascido, estão a Presença e o Poder de Deus, porque o Reino de Deus está em cada um de nós. "Em verdade, sois deuses, porque sois filhos do Altíssimo. Deixarei em vós a lembrança de que despertastes o dom de Deus em vós e sois o tabernáculo do Deus Vivo." Quando você passar pela ressurreição, ressuscitará o amor, a paz, a orientação e a sabedoria da Presença Divina no seu interior.

Você veio da presença de Deus, saindo do estado invisível para surgir em um corpo terrestre. Quando esse instrumento deixar de funcionar com perfeição, você passará para um corpo quadridimensional, que costuma ser chamado de corpo sutil, corpo astral, perispírito ou corpo subjetivo. A única coisa que você vai levar para a próxima dimensão é seu estado de consciência, sua fé, suas convicções e seu conhecimento das leis de Deus, as eternas verdades. Como sua jornada é sempre para a frente e para o alto, indo na direção de Deus, não existe — e não existirá — um fim para a sua glória.

• • •

Certa vez, fui convidado para conduzir uma meditação na casa de duas moças cujo pai falecera recentemente. Uma delas disse:

— Sei que papai está vivo com a vida de Deus e agora está atuando em uma frequência mais alta. Queremos orar por ele e irradiar o amor que sentimos por ele, o que o ajudará em sua jornada. — Ela acrescentou que o pai havia morrido exatamente às duas da tarde.

— Agora são duas horas — disse a irmã —, e o ponteiro já está se movimentando para marcar uma nova hora. Isso vale para o nosso pai. A vida dele neste plano terminou e uma nova começou no minuto seguinte.

Essas mulheres sabiam que todo fim é um começo. Levamos para a próxima dimensão a imagem que formamos em nossa mente sobre o tempo, o espaço e as limitações da nossa vida tridimensional, mas também devemos levar o conhecimento de que, um dia, chegará a hora de descartarmos esse corpo, porque seria impossível levá-lo conosco ao entrarmos em frequências mais altas do espírito, nas quais os corpos são rarefeitos e não podem ser vistos pelas pessoas comuns.

Muitos vêm me dizer que sonharam com a própria mãe, por exemplo, que faleceu com noventa anos, alquebrada pela idade, mas que ela lhes apareceu como quando tinha uns trinta anos, com a pele lisa e olhos brilhantes, que lhes irradiava amor. Sim, isso é possível porque na quarta dimensão a pessoa pode escolher qualquer nota do Infinito teclado de Deus, assumindo a forma que mais lhe agrada.

Quando você chegou a este mundo foi recebido por mãos carinhosas, que cuidaram do seu bem-estar, o acalentaram e amaram, e todas as suas necessidades foram atendidas até você sair da infância. O que vale para um plano vale para todos os outros. Ao entrar na próxima dimensão, você de novo será recebido pelos seus entes queridos, em uma feliz reunião. Fará muitas das coisas que gostava de fazer na vida anterior e muitas que jamais teve a oportunidade de experimentar, e será progressivamente instruído para atuar em uma nova onda eletromagnética, em uma frequência mais alta. Não verá o Sol nem a Lua, porque o tempo não é igual ao deste plano. Todavia, encontrará uma contraparte de tudo o que existe em nosso mundo, porque "assim na terra como no Céu". Isso significa que as pessoas que amamos e com quem convivemos continuam conosco, separadas apenas pelas diferenças na frequência das vibrações.

Uma mulher que perdeu dois filhos na Guerra da Coreia, um de dezenove e o outro de vinte anos, contou-me que a notícia da morte de ambos foi, de início, um choque mental angustiante. Todavia, pouco a pouco, ela foi recobrando a calma porque começou a afirmar para si mesma: "Ele não é um Deus dos mortos, mas dos vivos, pois todos vivem com Ele."

— Você sabe o que senti? — Havia uma luz nos olhos dela e as palavras vieram vagarosamente e com uma calma majestosa. — De repente senti uma onda de paz tomar conta do meu coração e toda a dor desapareceu. Soube, com plena certeza, que meus filhos estavam vivos e pude sentir sua presença e seu toque leve e carinhoso. Foi uma experiência maravilhosa.

Ela prosseguiu dizendo que sabia que Deus é bom e justo, e se conscientizou de que os dois estavam construindo outros lares na próxima dimensão, na qual tinham novos corpos e novas tarefas para cumprir. Então, pensou no que poderia fazer por eles e a resposta veio-lhe rápida à mente: "Ore por eles."

Eu escrevi uma prece que comecei a repetir várias vezes por dia:

> Meus filhos me foram emprestados por Deus, a Fonte de toda a vida e Doador de todas as dádivas. Sei que não poderia ter meus filhos constantemente a meu lado, que um dia eles sairiam de casa, se casariam, formariam uma família e talvez até se mudassem para uma outra cidade ou para o exterior. Mas eu os amei enquanto estiveram comigo. Eu lhes dei tudo o que podia em termos de amor, confiança e fé em Deus. Minha missão agora é ajudá-los a construir uma nova casa, e por isso eu irradio amor, paz e alegria para eles. Vejo a luz, o amor, a verdade e a beleza fluindo através deles e a paz de Deus inundando-lhes a alma. Fico feliz com sua contínua jornada em direção a Deus, porque sei que a vida é uma progressão. Sempre que penso em meus meninos, eu digo: "Deus está com eles e tudo está bem."

Essa prece lhe deu uma intensa sensação de paz e tranquilidade. Precisamos entender que nunca devemos lamentar ou chorar a morte de entes queridos. Se irradiarmos para eles as qualidades do amor, da paz e da alegria, estaremos elevando a conscientização de que a presença de Deus está onde eles estão, e que onde Deus está não pode existir o mal.

Para orar pelos supostos mortos, precisamos ter consciência de que os que passaram para a próxima dimensão estão vivendo em um estado de beleza, alegria e amor. Eles se sentirão ainda melhor porque acolhem nossas preces e agradecem nossas bênçãos, e ficam felizes com nossas preces carinhosas em vez de se aborrecerem com a ideia de que estão mortos, separados de nós e presos ao local em que foram sepultados. Devemos imaginá-los em um estado de indescritível beleza e nunca pensar em carência, limitação ou pesar.

Um discípulo de Sócrates, diante da morte iminente do mestre, perguntou-lhe: "Onde devemos sepultá-lo?" A resposta foi: "Vocês não poderão me sepultar porque não conseguirão me encontrar." Diante da surpresa do discípulo, ele acrescentou: "Mas vocês poderão me enterrar se conseguirem me agarrar." De fato, como alguém poderia pegá-lo? Ele ganhou um novo corpo e está vivendo na quarta dimensão.

Ninguém está enterrado em lugar algum. As lápides e os monumentos estão completamente errados, porque dizem, por exemplo, "Morreu em 1992". É uma grande mentira, porque a vida não tem começo nem fim. Nunca vá aos cemitérios com a ideia de visitar os mortos. Se acha que deve levar-lhes flores, dê-lhes as flores do carinho, do seu coração. Você pode cuidar dos túmulos por respeito, mas tenha certeza de que seus entes queridos não estão lá.

AUMENTE O PODER DO SEU SUBCONSCIENTE
PARA CONQUISTAR UMA VIDA MAIS ESPIRITUALIZADA

Uma vez, soube que um amigo chorava sobre o túmulo da esposa. Então, lhe expliquei:

— Sua mulher não está lá e você não está fazendo nada para ajudá-la. O corpo sofre decomposição, que é um fenômeno natural, se torna parte do solo, da água e das plantas. Sua mulher ganhou um novo corpo e está na próxima dimensão da vida, onde você poderá visitá-la todas as noites, enquanto estiver adormecido.

Em seguida, acrescentei:

— Ela está viva com a vida de Deus e você está identificando-a com limitação e interrupção, está construindo um cemitério e um túmulo em sua mente, perpetuando seu luto e seu sofrimento, que resultará em doenças físicas e mentais para você. Sua mulher não ficaria feliz com essa atitude. Ela certamente prefere que você a abençoe e se conscientize de que o amor, a paz e a harmonia de Deus estão fluindo pelo seu ser.

O luto, o pesar e o sofrimento criam inúmeras doenças, e, além disso, um luto prolongado é sinal de um mórbido egoísmo, porque a pessoa está só pensando em si própria, não dando uma verdadeira atenção ao falecido. Se você ama a pessoa que supostamente perdeu, procure sempre imaginá-la feliz, alegre e liberta. Exalte essa pessoa. Tenha certeza de que Deus está dentro dela e de que o júbilo do Senhor a ilumina e inspira. Pare de infeccionar sua mente e seu corpo e exalte fé, amor e alegria.

Quando se deparar com a tragédia e a perda, você pode se elevar acima da tristeza e do sofrimento. Saia da sua caverna de dor e solidão, enfatizando em você mesmo as qualidades do amor, da amizade, da confiança e da atividade produtiva somadas a um intenso desejo de aumentar sua capacidade de amar e de dar seus talentos ao mundo que o cerca. Agindo assim, mesmo continuando a sentir a tristeza causada pela ausência do ente querido, estará criando um estado de paz de espírito e alegria no futuro. Não esmoreça; confie no Eterno, que só deseja o seu bem e jamais o abandona.

Estive junto ao leito de muitos homens e mulheres durante a transição e jamais vi sinais de medo em qualquer um deles. Penso que, instintiva ou intuitivamente, eles sentem que estão entrando em uma dimensão mais ampla da vida. Thomas Edison disse ao seu médico segundos antes de falecer: "Lá é muito bonito." Todos nós temos uma natural preocupação com o estado de um ente querido depois que ele deixa este plano, mas precisamos compreender que ele agora vive em uma outra morada da casa do nosso Pai e só está separado de nós porque agora vibra em uma frequência mais alta.

Os chamados "mortos" estão à nossa volta, assim como as ondas de rádio e televisão estão em nosso ambiente. Se você ligar o aparelho, poderá ouvir e assistir a programas que estão sendo exibidos simultaneamente em muitos países. Da mesma maneira, você poderia ser um receptor dos sons e das imagens dos mortos que nos cercam em uma outra dimensão. Já ouviu falar em clarividência e clariaudiência? Há milhares de pessoas no mundo inteiro que têm essas faculdades.

As pessoas que passaram para a próxima dimensão estão à nossa volta, mesmo que não possamos vê-las e senti-las com nossos cinco sentidos. Pense na água. Sob a ação do calor, o gelo transforma-se em água e depois em vapor, que é invisível. Todavia, água, gelo e vapor são uma coisa só, moléculas de H_2O em diferentes níveis de vibração.

AUMENTE O PODER DO SEU SUBCONSCIENTE
PARA CONQUISTAR UMA VIDA MAIS ESPIRITUALIZADA

Espírito, mente e corpo são uma coisa só e seu corpo é o instrumento que lhe permite expressar amor, paz, harmonia e alegria. Por isso, você sempre terá esse veículo de expressão. Portanto, todos nós estaremos sempre vivos em Deus ao longo de nossa jornada para a eternidade. A crença na morte deve ser entendida como um transe hipnótico que vem durando milênio após milênio, mas, quando ele finalmente desaparecer, todos compreenderemos que temos uma existência além do tempo e do espaço como conhecemos.

No meu livro *O milagre da dinâmica da mente*, contei a seguinte experiência pessoal: muitos anos atrás eu fiquei seriamente doente e permaneci inconsciente por cerca de três dias. Durante esse período, estive fora do meu corpo e conversei com parentes que já não viviam na face da Terra. Eu os reconheci nitidamente. Sabia que tinha um corpo, mas percebia que era um corpo diferente, porque eu podia atravessar portas e paredes sem impedimento. Quando pensava em qualquer lugar, como Londres, Paris ou Calcutá, era instantaneamente transportado para lá. Eu podia ver e ouvir tudo o que estava acontecendo e me comuniquei com amigos e pessoas da família na próxima dimensão da vida, que falavam somente por meio do pensamento. Não tinha a noção do tempo e não vi limites. Tudo o que me cercava parecia estar vivo e eu me sentia livre, em êxtase.

Vi o médico entrar no quarto onde meu corpo estava deitado e ouvi-o dizer: "Ele está morrendo." Senti-o tocando meus olhos, testando meus reflexos, e tentei dizer-lhe que estava vivo, mas ele não parecia ouvir. Toquei-o no ombro e lhe disse. "Deixe-me em paz. Não quero voltar." Mas não houve qualquer sinal de que o médico estivesse me vendo ou sentindo. Ele me aplicou uma injeção que devia conter algum tipo de estimulante, o que me deixou muito irritado. Não queria voltar, tudo era belo no meu estado transcendente; estava apenas começando a me divertir, a fazer novos amigos e planos para estudar na próxima dimensão da vida. Entretanto, soube que estava voltando à vida normal e senti que estava entrando em meu corpo adormecido. De repente, tudo mudou e me senti preso em um ambiente estreito. Quando acordei, estava totalmente perturbado, talvez devido à raiva que senti no corpo quadridimensional antes de voltar ao tridimensional.

Pelo que sei, tive uma experiência do que é chamado de morte. Segundo nosso habitual sentido de tempo, fiquei inconsciente por 72 horas, mas estava apenas funcionando em uma dimensão mais alta da mente.

Conversei a respeito com um renomado cirurgião, que me disse:

— Sabe, muitas pessoas que estavam profundamente anestesiadas enquanto eu as operava, me contaram que viram tudo o que aconteceu durante a cirurgia, relatando o que eu falei com a enfermeira e as instruções que dei aos meus colegas. Elas dizem que estavam flutuando sobre a mesa cirúrgica e viram a intervenção com todos os detalhes. É muito interessante. Nos 25 anos de minha prática cirúrgica, devo ter ouvido essa história umas cem vezes.

Sim, uma grande verdade. Quando morremos, renascemos em outro corpo.

Em uma das vezes em que estive em Viena, conversei com o Dr. Viktor Frankl, um psiquiatra com um alto nível de espiritualidade e autor de vários livros, que tem um extraordinário conhecimento das grandes leis da mente. Ele me falou sobre o significado do sofrimento e tive a oportunidade de usar muito do que aprendi com ele na minha vida profissional. Citarei suas palavras:

— Uma vez um velho médico veio me procurar para uma consulta porque estava com uma grave depressão. Não conseguia superar a perda da esposa, que falecera havia dois anos e era a pessoa que mais tinha amado na vida. Eu pensei: "Como conseguirei ajudá-lo?" O que devo lhe dizer? Refletindo melhor, decidi não falar nada e, em vez disso, fiz-lhe uma pergunta. "O que teria acontecido, doutor, se o senhor tivesse morrido primeiro e sua esposa ficasse sozinha?" Ele fez um ar de espanto. "Oh, teria sido terrível! Ela sofreria muito e sei que se sentiria perdida neste mundo!" Então, perguntei: "Veja, doutor, ela foi poupada desse sofrimento. Você lhe deu essa dádiva e não creio que deva se lamentar e sofrer por ela ter ido antes." O médico não disse nada, apenas apertou minha mão e saiu calmamente do meu consultório.

O Dr. Frankl acrescentou:

— O sofrimento deixa de ser sofrimento no instante em que encontramos seu significado, como o significado de um sacrifício. Naturalmente, não fiz uma terapia no sentido exato da palavra, mas, para começar, ele tinha o direito de estar triste e, segundo, eu não tinha como mudar o acontecido. Não poderia ressuscitar sua esposa. Senti, porém, que fui bem-sucedido em mudar a atitude dele em relação àquela perda, dando-lhe a oportunidade de ver, pelo menos, algum significado em seu sofrimento.

Estou convencido de que a maior preocupação do ser humano não é procurar o prazer e evitar a dor, mas, sim, ver um propósito nos acontecimentos da vida. É por isso que estamos até dispostos a sofrer, desde que tenhamos certeza de que nosso sofrimento tem um significado. A propósito, anos atrás presidi o culto no funeral da esposa de um bom amigo. O casamento deles havia durado quase cinquenta anos e ele estava profundamente desconsolado, triste, solitário e deprimido. Depois do enterro, ele passou a visitar o túmulo da esposa diariamente. Sendo médico, tomava uma variedade de tranquilizantes, sedativos e soníferos, mas, mesmo assim, não conseguia dormir. Só falava que não valia a pena viver, que tudo era uma futilidade.

Conversei com ele usando a técnica do Dr. Frankl.

— Somos velhos amigos, conheci bem vocês dois. E se ela tivesse falecido antes de você?

— Nossa! Ela ficaria arrasada, inconsolável, terrivelmente deprimida. Sofreria muito! Não gosto nem de pensar nessa possibilidade.

— Sim, então entenda: você está carregando esse fardo por ela. Está poupando-a de todo o tipo de dor, sofrimento e depressão. Ela está viva e contente na próxima dimensão, e sempre que pensar nela diga que ela está viva com a vida de Deus e que você não a vê como quando fez a transição, doente e abatida, mas bela, envolta na luz de Deus.

O médico entendeu e concordou comigo. Deixando-se tomar pela dor, tristeza e depressão, não estava fazendo nada para ajudar a esposa. A Bíblia diz que é bom e justo orar pelos falecidos para que sejam libertados de qualquer tipo de culpa ou problema que tinham neste plano, da mesma maneira que oramos para uma pessoa internada em um hospital ou para um amigo em uma situação difícil.

Agindo dessa maneira, trocamos as cinzas pela beleza, o óleo do luto pelo óleo da alegria e as vestes do luto pela túnica do espírito da felicidade. Quem sofre exageradamente pela perda de um ser amado, está impedindo seu progresso na jornada da vida, e isso não é amor.

Por exemplo, se sua filha fosse para a Índia, ou qualquer outro local distante, com a finalidade de fazer um curso que pudesse lhe dar condições de ter um futuro brilhante na vida profissional, você ficaria deprimido e arrasado pela tristeza? O certo seria irradiar muito amor para ela e dizer: "O Amor Divino vai à sua frente, endireitando seus caminhos e trazendo alegria e felicidade à sua jornada. Deus sempre está onde ela está e Sua luz resplandecente a ilumina em todas as ocasiões." Isso, sim, seria amor.

Meu amigo começou a exaltar a presença de Deus em sua esposa e convenceu-se de que a vida é infinita. Não há fim na glória de cada pessoa, porque existe uma evolução constante na direção do que é real. Não estou falando do nirvana, como entendido comumente, significando que o indivíduo é como uma gota de água que volta a se integrar ao oceano. Não, a multiplicidade na unidade é a lei da vida e nós sempre teremos nossa identidade, embora estejamos sempre crescendo, expandindo e evoluindo. A cada passagem para o próximo plano, ocorre um crescimento, porque a vida é um eterno progresso.

Seguindo meus conselhos, sempre que meu amigo pensava na esposa, dizia: "Eu exalto Deus no seu interior. Deus a ama e cuida de você." Foi como se a cada repetição estivesse colocando uma gotinha de antisséptico espiritual em sua ferida. Em pouco tempo teve uma cura maravilhosa. Deixou de ir ao cemitério todos os dias e aprendeu a dar as flores do coração — flores de sabedoria, paz e beleza, de harmonia e amor.

É comum sensitivos, médiuns e videntes virem falar comigo depois das minhas palestras, contando que viram pessoas desencarnadas sentadas no tablado, à minha volta, enquanto eu falava. Vários deles descreveram alguns dos meus mestres e parentes que agora estão na próxima dimensão. Um deles foi o Dr. Emmet Fox, autor de *O sermão da montanha e o Pai-Nosso*. Perguntei se a pessoa o havia conhecido, assistido a um dos seus seminários ou lido seu livro e a resposta foi negativa. Muitos viram o juiz Thomas Troward, autor de seis livros sobre a ciência da mente, e também o Dr. Harry Gaze, que escreveu *Emmet Fox: The Man and His Work*. Alguns sensitivos descreveram meu pai, que fez a passagem há muitos e muitos anos, com grandes detalhes, minha irmã e outros parentes e professores. Devo deixar explícito que nenhum desses sensitivos conheceu pessoalmente meus mestres ou meus familiares.

Muitos médicos e profissionais da saúde têm o dom da clarividência e clariaudiência, porque conseguem captar o que está errado no corpo e na mente do paciente. No passado, poucos falavam sobre essa faculdade por receio de serem confundidos com curandeiros ou charlatães. Felizmente, a medicina atual, devido às abrangentes pesquisas científicas sobre as faculdades mentais e parapsicologia, aceita a influência da mente sobre o mundo físico.

Um homem me contou que estava para investir cem mil dólares em um empreendimento imobiliário em Las Vegas, que já tinha sido analisado pelo seu advogado e considerado um bom investimento. Um dia, sonhou com o pai, que havia falecido havia anos, e este lhe disse que o negócio era fraudulento.

Chamando-o pelo apelido que a família usava, afirmou que devia ficar longe das pessoas envolvidas. O homem acordou totalmente convencido de que havia mesmo visto o pai. Pode até ser. O fato é que a mente lhe deu a resposta. Ele tinha o hábito de rezar pedindo orientação sobre como agir nos vários aspectos da vida, e a instrução lhe veio por intermédio de um sonho. De qualquer maneira, esse homem desistiu do negócio, apesar das reclamações, e mais tarde ficou sabendo que o projeto havia fracassado, dando um prejuízo de milhares de dólares aos sócios.

Eu não encaro a percepção e as experiências dessas pessoas como algo incomum, porque não existe nenhum motivo para homens e mulheres espiritualmente evoluídos não poderem participar de reuniões de preces e orientação onde e quando quiserem, e aparecerem e desaparecerem à vontade. Embora eu jamais tenha visto pessoas sentadas à minha volta durante minhas palestras, tenho plena convicção de que estavam lá.

No seriado de televisão *Jornada nas estrelas*, a tripulação da nave podia ser teletransportada de um lugar para outro. Naturalmente, trata-se de uma obra de ficção, mas não é impossível algum dia isso de fato acontecer. Por quê? Porque nosso corpo é eletrônico e não sólido. Ele é formado de ondas eletromagnéticas, por isso é flexível, plástico e poroso, uma confluência de átomos. A ciência nos mostra que uma barra de ferro não é sólida, e se fosse vista com os instrumentos adequados, notaríamos que ela seria constituída por uma massa de elétrons girando em torno de seus núcleos a uma velocidade tremenda e separados uns dos outros por uma distância que, em termos relativos, é a mesma que separa a Terra do Sol.

Nosso corpo também é uma massa de elétrons. Lembre-se do que falei anteriormente sobre os três estados físicos da água: gelo, líquido e vapor. Apesar de continuarem a ser água, eles vibram em diferentes comprimentos de ondas e suas funções e propriedades físicas são diferentes. O mesmo acontece com corpo, mente e espírito. Não há nada de ilógico em uma pessoa espiritualmente desenvolvida que more em, suponhamos, Nova York, e, contemplando estar em Johannesburgo, na África do Sul, não se encontre lá no mesmo instante. Como esse indivíduo é um ser mental e espiritual e sabe que mente e espírito são onipresentes, ele consegue ir a qualquer lugar desde que focalize a mente nessa localidade. É como se seu corpo sólido como gelo passasse a ser um vapor invisível. Como o vapor de água pode ser transformado em gelo, ao chegar ao local desejado os átomos e moléculas voltariam a se adensar.

Diante de uma analogia tão simples, você acharia estranho uma pessoa aparecer e desaparecer à vontade? Uma pessoa espiritualizada, que atingiu um nível mais elevado de consciência, sabendo que ela e o Princípio Vital são um só, desmaterializa seu corpo, composto de átomos e moléculas, e se torna invisível como o vapor d'água que mencionei anteriormente. Em seguida, ele é condensado pela alta vibração molecular do corpo tridimensional e surge caminhando pelas ruas da cidade para as quais desejou ir. Esse tipo de pessoa, como a tripulação da nave estelar, poderia ir e voltar da próxima dimensão e até de outros planetas.

Recentemente, visitei um homem que estava com câncer terminal que só foi procurar um médico quando a metástase já havia tomado conta do seu organismo. Ele me disse que estava rezando para ser curado. Sem dúvida, as orações apressam uma cura, mas essa situação estava durando anos e o homem jamais pensara em procurar um médico ou qualquer tipo de ajuda profissional. A verdade é que esse paciente nem sabia o que é uma prece, que, como afirma a Bíblia, traz a saúde rapidamente.

Conversamos sobre vários assuntos e depois oramos juntos. Ele estava em pleno gozo de suas faculdades e começou a falar sobre os pais, que haviam falecido fazia muito tempo. Devo evidenciar que ele não estava sob a ação de sedativos.

— Estou vendo meus pais e eu irei com eles. Também estou vendo meu filho, John. Não sabia que ele estava lá.

A esposa, que estava presente, disse que John trabalhava na Índia e pediu que eu continuasse falando com o marido, porque ele queria se confessar e pedir que eu fizesse algumas coisas, sem que fossem do conhecimento dos seus parentes. Ouvi-lhe a confissão e prometi que faria tudo o que desejava. Ele morreu em paz.

A esposa desse homem não deu a devida atenção ao que o marido dissera sobre o filho, porque ele morava na Índia. Todavia, uma semana depois ela recebeu uma carta comunicando que John havia falecido pouco antes do pai. Sim, nossos entes amados e parentes mortos estão de fato à nossa volta.

Fenwicke Holmes, renomado autor e palestrante, estava com mais de 90 anos quando fez a passagem, mas até então havia permanecido em atividade. No seu leito de morte, disse:

— Digam a Murphy que estou indo para a próxima dimensão, que já vi muitas vezes. Digam também que vou trabalhar por ele quando estiver lá.

Holmes era um erudito que havia sido professor de latim em sua juventude e tinha uma mente prática, sendo autodidata em ciências. Tinha o hábito da meditação, por isso não duvido que tenha ido muitas vezes à próxima dimensão. Eu já falei que, mesmo não meditando, vamos para lá *todas as noites*. Portanto, todos nós a conhecemos bem, embora nem sempre nos lembremos do que aconteceu. Na vida cotidiana, não vemos os que passaram para o outro lado, mas também não vemos os raios cósmicos, os raios ultravioleta ou infravermelhos, raios X etc., como também não vemos o ar que respiramos, mas que sentimos bater em nosso rosto.

Não vemos a beleza porque a beleza é subjetiva, mas o artista pinta a beleza em uma tela. Não vemos o amor, que também é subjetivo, mas sentimos amor pelos nossos filhos e nossos cônjuges. Uma criança ama seu cão ou seu gato, mas ninguém pode pôr esse sentimento sob um microscópio e dizer: "Ah, isso é amor!" O amor simplesmente é. Não tem tempo nem espaço. Ninguém vê a paz, mas a paz é. Todos os biólogos do mundo nunca viram a vida, mas sabemos que estamos vivos, não é? A vida simplesmente é.

Seus olhos físicos são cegos à grande realidade invisível que está à nossa volta. Você veria um mundo diferente se fosse uma máquina de raios X ou se começasse a enxergar pelo olho interior da clarividência e percepção espiritual. Você poderia dizer que não há ninguém em sua sala enquanto lê este livro, mas se você ligar o rádio ou o televisor, ouvirá música e vozes de homens e mulheres falando a quilômetros de distância.

AUMENTE O PODER DO SEU SUBCONSCIENTE
PARA CONQUISTAR UMA VIDA MAIS ESPIRITUALIZADA

Tennyson, poeta e filósofo, escreveu: "Tu não nos deixarás no pó. Criastes o homem, mas ele não sabe por quê. Só sabe que não foi feito para morrer, que Tu o fizeste e és justo."

Woodsworth disse: "Nosso nascimento não é mais do que um sono e um esquecimento. A alma que surge conosco, nossa estrela de vida, vem de longe, onde tem sua morada. Em nuvens de glória, nus, mas não totalmente sem lembranças, saímos de Deus, que é nosso lar."

Whittier escreveu: "Assim, diante do mar silencioso, espero pela abertura da porta oculta. Nenhum mal que venha Dele pode me atingir no oceano ou em terra. Não sei onde Suas ilhas levantam suas palmeiras na direção do firmamento. Só sei que não posso navegar à deriva e me afastar do amor e carinho de Deus."

Robert Browning disse: "Tudo o que dura eternamente e não pode ser lembrado. A terra muda, mas tua alma não. Deus é a certeza. O que entrou em ti era, é e será. O tempo volta ou para, o barro permanece."

Esses quatro poetas estão dizendo a mesma coisa: a Vida não pode produzir a morte. Isso, de fato, seria uma contradição, pois Deus é vida e como a vida poderia morrer? A vida apenas é.

Vivemos na terceira dimensão, mas também na quarta e em todas as outras porque estamos vivendo em Deus, que é Infinito. Os que fizeram a transição estão vivendo neste mesmo mundo, mas agora têm uma frequência de vibração mais alta e, como as ondas do rádio ou da televisão, não interferem em nossa vida cotidiana porque têm frequências diferentes. Todavia, muitas vezes a pessoa falecida aparece para nós e nos dá uma mensagem ou até conversa conosco. Ela é real e não um fantasma. Essas situações são comuns e muitos já passaram por essa experiência.

Muitos anos atrás, minha irmã, que era freira, faleceu. No dia do seu passamento, antes de ser avisado do acontecido, eu falava pelo telefone com um amigo que morava em Sierra Madre e vi minha irmã entrando na sala, vestida com o hábito, e perguntei: "Por que você não me avisou que vinha? Eu teria ido buscá-la no aeroporto." Conversamos animadamente por três ou quatro minutos e no fim, depois de contar como tinha acontecido seu falecimento, ela desapareceu.

Nosso espírito nunca nasceu e jamais morrerá, e para ele não há tempo nem espaço. Ao fazermos a transição desta dimensão para a outra, trocamos de corpo da mesma forma que tiramos uma roupa puída para vestir trajes novos.

E assim: "Delicadamente o espírito deixa de lado sua carne e faz a passagem para habitar a nova morada que recebeu como herança do Pai."

Resumo do capítulo

- Não existe morte no sentido de esquecimento. Deus é vida e essa vida é nossa vida agora. Deus é vida e ela não tem começo nem fim. A humanidade, sendo vida manifestada de Deus, não pode morrer. Deus pensa na humanidade e tudo o que Deus pensa é eterno. É por isso que você é imortal.
- Você continua a ser o mesmo na nova dimensão. A única diferença é que funciona com uma vibração diferente, em uma frequência mais alta. Seu ser eterno, para o qual não existe nem tempo nem espaço, está sempre dentro de você. Seus entes queridos estão vivendo à sua volta e só estão separados devido à diferença de frequência vibracional.

AUMENTE O PODER DO SEU SUBCONSCIENTE
PARA CONQUISTAR UMA VIDA MAIS ESPIRITUALIZADA

- É importante ensinar que as pessoas não devem sofrer ou chorar pelos entes queridos que se foram. A maneira correta de honrar os que agora estão na quarta dimensão é irradiar amor, paz e alegria para eles, porque assim estamos elevando seu grau de consciência. Isso é verdadeiramente trocar o óleo do luto pelo óleo da alegria. Devemos nos jubilar com o novo dia natalício, sabendo que a presença de Deus está onde todos eles estão.
- Ao orarmos pelos chamados mortos, devemos ter em mente que os que se foram estão vivendo em um estado de beleza, alegria e amor. Ficam felizes em ouvir nossas preces sinceras em vez de sentirem nosso desgosto por acreditarmos que eles estão enterrados em algum cemitério. Ao pensar neles, sempre tente vê-los vivendo em um estado de indescritível beleza. Jamais deixe a ideia de luto, falta e ausência tomar conta da sua mente.
- O sofrimento causa inúmeros tipos de doença física e mental. Um luto prolongado é sinal de mórbido egoísmo, porque significa que a pessoa está só pensando em si mesma e não no falecido. Se houve amor pela pessoa que fez a transição, pense nela como está agora: feliz, alegre e livre. Exalte-a. Conscientize-se de que a presença de Deus continua nela, aumentando sua iluminação e inspiração, ajudando-a a navegar pelas correntes da eternidade.
- Olhe para a morte como o dia de nascimento na quarta dimensão, de onde continuaremos progredindo de morada em morada, em uma escala sempre ascendente.
- A vida não pode produzir morte. Seria uma contradição, porque Deus é vida e Ele jamais morrerá. A vida apenas

é. Estamos vivendo na terceira dimensão, mas envolvidos pela quarta, quinta e todas as outras dimensões, porque vivemos em Deus, que é Infinito.
- Nosso espírito nunca nasceu e jamais morrerá. A morte não pode tocar o espírito humano, para o qual não existe nem tempo nem espaço. Quando fazemos nossa transição para a próxima dimensão, é como se estivéssemos trocando roupas puídas por trajes novos.

Capítulo 7
Suas duas vidas

Você vive em dois mundos. Em certo sentido, tem duas vidas, uma no mundo externo, o mundo dos sentidos, objetivo, e outra no mundo subjetivo, no mundo dos pensamentos, emoções e visualizações.

Para compreendermos nossas duas vidas, precisamos de sabedoria. Sabedoria significa que você tem consciência de que a Presença e o Poder de Deus estão no seu interior e de que tudo o que é impresso na mente subconsciente é expresso na tela do espaço para se tornar realidade, quer se trate de coisas boas, quer de ruins. Você tem sabedoria quando sabe que pensamentos são coisas, que o que você sente você atrai e será o que imagina ser. Tem sabedoria quando escolhe uma ideia para entrelaçá-la no tecido da sua mente, dando-lhe alimento, apoio e sentindo sua realidade.

A sabedoria não é um acúmulo de fatos. Quem tem sabedoria senta-se tranquilamente até sentir a inspiração vinda de Deus, como acontece com poetas e músicos, por exemplo. A inspiração do Altíssimo o fará criar obras de arte.

Lembre-se de que todos os tipos de pensamento podem entrar em sua mente e todos os tipos de emoção podem entrar em seu coração. Se você aceitar os pensamentos negativos, estará se identificando com eles e não conseguirá separar-se deles internamente. Recuse-se a aceitar pensamentos e emoções negativos, agindo diante deles como faria para evitar pisar em buracos e poças de lama enquanto caminha por uma estrada de terra. Evite também as estradas enlameadas da sua mente, onde se abrigam o medo, o ressentimento, a hostilidade e a má vontade. Recuse-se a ouvir afirmações negativas. Não se deixe tocar por sensações negativas. Pratique a separação interna adquirindo um novo sentimento sobre sua pessoa e sobre quem você realmente é.

Comece a pensar que o seu verdadeiro "eu" é o Espírito Infinito, o Eterno, que jaz sorrindo, em suave repouso, pronto para realizar seus desejos. Comece a se identificar com suas qualidades, atributos e potências, e então sua vida inteira será transformada. Conscientize-se de que ninguém tem o poder de perturbá-lo e de que tudo o que lhe acontece depende dos movimentos do seu pensamento. Cabe a você abençoar ou amaldiçoar. O segredo de transformar sua natureza emocional negativa é praticando a autovigilância. Observar o mundo e observar a si próprio são duas coisas bem diferentes. Você pode passar a vida inteira estudando átomos, moléculas, constelações, reações químicas e físicas, mas esse conhecimento não lhe traz uma mudança interior. Somente pela autovigilância é possível haver uma mudança interior, uma modificação no coração.

Você deve aprender a diferenciar, discernir e separar o joio do trigo. Você está praticando a arte da auto-observação quando começa a se perguntar: Essa ideia é verdadeira? Ela pode me abençoar, curar e inspirar? Ela me dá paz de espírito e contribui para o bem-estar da humanidade? Perceba que você está vivendo em dois mundos, tem duas vidas — a externa e a interna, embora elas sejam uma só. A externa é objetiva e a interna é subjetiva. Você vive em um mundo de opiniões e seus cinco sentidos recebem uma avalanche de visões, sons e sensações e uma enorme variedade de conceitos, tanto bons como maus. Seu mundo externo entra pelos seus cinco sentidos e é compartilhado por todos os que fazem parte da mente coletiva, onde você também está. Então, diga-me: você é governado pelo mundo objetivo ou pelo seu mundo interior?

Você vive no mundo interior, que é o mundo dos seus pensamentos, das suas imagens mentais, emoções, sensações, convicções, dos seus sonhos, aspirações, planos e propósitos. Ele é invisível e pertence unicamente a você. Pergunte-se: Em que mundo eu vivo? Vivo no mundo revelado pelos meus cinco sentidos ou no outro? Sou controlado pelo mundo exterior ou é o mundo interior da minha mente que o controla? Pense que é no mundo interior, subjetivo, que você vive o tempo todo, que é nele que você sente e sofre.

Suponhamos que você tenha sido convidado para um banquete. Tudo o que vê, ouve, saboreia, cheira e toca pertence ao mundo externo. E tudo o que você pensa, sente, gosta ou desgosta pertence ao mundo interior. Portanto, de fato, você participa de dois banquetes, registrados de maneira diferente, ou seja, o objetivo e o subjetivo. Para se transformar você precisa começar a mudar seu mundo interior por meio da purificação da emoção e ordenação da mente, por um modo certo de pensar. Se quer evoluir espiritualmente, você tem de se modificar. Para canalizar suas emoções de maneira construtiva, precisa, em primeiro lugar, mudar seus pensamentos, porque as emoções sempre vêm depois deles. Não é possível visualizar e imaginar uma emoção. Podemos criar uma cena mental ou imaginar alguém conversando conosco, mas não conseguimos visualizar uma emoção. Por isso, para dirigir suas emoções por caminhos dignos de Deus, você tem de se habituar a pensar no que é belo, justo, puro e bom.

Transformação significa fazer uma coisa se tornar uma outra coisa. No mundo material existem inúmeras transformações. O açúcar, por um processo de destilação, se transforma em álcool. O elemento rádio vagarosamente se transforma em chumbo. Os alimentos que ingerimos são transformados, pela digestão, em todas as substâncias necessárias para a nossa existência.

No aspecto mental, se você come um pedaço de pão, ou qualquer outro alimento, a Inteligência Criativa que está no seu interior transmuta-o em nutrientes que circulam na corrente sanguínea e, quando ela chega ao cérebro, se torna um pensamento. Isso é chamado de *transubstanciação* — quando você come com alegria, ela é transmutada em beleza. Por melhor e mais refinado que seja um alimento, se for ingerido em um clima de raiva ou rancor, ele pode sofrer uma transubstanciação em toxinas que causarão úlceras, artrite e outros males físicos.

Suponhamos que você veja uma pessoa que ama e admira. Você recebe impressões sobre ele — ou ela — e as cataloga na mente. Agora, suponha que você tenha se encontrado com uma pessoa de quem não gosta. Você também recebe impressões sobre ela. Em outras palavras, sua mente recebe qualquer tipo de impressão. Entretanto, é possível modificar sua impressão sobre as pessoas. Transformar suas impressões é se transformar. Para mudar sua vida, mude sua reação à vida. Será que você está sempre reagindo de maneira estereotipada? Se essas reações forem negativas, sua vida também será negativa. Jamais permita que sua vida seja apenas uma série de reações negativas às impressões que você tem todos os dias.

Se sua vizinha atirar no marido, você não é responsável, não mandou que ela agisse desse modo. Por que se sentir culpado? Ela estava no estado de espírito dela. Você deve se identificar com suas metas, que devem ser harmonia, saúde e paz. Abençoe a mulher e continue caminhando pela terra com o louvor do Senhor sempre nos lábios.

Para você realmente se observar deve entender que não importa o que esteja acontecendo, seus pensamentos e suas emoções devem estar fixos na grande verdade: o paraíso é sua mente em paz. Deus é o Espírito Vivo no seu interior, o Princípio de Vida que anima, sustenta e cuida de você até mesmo quando está profundamente adormecido. Ele nunca nasceu e nunca morrerá; a água não consegue molhá-lo, o fogo não o queima e o vento não o leva embora. É o Ser Eterno que habita em você.

Enquanto você vai se conscientizando dessa Presença interior, será elevado e transformará todos os pensamentos e emoções negativas enquanto contempla as eternas verdades de Deus. Talvez você se sinta inclinado a dizer que outras pessoas são culpadas disso ou daquilo por causa do modo como falam e agem. Se essa maneira de ser o faz ficar negativo, é porque houve uma perturbação interna. Esse estado negativo é onde você agora vive, caminha e existe. O que jornalistas escrevem nos jornais ou apresentam na televisão não é capaz de perturbar quem conhece a Lei da Vida. Esses indivíduos têm total liberdade para expor as respectivas opiniões, mas você também tem liberdade para discordar completamente deles. Por que dar a uma folha de papel com letras impressas poder para deixá-lo nervoso? Na verdade, é você que se deixa enervar pelo movimento de sua mente, pela reação ao que foi escrito. Por que acusar os outros pela sua perturbação?

Ninguém pode se dar ao luxo de ser negativo, porque essa atitude esgota nossa vitalidade e nos rouba o entusiasmo. Ela causa doenças físicas e mentais. Você vive no lugar em que está agora ou nos seus pensamentos, sensações, emoções, esperanças e desespero? Lembre-se de uma pergunta em um trecho da Bíblia: "Onde moras?" Ora, o discípulo não está perguntando ao homem se ele vive em Nazaré ou Jerusalém, mas onde vive na própria mente. Ele está comungando com a presença de Deus? Em suma, está consciente porque caminha na consciência de Deus?

O que sente sobre seu ambiente neste momento é real para você? Quando fala "Meu nome é Jennifer Jones", o que está querendo dizer? Você não é somente uma pessoa, mas um produto do seu pensamento somado a costumes, tradições e influência dos indivíduos que a cercavam enquanto você crescia. Na verdade, você é a soma total das suas crenças, opiniões e também dos ensinamentos gerados pela sua educação, pelo seu condicionamento ambiental e por incontáveis influências vindas do mundo exterior, que entraram em sua mente por meio dos cinco sentidos.

Talvez você esteja se comparando com outras pessoas agora mesmo. Você se sente inferior na presença de um indivíduo que goza de maior prestígio? Por exemplo, imagine que você seja um pianista. Quando alguém elogia um outro pianista, você se sente inferior? Se você tivesse a real sensação de ser especial, essa atitude não seria possível, porque ela provém da certeza de que a presença de Deus vive no seu interior e no de todos os seres humanos, e nela não existem comparações.

Recentemente perguntei a um homem:

— Você já prestou atenção nas suas reações a pessoas, artigos de jornais e noticiários de televisão? Notou que há um comportamento habitual, estereotipado?

— Não, nunca reparei nisso. — Ele achava que não havia nada de errado na reação dele, mas eu sabia que não estava evoluindo espiritualmente. Depois de pensar um pouco, disse: — Você tem razão, há jornalistas e comentaristas que me irritam profundamente.

Esse homem reagia automaticamente, como uma máquina, e não estava se disciplinando como eu lhe havia ensinado. Não faz diferença se todos os jornalistas estivessem errados e só ele soubesse a verdade. A emoção que a irritação produzia nele era destrutiva, porque mostrava falta de disciplina mental e espiritual.

Quando você diz "Acho que", "Penso que", "Creio que", "Não gosto disto" ou "Tenho raiva disso", qual "eu" está falando? Reparou que é um diferente "eu" falando a cada instante? Os "eus" são completamente diferentes. Com um "eu" você critica e, pouco depois, um outro "eu" elogia carinhosamente. Preste atenção e aprenda sobre seus diferentes "eus" e tome consciência de que certos "eus" jamais dominarão, controlarão ou dirigirão seu pensamento. Às vezes, um marido diz à esposa "Eu te amo, querida" e uma hora depois afirma: "Eu te odeio." Esses dois "eus" não se conhecem, o que significa que você não está pensando, falando ou agindo com base no Infinito.

AUMENTE O PODER DO SEU SUBCONSCIENTE
PARA CONQUISTAR UMA VIDA MAIS ESPIRITUALIZADA

Observe bem com quais "eus" e pensamentos você anda convivendo. A que tipo de pessoa está se associando? Estou falando das pessoas que habitam sua mente, que é como uma cidade cheia de ruas e avenidas formadas por pensamentos, ideias, opiniões, sensações, emoções e crenças. Alguns lugares de sua mente são áreas deterioradas, onde há cortiços e becos perigosos. Todavia, a Divina Presença também mora lá e você pode se sintonizar com Ela a qualquer momento e receber uma resposta.

Seu desejo realizado é seu salvador. Se está doente, a saúde será seu salvador; se estiver no deserto, morrendo de sede, a água será seu salvador; se estiver faminto, o alimento será seu salvador; se está preso, a liberdade será seu salvador. Suas metas e seus objetivos na vida estão chamando. Avance na direção deles, dê-lhes seu desejo, sua atenção. Interesse-se profundamente por eles. Caminhe pelas ruas e avenidas da paz, do amor, da alegria e da benevolência, e você encontrará ruas e avenidas iluminadas e cidadãos maravilhosos nos melhores bairros.

Jamais permita que sua casa, que é sua mente, fique cheia de criados que você não pode controlar. Quando você era menino, lhe diziam para não andar com quem sua mãe chamava de más companhias. Agora, começando a despertar para seus poderes interiores, deve tomar o máximo cuidado para não conviver com os maus pensamentos que estão em sua mente.

Tive uma conversa muito interessante com um rapaz que estudava disciplina mental na França e tinha o hábito de ocasionalmente tirar fotos mentais de si próprio. Sentava-se em um local tranquilo e pensava em suas emoções, seus estados de espírito, pensamentos, suas sensações, reações e nos seus tons de voz. Em seguida, dizia: "Essas coisas não são de Deus. São falsas. Vou voltar para a presença de Deus e pensar com base na verdade, no amor e na beleza." Esse jovem praticava a arte da separação interna. Quando ficava com raiva, dizia: "Isto não é o Infinito. Não é o Infinito falando, pensando ou agindo. É um falso pensamento dentro de mim."

Sempre que você estiver a ponto de ficar com raiva, crítico, deprimido ou irritável, pense na Divina Presença, no Divino Amor e na absoluta harmonia dentro do seu ser, porque no Eterno tudo é bem-aventurança, harmonia, paz e alegria.

O justo e o pecador convivem em todos nós; o assassino e o homem santo, também. Cada homem ou mulher quer, fundamentalmente, ser bom, expressar o bem e fazer o bem. Esse é o aspecto positivo em você. Se cometeu atos destrutivos, se roubou, prejudicou e fraudou os outros, que agora o condenam e o veem sob uma má luz, é possível se elevar acima do cortiço de sua mente para entrar em um lugar da sua consciência, onde cessa de se condenar. Então, todos os acusadores se calarão. O Absoluto não condena, porque é impossível para Ele condenar. Todo o julgamento é dado ao filho, como está escrito, e o filho é a sua mente. Você é perseguidor de si próprio, torturador de si mesmo. O Princípio Vital não castiga ninguém, você é quem se castiga.

Quando você parar de se culpar, o mundo deixará de acusá-lo. "Que nenhum homem te condene. Eu também não te condeno. Vá e não peques mais." É tolice se condenar, é perder tempo na companhia de pensamentos acusadores.

Suponha que você cometeu injustiças, atos criminosos ou outros crimes graves. Não foi o Deus em você que cometeu esses atos. Não foi o Infinito. Quem agiu mal foi o seu outro eu, a mente das massas ou mente coletiva, sua mente mundana, seu condicionamento. Se você foi criado em uma família cheia de preconceitos, medo e desconfiança, a raiva, a hostilidade, o ódio, o ciúme e a inveja ficaram gravados em seu subconsciente e se tornaram compulsivos porque, como sabemos, a natureza do subconsciente é compulsiva. Isso, óbvio, não o exime de sua responsabilidade. Você é responsável pelo modo como pensa, sente e age. Você é responsável se colocar a mão no fogo para queimá-la. É responsável quando passa um sinal vermelho e recebe uma multa pela violação.

Comece a afirmar: "Eu sou forte; Eu sou iluminado; Eu sou inspirado; Eu sou amoroso; Eu sou bondoso; Eu irradio harmonia." Tudo o que você liga ao "EU SOU" que está no seu interior acaba se manifestando em sua vida cotidiana. Sinta esses estados da mente. Acredite neles. Afirme-os regularmente e você começará a viver no jardim de Deus. O EU SOU em você significa Deus, significa existência, luz, conscientização. Significa o Ser Infinito no seu interior. Ele não tem nome. O que chamamos de Deus é apenas a sua natureza: amor incondicional, infinito poder, infinita inteligência e infinita sabedoria. É percepção, seu verdadeiro eu. É a única causa, o único poder capaz de fazer alguma coisa neste mundo. Honre-o e conscientize-se de que Ele está dentro de você.

Quando você persiste na mudança na percepção de "eu", à medida que começa a dizer "Eu sou iluminado; Eu sou inspirado; Eu sou bondoso; Eu sou harmonioso; Eu sou próspero; Eu sou guiado pelo Altíssimo", está povoando o paraíso de sua mente com as Verdades Eternas. "Não temas porque estou contigo e os rios não te inundarão; quando andares no fogo, não serás queimado." Esse é o poder que está dentro de você. Mantenha em mente que quando você ora por alguma coisa específica, é necessário meditar sobre ela, nutri-la, sustentá-la. Pouco a pouco, como por osmose, ela se afundará em sua mente subconsciente e tudo o que é subjetivo se tornará objetivo.

Esta é a lei: "Sou o que sinto ser." Uma ótima prece é dizer: "Eu sou Espírito. Penso, sinto, vejo e vivo como Espírito, a Infinita Presença Todo-Poderosa dentro de mim." Repetindo essas palavras regularmente, começará a sentir que você e o Divino são um só. Como o sol no Céu redime a terra da escuridão, a conscientização da presença de Deus em você revelará a pessoa que sempre quis ser: uma criatura feliz, radiante, pacífica, bem-sucedida, iluminada pelo Altíssimo.

Você vive em um mundo mutável. O mundo externo em que habitamos está em constante mutação. Disse um poeta: "Mudança é tudo o que vejo à minha volta, mas tudo o que muda não habita em mim." O Imutável está no seu interior, embora a mudança externa seja contínua. Heráclito afirma que ninguém entra no mesmo rio duas vezes. Sim, se você entrar em um rio a água correndo estará sempre correndo e é impossível banhar-se na mesma água duas vezes. Da mesma forma, enquanto você lê este livro, percebe que as ideias de Deus estão fluindo por você e modificando o seu modo de ser. Mesmo que volte a ler estas palavras, não será mais a pessoa que era por ocasião da primeira leitura.

Você está sempre mudando. As células do seu corpo morrem aos milhões e são rapidamente substituídas por novas. Seus pensamentos, o ambiente em que você vive, tudo está em constante mutação no mundo. Filosofias, credos, doutrinas, tradições, todas passam e voltam modificadas. Não resista à mudança. Há pessoas que lutam contra ela e se tornam rígidas e inflexíveis em sua mente. A mudança é inevitável. Seja como o salgueiro, que cresce forte porque se dobra ao ser tocado pelo vento e suporta qualquer tempestade. Pense que você também está constantemente se modificando, que não é a mesma pessoa que era há dois dias, cinco anos, dez anos ou vinte anos. Cada vez que recebe uma nova ideia, novas percepções espirituais, novos valores são impressos em sua mente e você passa a ver as coisas que o cercam de maneira diferente. Você passa a ter novas intuições, novas percepções e uma nova convicção. Portanto, jamais será a pessoa que era na semana passada.

Perceba que você está sempre evoluindo. Há um constante desenvolvimento na direção do que é real. Se olhar para uma foto sua quando era bebê, criança ou adolescente, verá que você mudou. Nosso corpo se renova a cada 11 meses. A mente também está em constante mutação e, quando você se interioriza, voltando-se para a Verdade, está exaltando a Divina Presença e evoluindo na direção de Deus.

Diz a Bíblia: "Tira as sandálias dos pés porque o lugar onde pisas é solo sagrado." Os muçulmanos e budistas até hoje seguem essa orientação e só entram nas mesquitas e santuários descalços. Em termos espirituais, tirar as sandálias significa abandonar falsas ideias, opiniões, falsas crenças, dogmas e tradições, e pisar no solo sagrado é entrar em contato com a Presença Viva de Deus que habita no sacrário do seu coração. Deus criou o mundo inteiro e todos os lugares devem ser considerados sagrados. Deus é onipresente; não está só em igrejas, templos, mesquitas ou santuários, mas também pode ser encontrado nas ruas e nos mercados, nas mais simples habitações e casas de pecado. Você deve dizer como Jacó: "Deus está neste lugar e eu não sabia." Naturalmente, os relatos da Bíblia são figurativos e alegóricos e você deve ter em mente que estamos lidando com a sabedoria oriental e os que escreveram o Livro Sagrado eram mestres em metáforas.

Deus habita em você porque o Espírito é onipresente, portanto, o lugar onde você está é solo sagrado. Entre em contato com a Presença Interior e vivencie a alegria da prece atendida. Dispa-se das falsas crenças e conscientize-se de que Deus é o Espírito Vivo que habita no seu interior e que a Infinita Inteligência está sempre à sua disposição para realizar seus mais íntimos desejos. Seu mundo interno é um mundo de pensamento e emoção, e são eles que criam seu destino, porque pensamentos e emoções são de Deus. Portanto, entre no seu mundo subjetivo e tenha certeza de que agora você pode ser o que deseja ser. Clame, sinta, acredite, exalte, alimente e sustente seu desejo, e ele se tornará realidade. Então, você verá que tem o poder de modificar experiências, acontecimentos e condições do mundo externo. Sim, tire as sandálias, livre-se das ideias negativas, da falsa crença de que você é uma vítima do seu ambiente.

Não se deixe absorver demais pelas coisas externas, porque elas não são causa de nada, a não ser que você aceite essa ideia. O clima não tem poder algum sobre você, mas, se você afirma que basta esfriar para ficar com dor de cabeça, está dando ao frio um poder que ele não tem, pois é inócuo. Pare de conceder poder a paus e pedras, a estrelas e planetas, a templos e santuários. Também não coloque qualquer pessoa em um pedestal, porque agindo assim você tem um falso Deus. Lembre-se de que Deus habita no seu interior e Ele decretou que não devemos ter outros deuses diante Dele.

Nos Estados Unidos, a cada quatro anos há convenções do Partido Republicano e do Partido Democrata para a escolha dos candidatos à Presidência do país. Nessas ocasiões, são apresentadas as "plataformas" dos partidos. Essa "plataforma" não tem nada a ver com o palco de madeira em que ficam os candidatos, mas é a apresentação dos princípios e programas de cada partido. Você também tem uma plataforma, na qual estão declaradas sua fé, suas convicções e crenças. Por exemplo, se acredita no fracasso e tem medo dele, você fracassará, porque tem fé em uma ideia errada. Mas se tem fé em que será bem-sucedido em todos os aspectos de sua vida, em que nasceu para ganhar, você terá êxito em seus empreendimentos. Escolha uma plataforma produtiva. Afirme que a presença de Deus em você tudo vê, tudo sabe e tudo permeia. Alinhando-se a Ele tomará consciência de que se Deus é por você, quem pode ser contra você?

Seu cérebro é onde você se conscientiza dos poderes da sua mente racional, do subconsciente e do supraconsciente, ou presença de Deus, no seu interior, e começa a usá-los em seu favor. A Bíblia diz que o marido é a cabeça (cérebro) da esposa, o que pode ser interpretado como a mulher sendo o subconsciente e o marido a mente consciente. Quando você entender a interação entre o consciente e o inconsciente, passará a pensar em coisas belas e construtivas para impregnar o subconsciente com o bem. Lembre-se de que o que você afirma e sente ser verdade é aceito sem discussão pelo subconsciente.

Portanto, você tem duas vidas, dois mundos, como eu disse anteriormente. Um é o mundo dos sentidos, em que você trabalha, tem sua casa, sua profissão, sua posição social e tudo o que lhe pertence em termos materiais. O outro mundo é extremamente importante, porque é o mundo criativo ou causal, que está no seu interior, que molda a sua existência. Nada poderá prejudicá-lo ou feri-lo se você estiver sintonizado com o Infinito, porque "nada de bom será tirado daquele que anda na lei".

Lembro-me de um inglês que acreditava ser vítima de uma maldição que perseguia sua família.

— Ela passa de geração a geração. Os filhos homens sempre morrem cedo — falou.

— Então, leia o Salmo 91 e acredite nele. Deus está guiando, cuidando e fortalecendo você. Você pode estar sempre protegido no refúgio do Altíssimo. Nenhum mal cairá sobre você e nenhuma praga virá à sua morada durante a noite. O anjo de Deus o pegará pelo braço para que seu pé não tropece em pedras. Leia o salmo e reitere suas verdades, viva com elas, até impregnar seu subconsciente e ter uma vida longa e maravilhosa.

Esse homem continua vivo e essa conversa aconteceu há quarenta anos.

Você não é uma vítima do passado e tem o poder de moldar seu destino. Seu futuro é a manifestação dos seus atuais pensamentos. Sim, seu mundo interior é muito real. Ninguém pode fazê-lo viver a verdade, ninguém pode lhe dar Deus, porque Ele habita dentro de você. Como diz a Bíblia: "Sinta o gosto do Senhor. Ele é bom." Ninguém pode lhe explicar qual é o gosto do sal. Você mesmo tem de experimentá-lo. Ninguém pode lhe explicar qual é o doce sabor de Deus. Ele tem de ser incorporado ao seu subconsciente.

Será que existe um modo de lhe dizer como é o perfume de uma rosa? Os antigos místicos olhavam para uma rosa, contemplavam sua simetria, ordem e beleza e entravam em êxtase, porque a viam como um símbolo da glória e beleza de Deus. Entretanto, você tem de pessoalmente cheirar a rosa para sentir-lhe a fragrância.

Absorva essas verdades, deixe-as se tornarem parte integrante do seu ser. Sua vida se encherá de entusiasmo, energia e vitalidade, você terá fome e sede de outras verdades e realizará grandes feitos porque está pleno de entusiasmo e zelo, o que significa que estará possuído por Deus. "Vós sois o sal da terra", diz o Novo Testamento. Quando não há sal em sua vida, você é apático, dispersivo e preguiçoso porque não conhece o amor de Deus.

Sim, existe uma vida interna e uma externa. Você é governado pela propaganda e pelas opiniões das massas? Então você é uma pessoa terrivelmente confusa. Adquira uma convicção interna. Conscientize-se de que a Suprema Inteligência de Deus está dentro de você. Suas convicções mentais, suas crenças governam sua mente, governam seu negócio e todos os aspectos de sua vida. Acreditar é estar vivo para alguma coisa, aceite algo como verdade e tudo o que você acredita acaba se manifestando. Portanto, se você acredita que Deus o está guiando, há ação correta em sua vida, o sucesso é seu, a harmonia é sua, a abundância é sua.

Deus não lhe deu um espírito de medo, mas de amor, paz e equilíbrio. Deus é o poder criativo no seu interior, e quando você o descobre, está descobrindo Deus. Seu pensamento é criativo; o que você sente você atrai e o que imagina ser acaba sendo. Deus lhe deu o poder do amor e uma mente sadia.

Haja sal em você, haja fome e sede do Divino. "Bem-aventurados os que têm fome e sede de justiça, porque serão saciados." A alegria do Senhor é sua força, e quando ela está em você, há sal em sua vida, porque há o entusiasmo que o faz dizer palavras de encorajamento e inspirar outras pessoas.

Charles W. me contou que estava apavorado porque seu médico lhe dissera que um caroço em seu pescoço era maligno. Isso acontecera havia três meses, e desde então ele não tinha voltado ao consultório. Sentia tontura, náuseas e uma fraqueza progressiva, e certo dia teve uma hemorragia gástrica causada por uma úlcera. Durante sua internação, um médico examinou o caroço em seu pescoço e se propôs a cauterizá-lo, mas Charles falou que se tratava de um câncer. O médico não concordou com o diagnóstico e afirmou que podia extrair o caroço, que era evidentemente benigno, com um simples procedimento feito com um bisturi elétrico. Ora, Charles esteve vivendo em pânico e tortura mental por três meses por causa de um diagnóstico equivocado que lhe havia causado pressão alta, úlceras, tensão e ansiedade, estragando sua saúde. Atualmente, os médicos conhecem bem os males psicossomáticos e sabem que a falta de paz de espírito é causadora de inúmeras doenças.

É por isso que em vários trechos do Novo Testamento lemos "Ele disse: vá em paz. Sua fé te salvou" ou afirmações similares. As pessoas doentes sempre estão mentalmente perturbadas. Charles criou uma muralha de pavor à sua volta que poderia ser facilmente derrubada se tivesse procurado outras opiniões sobre o problema. Foi o seu pior inimigo. Como escreveu Dale Carnegie: *Faça o que você mais teme e continue a fazer... esse é o modo mais fácil e mais rápido já descoberto para superar o medo.*

Li um artigo sobre um oficial da Marinha na ativa que muitos anos atrás recebeu o diagnóstico de câncer. Ele disse: "Por que todos ficam tão apavorados quando ouvem essa palavra? Eu sei que vou me curar." Durante sua internação no Bethesda Naval Hospital, esse oficial repetia regularmente: "Serei curado, porque Ele disse: sou o Senhor que te cura." E a cura aconteceu.

Seu caso ganhou os jornais porque ele só conseguiu voltar à ativa na Marinha por intervenção do presidente Eisenhower, porque, na época, a cura do câncer era considerada impossível. O oficial recebeu milhares de cartas perguntando o que havia feito para ficar curado. Segundo ele, a resposta era muito simples: "O Senhor me curou." Sua convicção na obra de Deus era sólida, e por isso não sentiu medo de uma palavra.

Sim, a Infinita Inteligência nos criou e nosso corpo é sua obra. Seria um insulto à nossa inteligência imaginar que o Deus que fez nosso corpo e conhece todos os processos fisiológicos e mentais do seu funcionamento não saberia curar-nos. Só um completo ateu pensaria isso.

"Sou o Senhor que te cura, que cura todas as doenças, que sacia a tua fome, que restaura a tua juventude." Deus em nós está pronto para nos curar agora mesmo.

Resumo do capítulo

- Você vive em dois mundos, o externo e o interno. Pergunte-se: Em qual mundo eu vivo? No revelado pelos meus cinco sentidos? Será que o mundo externo me controla? Ou o mundo interno de minha mente controla o externo?

Lembre-se de que é no mundo interior que você sente e sofre. Quando você age com sabedoria, imprime no seu mundo interno tudo o que é verdadeiro, belo, nobre e digno de Deus. Você tem sabedoria quando sabe que pensamentos são coisas, que você atrai o que sente e se torna o que imagina ser. Você tem sabedoria quando sabe que pode escolher uma ideia e entretecê-la no tecido da sua mente, alimentando-a, sustentando-a e sentindo sua realidade.

- Se você quer evoluir espiritualmente, precisa se modificar. Para canalizar suas emoções de maneira construtiva, tem de mudar seu modo de pensar. As emoções não precedem o pensamento, sempre vêm depois dele. Ninguém pode ver e imaginar uma emoção. Portanto, para dirigir suas emoções pelos caminhos de Deus, você tem de voltar seu pensamento para o que é belo, justo, puro e digno Dele.
- Sempre que você sentir que está com raiva, crítico, deprimido ou irritado, pense na Divina Presença, no Divino Amor e na absoluta harmonia que habita no seu interior. No Infinito, tudo é bem-estar, harmonia e felicidade, e Ele habita em nós em sorridente repouso, esperando para atender aos nossos desejos.
- Quando você ora por algo específico, é preciso meditar sobre esse pedido, alimentá-lo e sustentá-lo. Pouco a pouco, ele irá se afundar no seu subconsciente.
- Você está em constante mutação. As células do seu organismo morrem aos milhões, mas são substituídas por novas. Seus pensamentos podem mudar o ambiente em que você vive. No Universo, tudo muda. Crenças, filosofias, religiões, tradições, todas elas vão e voltam.

- Só o Eterno, que habita em seu interior, não muda. Não resista às mudanças porque elas são inevitáveis.
- O mundo interior é um mundo de pensamentos e sentimentos. O pensamento e as emoções criam o seu destino porque pertencem a Deus e são agentes Divinos. Interiorize-se e perceba que agora mesmo você pode começar a ser tudo o que sonhou.
- Se você acredita no fracasso, ou tem medo dele, sem dúvida acabará fracassando, porque você tem fé em uma coisa errada. Contudo, se você tem fé em que será sempre bem-sucedido, que nasceu para vencer, encontrará o êxito em todos os seus empreendimentos.
- Deus lhe deu um espírito de amor, de paz e uma mente sadia. Quando você descobrir o poder criativo que há no seu interior, descobrirá Deus. Ele também lhe concedeu o poder do amor. O amor nunca nasceu e jamais morrerá porque está no seu interior. Quando você irradia amor para um ente querido, um filho, por exemplo, está expressando uma pequena parte do infinito oceano de amor que está à sua disposição.

Capítulo 8
O significado espiritual do casamento e do divórcio

Examinemos algumas grandes verdades sob nova luz. Diz a Bíblia: "Portanto, o que Deus uniu o homem não deve separar... Eu vos digo que todo aquele que repudiar sua mulher — exceto por motivo de fornicação — e desposar uma outra, comete adultério." (Mt 19, 6-9)

Na Bíblia, adultério e idolatria são sinônimos e, nesse sentido, quem coabita com falsas crenças está cometendo adultério. Ao longo dos milênios, a experiência nos ensinou que o casamento de um homem e uma mulher, para viverem em paz e harmonia, é o melhor arranjo para a sociedade, indivíduos e nações. Uma nação, lógico, é um aglomerado de indivíduos.

Para os que não despertaram espiritualmente, os mandamentos bíblicos parecem proibições e restrições impostas aos seus instintos, paixões e apetites. Sim, de fato eles são guias, que apontam o caminho para a harmonia, saúde e paz, porque estão fundamentados nas grandes leis da vida, que estão escritas no coração e gravadas no mais profundo do seu ser.

Sua mente se casa com muitas ideias. Sim, você se casa com crenças, opiniões, conceitos, dogmas, teorias e credos. Quando se une mental e emocionalmente a alguma coisa, há um casamento. Seu cônjuge é sua ideia, o conceito e a estimativa que você tem sobre sua pessoa, o seu plano de vida.

Qual é sua meta na vida? O que você realmente ama? Se a resposta for algo como "Eu amo a matemática. Quero me tornar um grande matemático", estamos diante de um casamento. Você está mental e emocionalmente unido com essa ideia, está vivendo com ela, alimentando-a e sustentando-a. Ela ficará profundamente gravada no seu subconsciente, que lhe dá todos os instrumentos necessários para você ver seu desejo realizado e, em um futuro não muito distante, será um grande matemático, como Einstein, por exemplo.

Quando você ora, também há um casamento, porque você está tentando se unir a um nível mais elevado, um melhor conceito e um estado de conscientização mais alto. Para que seu desejo se realize, deve haver uma união constante e sincera com ele, não pode haver outro.

Lembre-se de que seu cônjuge é a concepção que você tem de sua pessoa, a concepção de Deus e da vida em geral. Não o traia com ideias estranhas. Você não aceitará casar-se com o medo, a dúvida, a raiva, o rancor ou qualquer sentimento parecido, porque já está casado com o único Deus em um sentido simbólico. Você fez sua aliança com o Espírito Vivo Todo-Poderoso, o Supremo e o Onipotente, porque se conscientizou de que não existe um outro poder, de que Ele é seu único guia e conselheiro e não dará mais poder às coisas criadas, sejam homens, sejam mulheres, pedras, árvores, Sol, estrelas e planetas.

Em uma prece, você está se casando com um ideal, uma meta ou um objetivo, e, em geral, se defronta com uma confusão de desejos. Então, antes de tudo, escolha um deles e tome a decisão de cuidar dele, de alimentá-lo e sustentá-lo. Se você tem uma empresa, dê toda sua atenção, lealdade e devoção a ela. Recuse-se a pensar em medo, fracasso e prejuízos, porque assim seus olhos não estarão sobre o seu amado. Quem tira a atenção da meta de sucesso ou realização, está se voltando para algo menos desejável e não está sendo leal com seu ideal.

"Fornicação", no sentido espiritual, é o intercurso ilegal e emocional com falsas ideias que não poderão lhe trazer o bem ou a realização da sua meta. Você tem de ser leal ao Espírito, dando-lhe toda sua atenção e devoção.

Se você fica sempre pensando em perdas, se passa horas ruminando cheio de amargura sobre o que outros fizeram, se medita sobre o infortúnio, está coabitando com o mal no leito da sua mente. O resultado é a geração de maus descendentes, que poderão ser úlceras, hipertensão, diabetes ou confusão mental e o divórcio ou separação da harmonia, da paz e do amor.

Se você deixar de lado seu ideal, sua meta de vida, dizendo que se satisfaz com outras coisas, está acolhendo uma frustração em seu subconsciente. Está cometendo adultério, porque está introduzindo um poder estranho em sua mente. É como se dissesse "Não vai dar certo, não vou conseguir", ou, pior ainda, "Deus não pode fazer isso por mim". Ora, com Deus tudo é possível, e se você afirma que uma outra pessoa está prejudicando seu progresso ou coisa parecida, está fazendo dessa pessoa um deus e, como existe um único Deus, você está cometendo adultério.

Não existe nada capaz de combater, enfrentar, prejudicar ou estragar o Único poder. Se você pensar de maneira construtiva, receberá o bem. Se seu modo de pensar é negativo, resultando em irritação, nervosismo, mau humor e implicância, seu casamento mental está naufragando, porque não poderá haver um relacionamento harmonioso com seu cônjuge, seus pais, seus irmãos, filhos, parentes ou com qualquer pessoa. Sua vida vira uma bagunça, porque você está coabitando com o mal no leito da sua mente.

Deus é amor, e quando há um verdadeiro amor unindo um homem e uma mulher é Deus quem está juntando um casal em uma aliança sagrada. O coração é a câmara da presença de Deus e na união feliz os dois corações batem como um só. Duas criaturas se juntam em termos espirituais, mentais e físicos e não há divórcio porque nenhum deles pensa nisso. Não há votos mais maravilhosos do que os feitos em uma cerimônia de casamento.

O verdadeiro casamento é a mais sagrada das instituições terrestres e devemos entrar nele com reverência, sinceridade e uma profunda compreensão do seu significado espiritual. Casamento é um acordo sobre ideias Divinas, sobre pureza de propósitos. O amor, a harmonia, a honestidade e a integridade devem prevalecer na mente e no coração do marido e da mulher. É a partir desse estado de unidade consciente, que cria as características essenciais para um casamento bem-sucedido, que surge o estado externo que corresponde a ele, um casamento harmonioso, pacífico e alegre.

Não há um real casamento quando os noivos estão pensando em riqueza, posição social ou conexões políticas, ou porque a noiva é jovem e bela e o noivo procura afirmação. Um casamento desse tipo é falso, não é do Céu, porque não está sendo feito em harmonia e compreensão Divina e porque nele não existe o verdadeiro amor.

Já presidi a cerimônia de casamento de muitas pessoas da terceira idade, muitas delas abençoadas com 75, 80 e 85 anos de vida. Na maioria dos casos, as chamas do sexo já tinham sido apagadas, mas, mesmo assim, Deus (significando amor) os uniu pelo simples motivo de serem pessoas honestas, virtuosas, sinceras e carinhosas. Esses idosos estavam procurando um companheirismo, levados pelo desejo de terem alguém com quem compartilhar suas alegrias e experiências. Quando as boas qualidades estão ausentes em uma cerimônia de casamento, independentemente da idade dos noivos, não está havendo um verdadeiro matrimônio.

A cerimônia presidida por um padre, rabino ou pastor não valida ou santifica um casamento, ela apenas confirma de maneira objetiva o que o casal já sentia ser verdade no íntimo, uma união de duas almas avançando juntas na jornada para o Infinito.

Muitas vezes, um casamento não é mais do que um contrato e em pouco tempo surgem desentendimentos entre o casal. Lembre-se de que os semelhantes se atraem, e se você quer atrair o companheiro ideal, use uma técnica mental que já está comprovada:

Tranquilize sua mente. Pense com objetividade nas qualidades e nos atributos que você admira em um homem ou em uma mulher. Reflita sobre as características que gostaria de ver no outro, como ser espiritualizado, leal, fiel, honesto, trabalhador, alegre, próspero etc. Pouco a pouco, essas qualidades irão se afundando no seu subconsciente. A partir desse ponto a Infinita Inteligência assume o controle e, como resultado, você atrairá a imagem e semelhança da pessoa ideal que imaginou. Haverá uma harmonia perfeita entre os dois; haverá amor mútuo, respeito e liberdade. Esse é o que costuma ser chamado de casamento feito no Céu, porque existe paz e compreensão das leis da mente.

Uma pergunta que ouço com frequência: Será que devo me divorciar? Esse é um problema individual que não pode ser generalizado. Em alguns casos o divórcio até é recomendado, mas às vezes não é uma solução para desencontros, da mesma forma que o casamento não pode ser encarado como uma solução para quem se sente solitário. O divórcio pode ser certo para uma pessoa e errado para outra. Muitas vezes, pessoas divorciadas são muito mais nobres e verdadeiras do que muitas outras que estão vivendo uma mentira. Em geral, as desculpas mais comuns para evitar um divórcio são as relacionadas com negócios ou propriedades, com a opinião de vizinhos e parentes. Isso, óbvio, é zombar de um casamento.

Uma vez conversei com uma mulher que havia sido enganada pelo marido. Antes do casamento ele lhe contara que era representante comercial de uma empresa da Costa Leste, que era solteiro e membro de uma igreja. Na verdade, como essa mulher posteriormente descobriu, o homem era um ex-presidiário, tinha um histórico de violência contra mulheres e estava vivendo com outra mulher quando se casou com ela. Durante o noivado, minha consulente havia lhe emprestado dinheiro, alimentando seu desejo de receber muito mais, e tinha sido esse o motivo do casamento.

Entretanto, essa senhora, por ser muito religiosa, achava que era pecado se divorciar, embora sonhasse em voltar a ter liberdade e paz de espírito. Eu lhe expliquei que ela não estava realmente casada aos olhos de Deus, que esse casamento era uma fraude e ela estava vivendo uma mentira. A mulher ouviu meus conselhos e logo entrou com o pedido de divórcio.

Um grande número de pessoas se confunde e sofre por causa das palavras de Jesus sobre a indissolubilidade do casamento, que, como de hábito, levam ao pé da letra.

Nessa citação, é dito nitidamente que o adultério é coisa do coração e da mente. O corpo não faz nada antes que isso ocorra primeiro na mente, e, assim, o adultério e a fornicação acontecem em um mundo subjetivo. No sentido bíblico, a fornicação é fazer aliança com falsos deuses em vez de adorar o único e verdadeiro Deus, o Espírito Vivo Todo-Poderoso que habita em nós, que é o Poder Supremo e Soberano.

A Bíblia é um manual de psicologia e espiritualidade, e salienta que quando você visita os cortiços de sua mente está entrando em contato com assassinos, como o ódio (que mata o amor), rancor (que mata o julgamento correto), a raiva (que mata a paz e a harmonia), e está coabitando com o mal, sendo, portanto, culpado de fornicação e adultério.

Você também introduz um poder estranho em sua vida quando diz "Isto é maior do que Deus". O pensador científico jamais faria essa afirmação, pois sabe que Deus é a Única Presença, o Único Poder, a Única Causa. Há quem diga, por exemplo: "Não posso ficar perto de um ventilador ligado porque acabo tendo um torcicolo." Ora, milhões de pessoas ficam junto de ventiladores ligados e não desenvolvem torcicolo ou um resfriado. Quem diz uma bobagem como essa, está dizendo que o ventilador tem poder de lhe causar um torcicolo. Lembre--se de que o único poder é o que está dentro de você. Ele é um movimento do seu pensamento.

AUMENTE O PODER DO SEU SUBCONSCIENTE PARA CONQUISTAR UMA VIDA MAIS ESPIRITUALIZADA

O único Poder material que você conhece é o pensamento. E a palavra era Deus. A palavra é um pensamento colocado em palavras. O que Deus pensa é criativo, é o único Poder Criativo.

Pare de coabitar com o mal em sua mente, porque você não está sendo infiel ao seu casamento com a paz, a harmonia, o amor e a compreensão, está fornicando ao se unir com conceitos errôneos, com a raiva e o rancor, com a depressão ou morbidez.

Devemos nos lembrar de que o simples fato de um homem e uma mulher terem uma certidão de casamento e morarem juntos em uma casa não cria um verdadeiro lar. Talvez este seja um lugar de discórdia e ódio. Quando há uma criança, por exemplo, e os pais não conhecem as leis da vida, é melhor romper essa união do que permitir que um clima de ódio prejudique a mente em desenvolvimento. Muitas vezes, a mente e a vida de uma criança são tão tolhidas pelo estado de espírito dos seus pais que, com o passar dos anos, ela cai na delinquência e no crime. É muito melhor para uma criança viver somente com o pai ou com a mãe que a ama do que ficar em companhia de um casal que está sempre brigando.

As crianças crescem de acordo com o ambiente mental, emocional e espiritual da casa. Pratique a presença de Deus em seu lar, porque esse é o verdadeiro batismo, pois purifica a mente, expulsando os pensamentos errados. A paz, a harmonia e o amor se afundarão na mente das crianças, ajudando-as a crescer em graça, harmonia, beleza e paz.

Muitos homens e mulheres me procuram porque se sentem culpados por causa do que chamam de "pecados sexuais". Sentem que Deus nunca vai perdoá-los, o que é um absurdo. Explico que o Princípio Vital Todo-Poderoso jamais condena ou castiga e que eles estão apenas se condenando e sofrendo sem necessidade. Nós nos castigamos pelo mau uso das leis universais, pela nossa ignorância, e a ignorância é o único pecado que existe, é o único diabo que existe. Todo sofrimento, crime, doença e punição são resultado da ignorância.

Na história da mulher surpreendida em adultério, Jesus diz: "Mulher, onde estão seus acusadores? Ninguém te condenou?" Disse ela: "Ninguém, Senhor." Disse então Jesus: "Vá, e de agora em diante não peques mais." A Suprema verdade não condena. O Absoluto não condena. Nós nos perdoamos por acolher pensamentos negativos e entronizamos ideias dignas de Deus no subconsciente. É por isso que se diz que o passado é passado e não deve ser lembrado.

A mulher considerada pecadora pelo mundo porque cometeu adultério, teve um filho ilegítimo ou praticou um aborto, pode voltar-se a qualquer momento para a Divina Presença que habita o seu interior e pedir perdão e paz de espírito. Cabe a ela a decisão de ser uma nova pessoa, de ser fiel ao marido ou casar-se e ter filhos. O passado é esquecido para sempre.

Já presidi várias cerimônias de casamento em que as noivas haviam sido prostitutas, as quais decidiram levar um novo estilo de vida. Elas se casaram e têm filhos, levando a vida longe da prostituição. São novas pessoas em Deus e têm uma grande reverência pela Divindade interior que modificou seus futuros.

Qualquer um pode transformar sua vida porque Deus não condena. A sociedade e o mundo podem condenar uma pessoa ou essa mesma pessoa pode entrar em um doloroso processo de culpa e autocrítica. Lembre-se da frase bíblica: "Pois o Pai não julga, todo julgamento cabe ao filho." O filho é a nossa mente.

A mente é o lugar onde você se julga pelos pensamentos que abriga. Você é o único pensador em seu Universo e por isso é o único que tem a possibilidade de avaliar seus atos. Deus, o Absoluto, o Espírito Eterno não sabe nada sobre seus erros e temores. É você quem se perdoa, dando-se a oportunidade de criar um clima de paz, amor e harmonia, expulsando o desespero e os complexos de culpa. Vire as costas para o passado e desligue-se por completo do seu antigo modo de viver. Una-se mental e emocionalmente com sua meta, que é ter paz, dignidade, liberdade e felicidade, e Deus em Sua glória realizará seu desejo. Você então sentirá a tranquilidade tocando as diversas áreas de sua mente como se fosse uma suave brisa de verão e as sombras do medo e da culpa se desvanecendo. À medida que for deixando de se condenar, você descobrirá que o mundo não pode condená-lo.

Pare de ser mau com você mesmo e o mundo parará de condená-lo. Não existe nada de mau no sexo ou em qualquer outra coisa que Deus criou e ordenou. "Não lestes que desde o princípio os fez homem e mulher? E que disse: 'Por isso o homem deixará pai e mãe e se unirá à sua mulher e os dois serão uma só carne?'" (Mt 19, 4-5)

O ato sexual entre marido e mulher deveria ser um ato de amor, em que os dois estariam conscientes de que o amor é de Deus e os filhos dele resultantes seriam nascidos do amor. Quando o casal se une exaltando Deus um no outro e gera um filho, houve de fato uma imaculada concepção, porque a criança será bela tanto em termos espirituais e mentais como físicos, porque é filha do amor.

O SIGNIFICADO ESPIRITUAL DO CASAMENTO E DO DIVÓRCIO

O impulso espiritual não se opõe ao instinto sexual e este pode — e deve ser — canalizado de maneira construtiva, harmoniosa e amorosa. Luxúria, porém, não é amor. O ato sexual entre um casal envolve a legítima emoção do amor, que é a essência do amor conjugal. Muitos homens e mulheres casados têm uma atitude negativa em relação ao sexo e alguns dizem que ele é feio, sujo e animalesco, o que talvez seja resultado de uma criação errada ou de um trauma de infância. Muitas vezes falei com mulheres que ouviram das mães palavras como "Os homens são uns animais. Sexo é pecado. Os homens só pensam em coisas sujas." Elas ficam impregnadas no subconsciente e causam problemas físicos, como a frigidez, e espirituais, como o sentimento de culpa. Lembre-se de que o sexo foi instituído por Deus, portanto, é um ato de amor.

Ouvi mulheres falarem que seus maridos eram materialistas e carnais, e os olhavam com desprezo, afirmando que elas eram superiores porque detestavam o ato sexual. Quanta tolice! Que bobagem! Isso indica a presença de bolhas de toxinas impregnadas no subconsciente, às vezes devido a uma falsa interpretação das Escrituras.

Um homem uma vez me contou que, antes do ato sexual, ele e a mulher faziam uma prece. Lógico que não há hora certa para orar, mas o motivo dessa atitude era o fato de que ele encarava o ato sexual como algo pecaminoso e impuro. "Meu amor pela minha esposa é espiritual, não físico", disse ele, inventando uma desculpa para seus problemas de ereção, certamente ligados a uma criação errada.

Eu lhe expliquei que o casamento é a união total de corpo e alma e isso está muito explícito na Bíblia, quando diz que o homem se unirá à esposa e os dois se tornarão uma só carne. Dei-lhe a seguinte prece para repetir com regularidade:

Amo minha mulher tanto espiritual, mental, emocional quanto fisicamente. Ela é filha de Deus e eu irradio amor, paz e carinho para ela. O amor de Deus flui de mim para ela e nossas relações sexuais são alegres, afetuosas e harmoniosas. Entre nós existe sempre amor e respeito.

Depois de algumas semanas, o problema físico foi resolvido e ele recuperou a virilidade. Ele eliminou as restrições mentais. Quando disciplinamos nossa mente na prece e entramos em um espírito de perdão, ficamos liberados para cantar a melodia criada por Deus. Quando um homem trai a esposa é porque não tem amor nem respeito por ela, porque se tivesse encontrado seu verdadeiro ideal no casamento, não pensaria em ninguém mais, porque o amor conjugal cria uma unidade. Não existe dualidade nem multiplicidade. Todavia, muitos maridos são infiéis porque, durante a infância, foram impregnados com ideias machistas, ouvindo que um verdadeiro homem tem de ter muitas aventuras. Esses falsos conceitos geram frustrações, ressentimento e cinismo, bem como, muitas vezes, uma sensação de inferioridade, de inadequação, e não é incomum esse homem querer provar sua masculinidade, indo até contra sua efetiva personalidade.

Muitos perguntam: Por que no passado os homens tinham muitas esposas? Será que esse costume reflete um comportamento inerente à natureza masculina? É preciso entender que os patriarcas eram agricultores e precisavam ter muitos filhos e famílias grandes para ajudarem no cultivo de plantações e pastoreio do gado. Hoje em dia, a situação é muito diferente. Um pai com muitos filhos enfrenta dificuldades para lhes dar boas condições de vida e o estudo necessário para que tenham uma boa posição na sociedade moderna.

O homem mulherengo procura encontrar desculpas para o seu comportamento, mas a verdade é que ele tem um profundo complexo de inferioridade e grande insegurança e, por isso, acaba atraindo mulheres tão neuróticas e confusas como ele. Sabemos que os semelhantes se atraem e, nas suas parceiras, esse indivíduo vê e sente as vibrações negativas dele próprio.

Susan L. veio se consultar comigo quando estava se divorciando pela quinta vez. Era uma pessoa extremamente amarga e tinha muitas queixas sobre o marido atual e os que havia tido antes dele. Depois do fracasso de cada casamento, ela voltava a se casar sem perdoar e mentalmente libertar os maridos, e cada um havia sido pior do que o precedente. Eu lhe expliquei que devido ao grande ressentimento que ela abrigava no subconsciente, atraía homens igualmente problemáticos.

Sugeri que ela deveria perdoar a si mesma e todos os ex--maridos e fazer afirmações positivas e construtivas, formando em seu subconsciente o equivalente mental do tipo de homem com que gostaria de compartilhar sua existência.

Imaginemos agora o caso da mulher que se relaciona com um homem casado. Isso mostra, em primeiro lugar, que foi incapaz de atrair um namorado ou marido adequado para ela. De alguma forma, sente uma mórbida satisfação em roubar o marido de outra mulher e acredita que é melhor, mais bonita e mais poderosa do que a esposa legal e muitas outras mulheres. Na verdade, isso é um indício de que ela abriga no subconsciente falsos conceitos sobre família e respeito, que lhe causam uma profunda insegurança.

Um homem se menospreza quando percebe que tem falta de limites em sua vida conjugal. Essa sensação é transmitida para a esposa e ela reage de acordo, não lhe dando o respeito que tinha antes do casamento, porque só pode ver o marido da forma que ele se vê. Um homem que sente ser digno exige respeito e atrai respeito. O pai de família que vive em um clima predominante de satisfação influencia positivamente os membros do seu lar e funciona como um cimento que une todos em harmonia e paz.

O sexo prevalece na vida vegetal, animal e humana e, basicamente, é a força vital procurando expressão em suas mais variadas formas. O impulso sexual age em nós por meio de nossos talentos, habilidades, emoções e ânsias. Quando oramos ou meditamos sobre as verdades do Infinito ou sobre um ideal, entrando nele com emoção, estamos no que pode ser chamado de uma fase sexual, porque nos unimos mental, emocional e espiritualmente com eles.

Sua fome e sede de justiça, sua conscientização e compreensão, seu desejo intenso de reproduzir mais e mais a bondade de Deus aqui, no mundo dos vivos, são válvulas de escape espirituais para o impulso sexual ou a força vital no seu interior. Quando alguém tem dificuldade de se expressar plenamente, quando não consegue canalizar sua libido ou a força vital de maneira construtiva, as emoções ficam represadas e resultam em frustração, neurose, desequilíbrio, distúrbios mentais e muitas vezes procuram uma saída no alcoolismo ou nas drogas.

Conversei com um homem que se vangloriava de não ter relações sexuais com a esposa havia mais de quatro anos e que, por isso, achava que estava vibrando em uma frequência mental mais elevada. Ele pertencia a uma seita esquisita, cujo líder afirmava que para progredir no aspecto espiritual o homem devia ter uma vida ascética e evitar qualquer tipo de ato sexual. Depois de trocarmos ideias por alguns minutos, percebi que ele estava mentalmente perturbado. Seu organismo sofria por isso e passara a desenvolver úlceras estomacais que lhe causavam grande sofrimento. O homem sofrera uma lavagem cerebral para acreditar que o sexo era ruim e inibiria sua iluminação espiritual.

Expliquei-lhe que isso era pura bobagem e um modo primitivo de pensar baseado na ignorância, na superstição e no medo. Ele aceitou minha sugestão de voltar a ter relações com a esposa, vendo nisso um ato de amor, e entendeu que o uso prudente das nossas faculdades, dos nossos anseios e desejos nos traz prazer e não deve ser contido nem reprimido. Daí em diante, começou a fazer a seguinte prece e, em pouco tempo, sua vida conjugal se tornou melhor do que antes.

> Temos um casamento feliz e harmonioso, que nos deixa satisfeitos e felizes, no qual há amor verdadeiro e duradouro. O Amor Divino agora reina supremo em nossa união.

Se você sente que há falta de amor em sua vida, faça as seguintes afirmações com bastante frequência: "O amor, a sabedoria e a harmonia de Deus estão sendo expressos através de mim neste exato momento. O equilíbrio reina supremo em minha vida." Essa simples prece pode fazer maravilhas acontecerem em sua vida. O amor, a inspiração e a orientação surgirão espontaneamente e você se tornará um ímã poderoso que atrairá bênçãos da vida vindo de todas as direções.

Muitos jovens me perguntam se podem ter uma vida sexual antes do casamento e eu costumo responder que quem muda constantemente de parceiro não pode esperar fidelidade ou confiança depois do casamento. Um homem que estuda física em Nova York me disse que era adepto do amor livre e caçoou da moralidade reinante na época. Ele estava tendo relações sexuais com várias colegas de universidade e, quando uma delas engravidou, teve de enfrentar uma ação judicial e acabou se casando com a garota sem que esse fosse seu desejo. O rapaz teve de abandonar a faculdade para sustentar a mulher e o filho que esperavam e acabou trabalhando como garçom em um restaurante. Ele fez um casamento sem amor e teve um filho que, na verdade, nenhum dos dois queria. Onde ficou sua defesa do amor livre? Ele mesmo se colocou em uma prisão de carência, ressentimento e pobreza.

Todos sabemos que devemos controlar nosso apetite por alimentos gordurosos, álcool e fumo para termos uma vida mais longa e saudável. Da mesma maneira, precisamos conter nossas emoções e nossos impulsos, e tentar expressá-los com sabedoria e equilíbrio. A vida sexual deve ser mesclada com amor e compreensão. Experiências sexuais antes do casamento não contribuem para uma união feliz porque criam um clima de desconfiança entre o casal. É como se pensassem: "Se ele — ou ela — teve uma vida sexual ativa antes de se casar comigo, poderá querer voltar a ela no futuro."

A felicidade no casamento depende do amor, da lealdade, da honestidade e da devoção à verdade e à integridade, e o desejo de elevar o parceiro para um nível mais alto de espiritualidade. O amor não aceita um ato furtivo em um motel e não se experimenta o verdadeiro amor em encontros envoltos em sentimentos de culpa.

Para manter uma vida conjugal feliz, cada cônjuge deve afirmar regularmente: "O Divino amor, a harmonia, a paz e a perfeita compreensão agora estão atuando em nosso casamento." Todos os dias, de manhã, à tarde e à noite, saúdem a presença de Deus um no outro.

Uma mulher veio se consultar comigo e contou que o marido tinha por costume enchê-la de presentes e quase que diariamente trazia brinquedos novos para os dois filhos. Entretanto, estava sempre irritado, mal-humorado, xingava as crianças e gritava com ela por causa de ninharias. Quando fui conversar com o marido, ele me disse que queria ser livre e fugir das responsabilidades do casamento e da criação de filhos. Além disso, tinha um complexo de culpa muito profundo porque estava tendo um caso com uma moça e pagando todas as despesas do apartamento e de vestuário dela. Os presentes que trazia para a família eram seu modo de compensar pela culpa e hostilidade que sentia em relação a eles. Essa situação estava prejudicando sua saúde, causando-lhe gastrite e hipertensão, principalmente porque tinha medo de ser castigado por Deus devido à sua infidelidade.

Por sorte, esse homem mostrou-se aberto e receptivo para a explicação que ofereci e concordou que precisava começar um trabalho mental o mais rapidamente possível. Em primeiro lugar, teria de eliminar seu ressentimento e hostilidade com o objetivo de ter uma vida mais pacífica e harmoniosa. Ele pôs um fim ao caso e começou a orar da seguinte maneira várias vezes por dia:

AUMENTE O PODER DO SEU SUBCONSCIENTE
PARA CONQUISTAR UMA VIDA MAIS ESPIRITUALIZADA

A Infinita Inteligência me guia e governa e eu irradio amor, paz e afeto à minha esposa e aos meus filhos. Eu os cerco com o círculo do amor Divino sabendo e acreditando que o amor, a paz, a harmonia e a alegria de Deus estão inundando sua mente e seu coração. Eu me perdoo pelos meus erros e sinto-me livre de culpa. Sei que a paz do Infinito reina suprema em meu lar, meu coração e minha família.

Reiterando essas simples afirmações, o homem substituiu seu tumulto interior por paz e afeto. Sua nova atitude dissolveu-lhe males físicos e trouxe paz à sua mente perturbada. Agora ele e a mulher oram juntos todas as noites e o amor dissolveu tudo o que era diferente dele.

Um homem veio me contar que a esposa entrara com uma ação de divórcio, acusando-o de ser infiel. Como não era verdade, segundo ele, perguntei de onde sua mulher havia tirado essa ideia e soube que ela havia consultado cartas de tarô. Pedi-lhe então que a trouxesse para conversar comigo. Expliquei-lhe com detalhes que era o subconsciente dela que estava apoiando a suspeita sobre o comportamento do marido e que, de fato, ao manusear as cartas estava simplesmente conversando com ela mesma.

Voltei a falar com o marido e descobri que ele estava com distúrbio de ereção e evitava ter relações sexuais com a mulher por constrangimento, embora já houvesse começado um tratamento com injeções de hormônio masculino. Quando conversei com a mulher, ela entendeu seu erro de avaliação e reatou o casamento. Os dois concordaram em mandar pensamentos de amor, paz e bondade um para o outro, o que dissolveu a atitude negativa e trouxe paz onde reinavam a desconfiança e a discórdia.

Nós vemos através do conteúdo de nossas imagens mentais, e a mulher olhava para o marido através dos olhos sombrios da suspeita. "O que vês, homem, tens de se tornar. Deus se vês Deus, pó se vês pó." E então, você está olhando para seu cônjuge, filhos e outros entes queridos através dos olhos do amor?

Uma mulher estava a ponto de acabar com seu casamento porque, segundo ela, o marido não a amava mais. Queria morar em uma casa e ele preferia o apartamento, o que era motivo de discórdia, pois o acusava de não satisfazer seu gosto. Também dizia que tinha certeza de que não era mais amada porque o marido fumava dentro de casa, apesar de saber que ela detestava a fumaça, que afirmava ser a causa das suas crises de bronquite. Não achei cabível que queixas como essas fossem motivos para desmanchar um lar.

Percebi que a mulher era emocionalmente imatura e, com certeza, também espiritualmente imatura. Ela implicava com o marido porque queria modificar seus hábitos e fazê-lo se sentir culpado por ir contra seus mais profundos desejos. Pedi para conversar com o homem e descobri que abrigava em si grande ressentimento pelo clima desagradável criado pelos caprichos e pelas lamúrias da mulher. Irritado, ele retrucava com observações críticas e ácidas por causa de coisas sem importância.

Nunca vale a pena tentar coagir outra pessoa a aceitar sua opinião tentando fazê-la se sentir culpada por não agir conforme o seu gosto. Isso é chantagem emocional e deve ser evitada a qualquer custo. "Se você me amasse, deixaria de fumar." Que afirmação idiota! O ressentimento, a raiva recolhida é uma das coisas mais caras que existem no mundo, porque nos rouba a paz, a saúde, a vitalidade e a paz de espírito, transformando-

-nos em um bagaço físico e emocional. Quem não se livra desse sentimento vai, em longo prazo, se tornar uma pessoa fria, dura e inflexível e transferir sua má vontade para todos os aspectos da vida.

Na minha presença, marido e mulher falaram sobre as suas dificuldades, hostilidades e seus rancores, e aprenderam a olhar para os fatos. Cada um examinou a situação de maneira objetiva e ambos concordaram que estavam agindo como crianças mimadas. Perceberam que, se conversassem calmamente sobre seus problemas dentro de um espírito de amor e harmonia, conseguiriam chegar a um acordo satisfatório para ambos. A mulher também descobriu que suas crises de asma não eram causadas pela fumaça de cigarro, mas por um ódio profundo impregnado em seu subconsciente. Na medicina psicossomática há um termo — inespecificidade de órgãos — o qual explica que sentimentos negativos podem criar males diferentes em diferentes indivíduos. O ódio, por exemplo, pode ser o responsável por asma em um indivíduo, hipertensão em outro, artrite em um terceiro e enxaqueca em outro. O fato é que qualquer distúrbio mental ou emocional pode afetar os processos fisiológicos. Os sintomas e órgãos que são atacados dependem da sensibilidade e constituição física do indivíduo. As crises de bronquite da mulher desapareceram pouco tempo depois do restabelecimento das relações harmoniosas entre o casal.

A felicidade voltou pela eliminação das implicâncias e chantagem emocional. Depois de algum tempo, a mulher me escreveu: "Depois de conversarmos sobre as vantagens e desvantagens de mudarmos para uma casa, tiramos par ou ímpar e eu ganhei. Meu marido foi um bom perdedor e hoje em dia simplesmente adora nosso novo lar."

Recentemente uma professora me disse:

— Tive três maridos e todos eles eram submissos e dependiam de mim para tomar qualquer decisão. Por que eu atraio esse tipo de homem?

— Você sabia que seu primeiro marido era do tipo submisso?

— Óbvio que não. Se soubesse, não teria me casado com ele.

Percebi que ela não havia aprendido nada com o primeiro erro que tinha cometido. Seu verdadeiro problema era sua personalidade. Muito dominadora, inconscientemente procurava por homens inseguros para poder mandar neles. Ela não tinha conhecimento dessa motivação, mas suas imagens subconscientes atraíam o que ela no fundo desejava. Ela teve de aprender a quebrar esse padrão adotando o tipo certo de prece. Lembre-se de que não conseguimos o que queremos, conseguimos o que somos. É preciso criar o equivalente mental do que desejamos ter na vida.

A mulher precisava pensar com interesse nas qualidades que admirava em um homem e aprendeu uma verdade muito simples, que pode ser aplicada a todos nós. Quando acreditamos que podemos ter o marido ou a esposa que idealizamos, receberemos de acordo com nossa crença. Escrevi a seguinte prece para ajudá-la a quebrar o antigo modelo subconsciente e atrair o companheiro ideal — qualquer um na mesma situação pode usá-la:

Estou construindo em minha mente o tipo de homem que profundamente desejo para ser meu companheiro de vida. O homem que atraio para ser meu marido é forte, seguro de si, carinhoso e generoso. Ele é uma pessoa espiritualizada, é másculo, trabalhador, bem-sucedido, honesto e fiel. Ele encontra amor e felicidade comigo. Eu o quero e ele me quer. Gosto de atender a suas decisões. Eu tenho boas qualidades para oferecer a um homem: sou sincera, honesta e carinhosa. Sou saudável, alegre e afetuosa. Não sou implicante nem ciumenta. Posso amar e admirar um homem com as qualidades que vejo em minhas imagens mentais. Sei que ele está pronto para me oferecer amor, paz e harmonia. Eu dou e recebo. A Divina Inteligência sabe onde está esse homem e neste mesmo instante está nos atraindo um para o outro, e quando nos virmos pessoalmente, saberemos que encontramos o parceiro certo. Eu dirijo esse pedido à Inteligência Interior, que conhece meu desejo e o faz se tornar realidade. Agradeço pela resposta perfeita.

Esta é uma boa prece. A mulher sabe o que está fazendo e por que está fazendo. Sabe que precisa estabelecer na mente o equivalente do tipo de marido que deseja. Então, pela repetição, o desejo se aprofundará em seu subconsciente.

Ela passou a fazer essa prece diariamente, de manhã e à noite, esperando tranquilamente pela resposta, porque entendeu que uma semente plantada precisa de tempo para primeiro morrer e em seguida doar sua energia para uma outra forma de si própria.

Vários meses se passaram e nesse intervalo a mulher teve muitos namorados, mas nenhum lhe pareceu ser o homem adequado. Quando sentia que estava a ponto de questionar, duvidar ou vacilar na regularidade da sua oração, lembrava a si própria que a Infinita Inteligência estava trabalhando na realização do seu desejo e que não podia fazer nada para apressá-la. Seu divórcio do terceiro marido foi decretado, o que lhe trouxe uma grande sensação de liberdade mental. Pouco depois, começou a trabalhar como recepcionista no consultório de um médico. Ela me contou que no instante em que o viu soube que era o homem que procurava. Ele deve ter sentido o mesmo, porque a convidou para jantar na primeira semana e dois meses depois estavam casados.

O médico não tinha nada de submisso. Era seguro de si, tinha maturidade e, apesar de não ser um super-homem, havia sido jogador de basquete na juventude e mantinha sua invejável forma atlética com exercícios regulares. Apesar de ser uma pessoa espiritualizada, não era adepto de nenhuma religião ou igreja, mas era humano, compreensivo e caridoso com os semelhantes. Essa mulher ganhou o que queria, porque manteve seu pedido mental até o subconsciente atingir o ponto de saturação. Em suma, se uniu mental e emocionalmente com sua ideia até ela se tornar parte integrante dela, da mesma maneira que um alimento acaba se tornando parte da nossa corrente sanguínea.

Naturalmente, não são apenas as mulheres que procuram a pessoa ideal. Há muitos homens que acham difícil atrair a mulher com quem gostariam de passar a vida. Esta meditação os ajudará na busca:

> Acredito firmemente que Deus habita dentro de mim. Sou uno com Deus e com todos os seres humanos. Deus me ajudará a atrair a mulher certa para mim, com quem terei uma verdadeira união espiritual. Sei que posso dar-lhe amor e fazer sua vida ser plena, alegre e feliz. Com o auxílio de Deus, encontrarei uma mulher espiritualizada, leal, fiel e

sincera, com quem viverei em harmonia, felicidade e paz. Ela será minha companheira ideal.

Repita essa prece todos os dias, de manhã e à noite, e mais cedo ou mais tarde a mulher certa será guiada para se unir a você.

Existe um poder tremendo dentro de todos nós, que é o poder do Infinito. Se orarmos para colocar esse poder em ação, todas as mágoas e os sofrimentos da vida matrimonial serão curados. Se um dos parceiros fica irritado, ressentido ou com raiva, a primeira coisa a fazer é curar esses sentimentos com pensamentos harmoniosos. Aprenda a criar em seu lar um clima afetuoso, abençoando-o com paz e harmonia. Corte a cabeça de cada pensamento crítico, mórbido ou colérico. Queime-os com o fogo do Amor divino, transforme-os em cinzas. Se marido e mulher agirem dessa forma, o casamento crescerá em beleza e amor ao longo dos anos. O cônjuge que abriga em seu coração pensamentos maldosos ou destrutivos em relação ao outro é um adúltero e fornicador, desertor de Deus. O resultado final será uma amarga separação ou o divórcio.

Tive uma estranha experiência quando estava hospedado em um hotel em Dallas, no Texas. Depois da minha série de palestras, um casal veio me procurar, contando que anos antes havia brigado por causa de uma propriedade. O desacordo chegou a tal ponto que eles se divorciaram. Depois de algum tempo, os dois se casaram com outras pessoas por um simples impulso de raiva, mas vieram pedir minha orientação porque ainda se amavam e não sabiam como agir. Eu lhes disse para dissolverem a farsa dos casamentos atuais que, na verdade, não eram válidos.

Lembre-se de que os unidos por Deus em amor têm um só coração. Sempre haverá amor e harmonia entre eles. A união feita por qualquer outro motivo não é casamento.

Bem-aventurados os humildes. Os dois admitiram seus erros e mostraram-se arrependidos por terem sido tão orgulhosos. O amor Divino, que os levou a se unir na primeira vez, levou-os de volta ao altar e para uma vida de amor e harmonia. Sim, o amor cura, restaura, abre a porta de prisões e resolve todos os problemas.

Ocasionalmente, alguma mulher vem me dizer que está apaixonada por um homem, mas não pode pensar em casamento porque ele é judeu, católico, metodista ou ateu. Que absurdo! O amor não conhece credo nem religião. Em Deus, não existe grego, alemão, protestante, budista, homem ou mulher, nem agora nem depois — somente a realidade fluindo para sempre. Deus é impessoal, não faz discriminação entre pessoas, não conhece o cristianismo, o judaísmo ou qualquer outro "ismo". O amor não conhece nem credo nem religião. O amor tudo transcende. Em Deus só há amor.

Deixe o amor governar e guiar sua vida conjugal e a paz de Deus reinará suprema em seu lar.

Um dia uma jovem veio me perguntar se era possível acabar com um casamento pela força mental. Em seguida, me explicou que havia se casado com um católico e os dois estavam profundamente apaixonados. O pai dela, contudo, pertencia a outra igreja e odiava os católicos. Revoltado pelo fato de a filha ter desrespeitado suas convicções, afirmou que iria dar um fim ao casamento porque tinha capacidade mental para obrigá-la a voltar para casa.

AUMENTE O PODER DO SEU SUBCONSCIENTE
PARA CONQUISTAR UMA VIDA MAIS ESPIRITUALIZADA

Eu lhe expliquei que seu pai não tinha nenhum tipo de poder mental e não passava de um ignorante. A sugestão tem poder, mas não é *o poder*. O único poder é Deus, que se movimenta em unidade e harmonia. "Seu pai não tem mais poder do que um pé de coelho ou um jornal caído no chão", disse.

A jovem entendeu que o único poder estava em sua consciência, a Presença Vital em seu ser. Existe um Único Poder, não dois nem três, nem mil — um só, e não existem brigas ou divisões nele, que é Onipotente. Ele se move como uma unidade, em perfeita harmonia. Não há nada capaz de se opor a ele.

Com essa nova conscientização, a moça começou a orar afirmando que o amor de Deus a unira com seu marido e que a grande paz, beleza e harmonia Divinas guiava suas vidas e governava o coração de ambos, e por isso sabia que nada seria capaz de separá-los. O ódio que seu pai sentia por eles derreteu-se na luz brilhante do amor entre o casal. Infelizmente, alguns meses depois ele se suicidou ou, eu deveria dizer, foi assassinado pelo ódio que estava impregnado em seu subconsciente. O ódio mata o amor, a paz, a harmonia e o Princípio Vital que habita em nós.

Para ter uma vida matrimonial feliz, o casal deve meditar junto, contemplando os ideais Divinos, estudando os mistérios da vida e respeitando suas personalidades. Assim, viverá um casamento de sonho, a união sagrada na qual dois devem se tornar um só. Devemos ser fiéis às grandes verdades eternas de Deus e ter plena convicção de que Deus é amor e aquele que tem Deus no coração ama e liberta.

Se você ama sua esposa, quer vê-la alegre, feliz e livre porque quem ama quer o bem da pessoa amada e sempre se pergunta sobre o que deve fazer para contribuir e alcançar satisfação e paz de espírito.

Quando uma mulher ama o marido, ela exalta Deus nele e o vê como um filho de Deus que é divinamente guiado. Afirma que ele nasceu para vencer, para ser bem-sucedido em todos os aspectos da vida. Afirma também que ele é inspirado pelo Altíssimo.

Tome consciência, portanto, de que Deus existe e tudo o que existe é Deus. Quando um casal ora junto, permanece junto. Não deixem as mágoas e irritações do dia anterior serem transportadas para a manhã seguinte. Antes de dormir, façam questão de perdoar um ao outro por qualquer palavra mais áspera. De manhã, ao acordarem, afirmem que a Divina Inteligência os está guiando, pensem no amor de Deus e enviem pensamentos de amor e harmonia um para o outro. Digam baixinho:

Obrigada, Pai, por todas as bênçãos deste dia.

Ao adormecer, diga:

Deus me deu o sono reparador. Deito tranquilo para dormir porque o Senhor cuida de mim e da minha segurança. Durmo em paz, acordo pleno de alegria, vivo em Deus e Deus vive em mim.

Deus de fato deu o sono aos seus amados e sonhos e visões para instruí-los. Abriu seus ouvidos para lhes transmitir ensinamentos durante o repouso.

Resumo do capítulo

- Na Bíblia, adultério e idolatria são sinônimos. Quando você coabita com falsas crenças, está cometendo adultério no sentido bíblico.
- Sua mente se casa com muitas ideias. Em termos psicológicos, nos casamos com crenças, opiniões, conceitos, dogmas, teorias e credos e com tudo o que unimos mental e emocionalmente à nossa mente. Dentro desse ponto de vista, seu cônjuge é sua ideia, o conceito que tem sobre você mesmo e seu plano de vida.
- Se você está sempre imaginando cenas de fracasso, se rumina sobre má vontade e amargura dirigida ao seu próximo, se costuma pensar em infelicidade, está coabitando com o mal no leito da sua mente.
- Quando você desiste de um ideal, uma meta qualquer, dizendo "Eu me satisfaço com outra coisa", está deixando a frustração se alojar em seu subconsciente. Isso é o mesmo que cometer adultério, porque você está introduzindo um poder estranho em sua mente. É como se estivesse dizendo "Eu não vou conseguir, Deus não pode fazer isso por mim".
- Alguns dizem que a Bíblia proíbe o divórcio porque não entendem corretamente o texto que fala sobre ele. "Todo aquele que repudiar sua mulher — exceto por motivo de fornicação — e desposar uma outra, comete adultério." Fornicação é coabitar com mágoas, amargura, ressentimento, raiva, críticas e outros maus sentimentos, o que significa

que você já está divorciado, porque se separou da harmonia, da paz e do amor. O divórcio ocorre na mente e o afasta de tudo o que é belo, nobre e digno de Deus.

- As crianças crescem segundo a imagem e com a semelhança do clima mental, emocional e espiritual do lar. Pratique a presença de Deus em sua casa, porque esse é o verdadeiro batismo. Você está purificando sua mente e todos os pensamentos errados. A criança aprende desde cedo a prática da harmonia, do amor e da paz. Essas qualidades ficam gravadas em seu subconsciente e ela crescerá em graça, beleza, harmonia e paz.
- Pare de se condenar e o mundo inteiro parará de condená-lo. Pare de ser mesquinho com você mesmo e o mundo inteiro parará de ser mesquinho com você. Não existe nada de errado no sexo ou em qualquer outra coisa que Deus criou e ordenou.
- Se está faltando amor em sua vida, use frequentemente a seguinte prece: "O amor, a sabedoria e a harmonia de Deus estão sendo expressos através de mim agora mesmo. O equilíbrio e a paz de espírito reinam supremos em minha vida."
- Se fizer dessa prece um hábito, maravilhas começarão a acontecer em sua vida. Você será como um poderoso ímã que atrairá todas as bênçãos da vida, as quais virão de todas as direções.
- Todas as noites de sua existência ore junto com seu cônjuge e vocês terão um casamento feliz e duradouro. Não se esqueçam de se perdoarem mutuamente pelas irritações e desavenças do dia e não transportem as mágoas para o dia

seguinte. Quando acordarem pela manhã, afirmem que a Divina Inteligência os está guiando em todos os aspectos. Enviem pensamentos de paz e harmonia um para o outro e pensem em Deus e Seu amor. Digam: "Obrigado, Pai, pelas bênçãos que recebemos neste dia."

Capítulo 9
As leis mentais e espirituais à luz dos pensamentos de Emerson

Parte 1

Emerson foi um dos maiores pensadores norte-americanos. Ele nasceu em 1803, filho de um pastor da Igreja Unitária, e seguiu a tradição da família servindo como ministro em Boston.

Ele fazia parte de um grupo de transcendentalistas, entre os quais estavam a autora Louisa May Alcott e seu marido, além de Bronston, Toro, Channing e outras figuras de renome. Emerson detestava rótulos, pois em sua opinião havia uma única Verdade: Deus habita no interior de todas as pessoas. Ele o chamava de Alma Divina. Afirmava que não se pode colocar rótulos na saúde, na felicidade, na paz, na alegria, na beleza, na compreensão e em outros conceitos abstratos. Além disso, desprezava tudo o que cheirasse a hipocrisia e não admitia a escravidão a grupos sectários e religiões estabelecidas.

Nos Estados Unidos, um número imenso de livros foi escrito sobre Emerson e só as obras sobre o presidente Lincoln o superam. O conceito de Alma Divina contém a grande filosofia de Emerson. Para ele, o termo Alma Divina significa a presença de Deus, o Absoluto ou Om hindu, o Eu sou dentro de nós, abrangendo a percepção da vida, o ser, na Presença e no Poder de Deus.

Deus não tem idade nem ocupa espaço, o tempo não existe para Ele. A Alma Divina é o ético somado ao dinâmico. Devemos saturar nossa mente com ela. Emerson salienta a unicidade de toda a humanidade, pois todos os seres humanos constituem uma única família. Somos todos filhos do Único Pai e no fundo do nosso ser existe a plena confiança nessa verdade, pois todas as religiões do mundo dizem "Pai Nosso".

Na época de Emerson, a imensa maioria dos pregadores falava sobre o que os pecadores sofriam nas mãos de um Deus colérico, classificando a ingenuidade e simplicidade dos fiéis como uma atitude ímpia, alienando-os do verdadeiro Deus. Emerson dizia que tudo isso era pura bobagem e declarava que não entendia por que as pessoas continuavam frequentando igrejas, quando qualquer criatura com um mínimo de bom senso sabia muito mais do que qualquer pastor ou sacerdote. Para ele, todos os que caminhavam sobre a Terra eram Deus, e afirmava: "O homem é um rio cuja fonte está oculta." Dizia também: "Qual é o fundamento desse nosso desconforto? Qual é a sensação de carência e ignorância universais em que há uma fina rachadura pela qual a alma faz ouvir o seu clamor?"

Em outras palavras, como se pode saber que alguém foi mesquinho, cruel ou maldoso? Só conseguimos avaliar esses maus comportamentos porque temos a Presença e o Poder de Deus dentro de nós e, no fundo do nosso ser, sabemos que o amor é natural, a paz é natural, a benevolência é natural. Nossa percepção nos diz o que é uma atitude nobre e digna de Deus, nos fornecendo uma base para comparação. É essa sensação interior que nos faz recordar da nossa origem e ansiarmos a voltar para ela.

"O homem é um rio cuja fonte está oculta", disse Emerson, um dos dez maiores pensadores do mundo. A fonte de todas as criaturas é Deus, o Espírito Vivo Todo-Poderoso. "De um único sangue fizestes todas as nações de homens para residirem na face da Terra. Somos todos filhos do Único Pai. Pois digo que sois deuses, todos são filhos do Altíssimo." Esse era o tema básico do pensamento de Emerson — cada pessoa que encontramos é Deus caminhando pela terra, que somos parte integrante de Deus e Ele precisa de nós no lugar onde estamos porque, se assim não fosse, não poderíamos estar aqui. Ele também afirmou: "Nosso ser desce para nós de um lugar que não conhecemos. O maior e mais exato dos calculistas da Terra não tem como prever esse acontecimento, porque ele é incalculável. Eu me sinto constrangido a reconhecer, cada momento que passa, a Origem Elevada dos acontecimentos que aparentemente ocorreram devido à minha força de vontade."

Lembro-me de que há muitos anos uma mulher me contou que tinha uma audiência marcada com o presidente Kennedy para apresentar-lhe uma petição e se mostrava muito encantada e ansiosa por realizar esse sonho. Entretanto, ele foi para a próxima dimensão antes de poder recebê-la na Casa Branca. Isso é um exemplo de que não podemos contar com coisa alguma. A única certeza que devemos ter é de que Deus é Deus, que a lei do Universo é a mesma hoje, como foi ontem e será amanhã.

AUMENTE O PODER DO SEU SUBCONSCIENTE
PARA CONQUISTAR UMA VIDA MAIS ESPIRITUALIZADA

Tudo passa, tudo muda. Como se pode ter absoluta certeza do que está por vir? Filosofias, religiões, seitas, tudo passa, mas a presença de Deus é sempre a mesma. Tenha convicção disso.

Muito se fala sobre a capacidade de se prever o futuro e fazer profecias catastróficas, mas tenha certeza de que se alguém fizer uma previsão negativa de qualquer tipo, você pode rejeitá-la porque você é profeta de si mesmo. Se buscar no seu interior, perceberá que Deus é o seu guia, que existe uma ação correta em sua vida e que o amor Divino inunda sua alma. Quando você recorre à Presença Divina no fundo do seu ser, seus caminhos são agradáveis e sua jornada espiritual o leva à paz. As previsões falham e falham muito. As falsas acusações e calúnias são interrompidas pela convicção da presença do Deus Vivo em você.

Na verdade, somos todos dependentes do Princípio Vital. Quando levantamos uma cadeira é o Poder Invisível que a está erguendo. É ele, também, quem toma conta de nós e mantém o funcionamento do nosso organismo enquanto estamos adormecidos. Sim, nosso ser está descendo para dentro de nós sem que saibamos de onde ele está vindo.

Portanto, existe essa Presença Ofuscante que nos observa enquanto seguimos nosso caminho. Somos todos dependentes da vida e Deus é vida. Dependemos da vida que vem da Presença Divina em nosso interior. Quando nos sentimos perplexos diante de comportamentos que não deveríamos ter é porque ainda não entendemos que nossas crenças, convicções e premissas subconscientes controlam todas as nossas ações conscientes.

No seu livro *The Great Oversoul*, Emerson escreveu:

O crítico supremo sobre os erros do passado e do presente, o único profeta do que está por vir é a grande nação onde repousamos enquanto a Terra está deitada nos braços macios da atmosfera. Essa unidade, essa Supra-Alma onde está contido o ser de cada indivíduo e os seres de todas as criaturas, esse coração comum à humanidade que todas as sinceras conversações veneram, ao qual está submissa toda e qualquer ação correta, é a realidade esmagadora que refuta nossos talentos e truques, e obriga todos a passar pelo que ele é. Vivemos em sucessão, em divisão, em partes e partículas. Enquanto isso, dentro do homem está a Alma do Todo, o Silêncio Sábio, a Beleza Universal à qual cada parte e partícula está igualmente relacionada — o Eterno.

Esse é o tema de Emerson: Deus habita no seu interior e fala e caminha com você; o mundo inteiro é simplesmente Deus manifestado. Aqui ele trata da Onipresença e, como a presença está em todos os lugares, ela tem de estar presente em você. Como você poderia ficar do lado de fora do infinito? Os antigos hebreus afirmavam: "Ouve, ó Israel, ouve, ó homem de Deus, o Senhor teu Deus é o único Senhor." Assim, o Silêncio Sábio de Emerson está ausente do corpo e presente no Senhor.

Ninguém pode ensiná-lo a meditar, a entrar pela porta que leva ao silêncio, da mesma forma que ninguém pode comer uma maçã por você, ninguém pode experimentar o sal por você. É preciso experimentar e saborear pessoalmente. Portanto, é perfeitamente possível você meditar sobre o amor de Deus dentro de sua alma, sem precisar aprender técnicas específicas, ensinadas por filosofias e religiões. Feche os olhos e diga apenas: "O Senhor é meu pastor, nada me faltará." Você precisa se convencer de que existe um Deus de amor em seu interior e, por isso, tem de se libertar de toda a amargura e má vontade. Nas palavras de Emerson, o amor é definido como um respeito saudável, reverente e benéfico pela Divindade que molda sua vida.

Volte sua atenção para o seu interior. Perdoe-se pelas suas supostas culpas. Irradie amor e benevolência a todos os que o cercam, e assim você poderá entrar no Silêncio Sábio. Afaste os pensamentos mundanos e as falsas crenças. Afaste sua atenção do problema que o aflige e entre em contato com o Poder Criador que habita em você, que é onipotente. Afaste sua mente do tumulto e das tribulações do mundo exterior e volte-a para a Presença Curadora de Deus, para a sabedoria do Todo-Poderoso. Acalme sua mente; fique imóvel e saiba que EU SOU Deus. Então, encontrará a solução, a saída, o final feliz, porque todo o poder de Deus está focalizado no tema sobre o qual você está meditando. Então se ausentará dos sentidos e ficará presente na Divina solução.

Por exemplo, se você está buscando uma cura, afaste seu pensamento da doença ou do diagnóstico e veredicto mundano e afirme mentalmente que o Poder de Deus está fluindo por todo o seu ser, revigorando-o e restaurando sua saúde. Com os ouvidos da alma, ouça o médico cumprimentando-o pelo milagre que aconteceu em sua vida. Agora, você está ausente do corpo e presente no Senhor, no Poder Maior. Esse é o Silêncio Sábio de Emerson.

O Grande Supramental está onde você está e é a percepção ou conscientização, o Espírito Vivo Todo-Poderoso. Emerson disse: "O homem é a fachada do templo em que residem toda a sabedoria e todo o bem." Disse também: "Quando o espírito respira através do intelecto, estamos diante de um gênio; através da sua vontade, ele é virtude; através dos seus atos, é amor." A essência do pensamento de Emerson é muito simples. Imagine que há um grande rio e você está nele. A presença de Deus flui pelo seu ser como beleza enquanto sua mente e seu coração estão abertos ao afluxo do Espírito Santo. Então, esse Espírito Santo, a Supra-Alma, a presença de Deus está inundando todo o seu ser sob a forma de beleza, amor, paz, alegria, sabedoria e compreensão. Seu intelecto está sendo iluminado pelo Altíssimo. O Espírito do Todo-Poderoso navega nas águas da sua mente. Você está aberto e receptivo.

Emerson então afirma: "Você será levado na direção do seu desejo porque está aberto e receptivo ao Espírito Santo que vive no seu interior."

Ele acreditava que somos mais do que uma criatura que come, bebe, se reproduz e faz planos e contas, porque, como Deus habita dentro de nós, somos Deus caminhando pela terra. "Tenho uma única coisa a ensinar — a infinidade de Deus é a infinidade do ser humano." Como Deus é infinito, não existe fim para nossa glória. Não existe fim para os poderes e as faculdades que estão dentro de nós.

Abra a mente e o coração para deixar o Espírito Santo fluir através do seu ser. Não impeça esse fluxo, não pise na mangueira. Solte-se, relaxe, e maravilhas começarão a acontecer em sua vida.

Deus habita em seu interior e não existe um lugar onde Deus termina e a humanidade começa, porque Espírito e matéria são uma coisa só. "Meu Pai e eu somos um." Por isso, não existe nem começo nem fim para a nossa glória. Em suas obras, Emerson não faz diferença entre Espírito e matéria porque, para ele, são uma coisa só. A matéria é o nível mais baixo do Espírito e o Espírito é o mais alto nível da matéria. Atualmente, a ciência afirma a mesma coisa. Não existe grandeza ou pequenez do Deus que nos criou; não há dificuldade nem facilidade; não existe para cima ou para baixo, nem bem nem mal. Há somente a grandiosa inteligência que procura se expressar através do ser humano como se ele fosse um órgão de Deus. Deus está procurando se expressar através de você, aqui e agora. Ele está buscando um receptáculo sagrado para poder se expressar em níveis mais altos.

Emerson disse que quando você atravessa uma rua, é Deus atravessando a rua. Quando conversamos, ouvimos ou oramos, é a Infinita Inteligência, a Ilimitada Sabedoria que está saturando todo nosso ser e atuando em nós, através de nós e a toda nossa volta. Quando nossos pensamentos são pensamentos de Deus, o Poder de Deus está com seus pensamentos sobre o bem.

O grande filósofo também fala sobre Deus, para Quem não existe nem tempo nem espaço, que habita dentro de nós. Ele é capaz de colocar toda a eternidade em uma única hora ou esticar uma hora para conter toda a eternidade porque não há tempo nem espaço. Por isso, não devemos olhar para o passado ou futuro, porque só existe o eterno aqui e agora. Modificando nossos pensamentos presentes, modificamos nosso destino. O mais importante em cada pessoa, afirmava, é o pensamento. Seu pensamento é criativo. Em que você está pensando? Pense no Amor Divino, pense na harmonia, na paz, na beleza e no amor. Ocupe sua mente com esses pensamentos, e maravilhas começarão a acontecer em sua vida.

Em vez de tentar se aproximar de um Infinito relutante, em vez de pensar em todos os motivos pelos quais seu desejo, seu sonho, não poderá se realizar, diga: "Deus fala comigo por meio do desejo. Foi Ele quem me deu esse desejo por harmonia, beleza, cura e saúde (seja qual for o seu desejo)." Sim, Deus fala com você por meio do desejo. Seu desejo é um vácuo que o faz se lembrar de que é preciso preenchê-lo, é a busca por expansão e crescimento. Deus é amor; Deus não pode fazer nada que não seja repleto de amor. Deus é a indescritível beleza, portanto, ele procura expressar beleza por meio do artista. Deus é o supremo músico, porque tudo o que existe no Universo canta. Por isso, se você é músico, diga: "Deus flui através de mim e fala, toca e canta através de mim em cadências majestosas. Agindo assim, você trará ao mundo uma música que fará as almas vibrarem. Emerson também nos ensina a orar, e diz: "Eu quero isso, o Infinito também quer isso. Eu tenho isso agora." E o Infinito abrirá as portas para a perfeita expressão.

Emerson salienta que tudo no Universo está em mutação e tudo passa, seja a sociedade, seja uma nação. Nada é permanente, a não ser a alma, a Divina Presença em cada um de nós. A mudança e a deterioração estão constantemente à nossa volta. O Único Imutável está dentro de nós. Ele nunca muda, foi o mesmo ontem, é o mesmo hoje e será o mesmo amanhã. O Dia do Julgamento Final é o dia de hoje. Esse julgamento é sua conclusão, sua estimativa, seu pensamento, a decisão que resolveu tomar no fim do dia. Esse é o seu julgamento.

E qual deve ser seu julgamento sobre você mesmo? "Eu sou filho de Deus. Deus me ama e cuida de mim." Ou: "Sou filho do Infinito. Deus é meu Pai. Ele me ama e me protege." Emerson afirma que a alma exige pureza, mas ela não é pureza. Exige justiça, mas ela não é justiça. Ele reitera a ideia de que existem pessoas que querem rotular Deus. Ele é infinito e sem forma. A mente humana anseia por rótulos e classificação. No Livro dos Salmos existem 67 nomes para Deus, mas Ele não tem nome. Todavia, Deus, o Princípio Vital que anima todas as criaturas, tem uma natureza, que é responder. A tendência da vida é curar, progredir. Nossa mente jamais terá a capacidade de abranger o Infinito, nem de descrevê-lo, porque isso seria degradá-lo. Só conseguimos nos relacionar com Ele por meio do nosso coração. Oh, como eu amo Tua lei, que é: "Você é o que contempla." Sim, "como a corça anseia pela água fresca, minha alma anseia por Ti, ó Deus". Todos nós temos fome e sede de nos tornarmos unos com o Infinito.

Você tem a chave, você tem o segredo. A chave para abrir a porta do Sacrário e entrar no coração do verdadeiro templo é o amor e ninguém é capaz de lhe dar essa chave. Ninguém pode lhe ensinar um método para meditar, ninguém pode comer o pão ou a fruta que você tem de experimentar. É fácil, basta relaxar a musculatura, serenar a mente e fazer aliança com a presença de Deus. Em seguida, perdoe-se por qualquer falta que imagine ter cometido e irradie amor e afeto a todos os que o cercam. Quando seu coração estiver repleto de amor, volte-se para o seu interior mais profundo, lembrando-se das palavras de Emerson: "Eu, o imperfeito, adoro o Perfeito." Então, entre em contato com o Perfeito e diga: "O amor de Deus inunda a minha alma. A paz de Deus satura minha mente."

Lembre-se, porém, de que se sua mente estiver perturbada, sua meditação será negativa. Se estiver pensando em carência, limitação e nos seus defeitos e fracassos, não conseguirá obter um bom resultado. Por isso, é essencial começar sempre perdoando a si próprio e aos outros que possam ter lhe causado mágoas. A verdadeira meditação é o Silêncio Sábio, como disse Emerson, em que você se interioriza e contempla as verdades de Deus a partir do ponto mais elevado, em que toma plena consciência de que Deus é amor e simplesmente não pode criar algo diferente do amor. Deus não pode fazer alguma coisa diferente Dele mesmo. Quando você faz aliança com o Deus de Amor, passará a respeitar a divindade em todos os seres humanos e começará a irradiar boa vontade a todos.

Sim, estamos constantemente procurando por Deus. Sim, Deus habita dentro de nós. "Tarde demais eu vos encontrei, embora estivesses dentro de mim." Deus está sempre procurando um meio de se expressar através de você. Deus é paz e não pode lhe desejar sofrimento. Deus é alegria e não pode lhe desejar tristeza. Ele não pode lhe desejar a morte, pois Deus é vida. Deus deseja para todos os seres humanos algo que transcende nossos mais loucos sonhos. Emerson disse: "Em qualquer conversa entre duas pessoas existe um terceiro interlocutor. Essa terceira parte, ou a natureza comum, não é social. Ela é Deus."

O centro do mundo está dentro de nós. A causa está dentro de nós. O Espírito, supremo e onipotente, está dentro de nós. Emerson tinha uma mente profética. Muito antes de se ouvir falar em doenças psicossomáticas (*psyche* = mente, *soma* = corpo) ele afirmava que nossos pensamentos, nossas sensações e imagens interiores vão vagarosamente se entrelaçando com nossas células e nervos. Portanto, se nossas crenças são ulceradas, se estamos cheios de hostilidade, má vontade e amargura, essas ideias negativas estão prejudicando nosso organismo.

AUMENTE O PODER DO SEU SUBCONSCIENTE
PARA CONQUISTAR UMA VIDA MAIS ESPIRITUALIZADA

Portanto, feche a porta para tudo o que é feio e ruim, para seus medos e dúvidas, para o que "o Pai vê no segredo", significando tudo o que você afirma ser verdade no seu interior, e o Espírito honrará essas ideias, apesar de serem negativas, porque tudo o que é impresso no subconsciente termina por ser concretizado, seja bom, seja ruim.

Emerson afirmava que sentia ter um parentesco com o mundo inteiro. Seus pensamentos eram elevados e ele se encantava com a beleza da natureza e percebia a unidade de tudo o que existe. Apesar de sofrer de tuberculose, não orava pela sua cura porque entendia que o importante é nos afastar do mal e nos voltarmos para a Perfeição. Emerson estudava a natureza e se enfronhava nas belezas e glórias da natureza, afirmando que a visão das estrelas no firmamento é o pão cotidiano para a alma. Concentrando-se na beleza, ordem e simetria do mundo, ele era vivificado pelo Espírito. Como seria de esperar, sua contemplação da perfeição do mundo transformou-lhe a mente. Quem modifica a própria mente modifica o próprio corpo, e ele teve uma cura milagrosa. Enquanto se encantava com as obras de Deus, esteve curando a si mesmo. A natureza é harmoniosa e sua firme crença no que é belo, ordenado e simétrico constitui sua filosofia. Seus ensinamentos permeiam a Unidade, a Ciência da Religião, a Ciência da Mente, a Verdade e todas as fases do Movimento do Novo Pensamento.

O Dr. Emmet Fox, que escreveu o livro *O sermão da montanha e o Pai-Nosso*, foi um grande estudioso da obra de Emerson e a Supra-Alma é o ponto alto dos seus ensinamentos. Ele foi o primeiro a sugerir que devemos nos colocar à disposição de Deus, dizendo "Eu me transformo em um canal para o Divino".

Sim, nosso coração está aparelhado para receber a benevolência de Deus. Não há começo nem fim, não há passado nem futuro, só o eterno agora. Isso foi reiterado por Einstein, ao afirmar que não existe tempo nem espaço, que essas são medições criadas pelo homem e que em nosso interior vive o Ser Eterno.

Nós, porém, ainda não possuímos a nós mesmos. Todos sabem que a honestidade é importante, mas não a praticamos verdadeiramente porque essa verdade não está escrita em nosso coração, não está incorporada em nossa alma. Só falamos nela da boca para fora. Devemos amar a verdade pelo bem da verdade, e amar a verdade, ouvir a verdade, conhecer a verdade e falar a verdade. Emerson salienta que quando roubamos de outra pessoa estamos roubando de nós mesmos, quando fraudamos alguém estamos fraudando a nós mesmos. Quando roubamos de nós mesmos, estamos roubando nossa saúde, nossa felicidade e nossa paz. Também podemos nos rebaixar de muitas maneiras, porque são muitas as oportunidades de perda.

Você deve se apropriar dessas verdades e assimilá-las. Quando se tornarem uma parte viva do seu ser, você será compelido a ser bom, a ser honesto, um soldado de Deus compelido a expressar harmonia e beleza porque elas foram incorporadas à sua alma pela meditação, oração e visualização mística.

Essas maravilhosas verdades estão dentro de todos nós. Emerson diz que a capacidade de afirmar qualquer coisa que desejamos não é prova de que atingimos uma compreensão elevada, mas de que somos capazes de discernir entre o que é verdadeiramente verdade e o verdadeiramente falso. Esse discernimento é sinal de inteligência e tem um papel extremamente importante porque nos permite avaliar se uma ideia — ou afirmação — é de fato uma verdade. As únicas ideias verdadeiras são as que curam, abençoam, inspiram, elevam e dignificam a alma. Qualquer pensamento que instila medo em sua mente, que o faz se menosprezar, que é o oposto do amor e da harmonia, tem de ser falso. Portanto, precisamos do discernimento para separar o falso do verdadeiro e o joio do trigo. Infelizmente, essa é uma qualidade que falta na mente de milhões de pessoas, inclusive das que afirmam ser espiritualistas.

Muitas pessoas acreditam no que é absolutamente falso, por isso Emerson afirma que os que percebem a verdade conquistaram a iluminação interior. Existe uma única Verdade e ninguém tem monopólio sobre ela. Juntarmos um grupo de católicos, protestantes, membros do Novo Pensamento e budistas para falarem sobre a verdade é como ouvir cegos tentando descrever um elefante. Não devemos chamar nenhum humano, do presente ou do passado, de mestre. Existe Um Único Mestre, que é Deus. Se alguém acredita que tem outro mestre senão Ele, é, na verdade, um escravo.

O estado de espírito de muitas pessoas está baseado em conhecimento adquirido por meio dos cinco sentidos ou regido pela aparência. Inúmeros indivíduos acreditam no acaso, destino ou entidades maléficas, e acham que têm de criar atalhos e oportunidades para vencer seus competidores na vida cotidiana e profissional. Eles afirmam que leem livros e assistem a palestras sobre a ciência da mente, pensamento positivo e outros temas relacionados. Esses ensinamentos, contudo, não são absorvidos e assimilados pela alma, senão eles não precisariam estar em uma corrida desesperada na ânsia de ultrapassar e derrotar seus semelhantes. Se tivessem realmente entendido, perceberiam que somos nós que nos promovemos, somos nós que nos damos tudo, que pagamos nosso salário e que as promoções e cargos honoríficos vêm de dentro de nós. Então, não ficariam com raiva do chefe que não lhes deu a promoção esperada, reconhecendo até que de fato a crença e a expectativa eram a de serem preteridos. Nossa verdadeira expectativa deve vir Dele, que dá a vida, a respiração e tudo o que existe.

Reagimos inevitavelmente ao papel desempenhado pela nossa natureza e só podemos expressar o que somos, e nada mais. Você pode ter uma bela filosofia ou ideais elevados, mas seus atos dependem do que existe no seu interior, porque são suas hipóteses, crenças, premissas e convicções subconscientes que ditam e controlam suas ações conscientes. Pessoas mesquinhas e cruéis talvez preferissem ser bondosas, mas, se quiserem ter êxito na vida, por exemplo, não serão bem-sucedidas porque suas emoções negativas as compelem a agir de acordo com o que está gravado na mente mais profunda. Lógico que todos sabemos que é errado viver cheio de raiva e amargura, os médicos constantemente dizem aos pacientes para evitar reações de cólera diante dos problemas cotidianos, mas o indivíduo não consegue escapar dessas emoções negativas, mesmo tendo consciência de que está se prejudicando. A respeito, Emerson disse: "Sabemos melhor do que fazemos; mas não fazemos." Se realmente captássemos o significado da Regra de Ouro, que diz "Ama teu próximo como a ti mesmo", se a seguíssemos fielmente, não haveria guerra, fracasso ou crime e não precisaríamos de polícia e exércitos. Pense bem, você gostaria de viver com o que está desejando e pensando para uma outra pessoa? Se sua resposta for positiva, você só vai encontrar sucesso e bem-estar em sua existência. Se a resposta for negativa, você estará criando miséria e um inferno para si. Essa é a substância e a soma do que Emerson ensinava.

Jesus disse:

> É por isso que lhes falo em parábolas: porque veem sem ver e ouvem sem ouvir nem entender... e eles ouviram de má vontade e fecharam os olhos, para não acontecer que vejam com os olhos e ouçam com os ouvidos, e entendam com o coração, e se convertam e assim eu os cure. (Mt 13, 10-15)

É óbvio que nessa afirmação existe um duplo significado. A mente mediana ouve o significado mais aparente. Sim, falamos sobre a Regra de Ouro da boca para fora, mas a imensa maioria das pessoas não a coloca em prática. Entender é fazer. Esses indivíduos não percebem o significado mais profundo, ou, quando percebem, fingem não ter entendido. Quem conhece o funcionamento do subconsciente sabe que no seu interior existe um gravador que registra, por exemplo, seu desejo de roubar ou ferir, e que ele atrairá carência e limitação, e o tornará mais pobre, mesmo que o desejo não se concretize. O simples pensamento é criativo e destrutivo.

Muitos de nós ainda não despertamos para os poderes elevados que possuem. Ninguém precisa roubar o que é de outrem. A Infinita Inteligência nos deu o desejo e também a capacidade e os meios de obter o que desejamos, sem que precisemos tocar um fio de cabelo de outro ser humano.

A percepção maior, a compreensão, tem de chegar, mais cedo ou mais tarde. Emerson dizia que ninguém seria um charlatão se pudesse se dar ao luxo de agir com honestidade e sinceridade. Para ter essas qualidades, você precisa conhecer o Eu Superior e sua própria força e capacidade de se interiorizar e pedir o seu bem, sem ligar para o que os outros poderão fazer ou dizer. O Espírito honrará, validará e executará seus pedidos, portanto, não há motivos para inveja ou ciúme. Por quê? Porque "Estás sempre comigo e tudo o que tenho é teu. Chame por mim e eu te responderei. Interiorize-se e peça; aproxime-se ousadamente do trono da graça".

A mente que fracassa em gozar de uma posição de honra e confiança é a mente que vê e não enxerga; ouve, mas não entende. Nós ainda não vimos ou ouvimos o mais elevado significado da vida. Não acordamos para o Poder Maior. Um dia, Espírito com Espírito se encontrarão e ficarão mais perto um do outro, mais perto do que nosso corpo com a nossa respiração.

Emerson disse: "Olhe nos olhos de uma criança e você verá Deus. Ele reverencia e ama com você. Quando sou voluntarioso, Ele coloca sua vontade contra a minha, mas, se eu renunciar à minha vontade e passar a agir a partir da minha alma, juntos criamos um império." Em suma, Emerson está dizendo que quando converso com uma criança, o Espírito que está em mim conversa com o Espírito que está nela e o amor fala com o amor. A luz e a glória de Deus resplandecem nessa criança. Isso é o que Phineas Quimby quis dizer ao declarar que quando um pai ou uma mãe diz ao filho que existe um diabo que está sempre pronto para puni-lo pelas suas faltas ou que Deus está bravo com ele, há algo no interior da criança que a avisa que isso é uma mentira e o conflito que se estabelece pode causar doenças ou distúrbios mentais.

Portanto, converse sempre com o Espírito dos seus filhos e diga que o amor, a paz e a harmonia de Deus estão sempre fluindo pelo seu corpo. Explique que cada dia que passa eles estão crescendo em graça, sabedoria, beleza e compreensão, e que tudo vem de uma Única Fonte e não existe nada que possa se opor a eles. Emerson também fala dos transes de Plotino, da visão de Paulo de Tarso e das convulsões de George Fox e dos *quackers*, salientando que quando alguém se aprofunda na consciência cósmica com amor no coração, de maneira espontânea e silenciosa, essa pessoa pode atingir a iluminação por causa do amor, da veneração e da adoração com que se aproxima de Deus. Nesses casos, não existe esforço nem coerção, apenas amor incondicional. Ele diz que as experiências de pessoas sensitivas, espiritualizadas, são sempre acompanhadas de uma luz gloriosa.

Se um vidente, ou uma cartomante, fizer previsões negativas para você, pode estar instilando medo em sua mente e seu temor e expectativa tornarão realidade o que lhe foi previsto. Lembre--se, porém, de que você vive um dia de cada vez. Deus é o Eterno Agora e agora é o dia da sua salvação. Contemple o seu bem aqui e agora. O futuro é seu pensamento presente amadurecido. Portanto, você cria e molda seu destino. Se acredita que é vítima de más conjunções no seu mapa astral, de feitiços e maldições, você criou um outro deus para controlar sua mente, um falso deus que o está governando e controlando. Volte a colocar o Único Deus no trono da sua mente, porque existe uma Única Presença, um Único Poder, onisciente e onipresente, um Poder Supremo. Nada é capaz de se opor a Ele. Quando você inunda a mente com as verdades Divinas, está neutralizando e eliminando qualquer ideia ou pensamento diferente de Deus alojado em sua mente e em seu coração. Então seu futuro certamente será tranquilo e glorioso, porque essa é a lei da mente, estabelecida pelo Senhor. "Não terás outros deuses diante de mim." Faça previsões para você mesmo, vendo no futuro apenas o que é bom e perfeito.

Emerson também afirmou que a união de Deus e da humanidade em cada ato da alma é inefável. A mais simples das pessoas que de fato adora Deus, se torna Deus. Reconheça que foi preciso coragem para declarar isso nos idos de 1830.

Devemos ter absoluta certeza de que nosso bem-estar agrada ao coração de Deus. Emerson era um homem que vivia a realidade, mas tinha lampejos de iluminação. Em sua opinião, temos de acreditar que cada som que emitimos vibra nos nossos ouvidos. Cada provérbio, cada livro, cada versículo aos quais recorremos para ajudar ou confortar o nosso próximo voltará para nós por largas passagens e nossos amigos e entes queridos nos prenderão em seus abraços porque nosso coração é o coração de todos.

Que lindas palavras! Na presença da lei e na presença de Deus, Emerson transborda de confiança e ela é tão imensa que arrasta para longe as mais sinceras esperanças e os mais valiosos projetos que um mortal pode ter. Ele acreditava que não podia fugir do seu bem e que outros não conseguem fazer o mesmo porque não conseguem se unir a ele. O filósofo está afirmando que você é a experiência intuitiva de Deus e não pode ficar afastado da harmonia, da saúde, da paz, dos entes e dos amigos queridos, do amor ou do companheirismo, ou de qualquer outra coisa, porque tem consciência de que é um ímã atraindo de maneira irresistível a saúde, a felicidade, a paz, o amor e companheiros espiritualmente orientados.

Quantas vezes, enquanto procurava a solução para um problema, você ligou o rádio ou o televisor e ficou sabendo de um novo remédio, um emprego etc. que lhe deu uma resposta? Foi o seu Eu Superior que abriu esse caminho para o seu bem. Talvez tenha ouvido uma conversa ou assistido a uma palestra que lhe trouxeram uma nova visão sobre sua atual situação. Quantas vezes você já leu um livro que foi útil para resolver um problema? Foi a presença de Deus que lhe respondeu da maneira mais magnífica. Deus, que habita no seu interior, é poderoso para sanar todos os males e problemas, e você é uma parte, um órgão de Deus, e Ele precisa que você esteja onde está agora. Se não fosse assim, você não estaria neste mundo.

A alma, de acordo com as leis espirituais, afirma Emerson, não conhece a deformidade, a dor ou o sofrimento, porque ela é o Espírito Vivo Todo-Poderoso que habita no seu interior e o Espírito não pode adoecer, se frustrar ou se viciar. Nos Upanishads, escritos há milhares de anos, está dito: "O Absoluto jamais nasceu e nunca morrerá. A água não consegue molhá-lo, o fogo não pode queimá-lo, o vento não pode soprá-lo para longe, espadas não conseguem perfurá-lo."

Esse é o Espírito que vive em você e, pela lógica, não pode ser ferido. Todas as perdas, dores e calamidades, disse Emerson, pertencem ao mundo material, ao finito, e todo sofrimento é resultado da ignorância. O único pecado que existe é a ignorância e o suposto castigo de Deus é apenas a consequência dessa ignorância. O Infinito está recostado dentro de nós, em sorridente repouso, pronto a nos ajudar. O Espírito não sofre, está em perpétua tranquilidade, Ele é a própria serenidade, é a Presença Divina dentro de nós.

A mente finita é como a superfície de um oceano, em que existe muito movimento e barulho, devido aos ventos, às ondas e às tempestades. Todavia, um submarino pode submergir até alcançar uma região de absoluta calma. No ser humano, essa região é o coração, o âmago do ser, onde está a Divina Presença, a Bem-Aventurança Infinita e a Absoluta Harmonia.

A alma não conhece nem a dor nem a deformidade, porque qualquer tipo de sofrimento se dissipa no Amor Divino. A paz expulsa o sofrimento, o amor expulsa o ódio e a alegria expulsa a tristeza. Ninguém deve renunciar ao mundo porque a alegria de Deus é a força da humanidade que a permite progredir. Emerson não separa o Espírito e o físico, e afirma que não há divisão entre eles, apenas uma unidade. O mundo inteiro é Deus manifestado.

Emerson também diz que nossos jovens estão doentes por causa do conceito teológico do pecado original — que é considerado a origem do mal, da predestinação etc. — e o considera uma doença da alma, como sarampo ou catapora. Os que não as pegaram não podem descrever o estado de saúde em que se encontram ou receitar o remédio para a cura. Uma mente simples não reconhece esses inimigos.

O verdadeiro pecado original nada mais é do que o esquecimento de nossa origem Divina e a aceitação dos mandamentos dos humanos em lugar dos mandamentos de Deus. De fato, a "queda do homem" não é do homem, mas a "queda de Deus". Quando Deus acredita ser humano, ele se limita devido à sua crença de que é humano. Todas as crianças nascem com todos os poderes, qualidades e atributos de Deus imersos no subconsciente. A ressurreição acontece quando nós, em plena consciência, recorremos à inteligência e ao poder interior para eliminarmos os problemas.

Na verdade, nossas tribulações decorrem de falsas crenças teológicas e são conjuradas da ignorância, de fantasmas, de ídolos criados por nossas concepções erradas e figuras de fantasia. Infelizmente, as mentes simples não sabem disso.

Somos todos destinados a acordar para a glória de Deus, quer sejamos mendigos, quer ladrões, quer santos. Na época de Emerson (e ainda atualmente), havia a estranha ideia de que uma pessoa nasce predestinada a ser um assassino, um ladrão etc. Isso é uma completa e total tolice. "Escolha neste dia a quem servireis. Abro diante de vós uma porta que ninguém pode fechar." Sim, você é um ser com vontade própria que tem o poder de escolher e, como já disse tantas vezes, é quem cria e molda o próprio destino. Deus é impessoal, não faz discriminação entre pessoas. Portanto, qualquer um de nós, quer sejamos ricos, quer pobres, quer assassinos, quer ladrões, quer alguém verdadeiramente santo, algum dia acordaremos para a glória que é Deus, o Princípio Vital em cada pessoa. Deus não pode se perder. Não existe alma perdida. Você pode estar distante da paz, da harmonia ou do júbilo, mas não pode se perder no Infinito pela simples razão de que Deus não pode se separar. Então, não existe a menor dúvida de que todos acordaremos para a glória transcendental que é Deus.

Existe um Único Poder. Se houvesse dois ou mais seria o caos, haveria guerra nos Céus e na terra. Não conheceríamos projetos nem ordem. Pela lógica, pelos conceitos da matemática ou pelo ponto de vista da espiritualidade, só pode existir um Único Poder. Por isso, a maior de todas as verdades é: "Ouve, ó Israel, o Senhor teu Deus é o Único Senhor."

O diabo não existe, o inferno não existe. Se você usar o Poder de maneira construtiva, pode chamá-lo de Deus, Brahma ou Alá; se o usar com ignorância, chame-o de limitação, miséria ou doença. Não há nada que possa se opor ao Único Poder. Sempre que ele se diversifica e se individualiza, surge em muitos diferentes níveis de percepção e estados de consciência. Nesses casos, é visto parcialmente, o que resulta em mal-entendidos. Quem pensa que Deus o está castigando, está apenas sendo punido pelas próprias crenças. O Absoluto não castiga. Todo o poder de julgar é concedido ao filho. O filho é a sua mente.

O Princípio Vital sempre procura sanar todos os tipos de mal e curá-los por completo. Conscientize-se, portanto, de que Deus é amor e de que Sua paz inunda o seu coração. Quando você clamar por Ele, a resposta virá. Ele estará a seu lado em todas as adversidades. Mas se você acredita, por exemplo, que é vítima do azar ou de um poder maligno, está implantando essa ideia em sua mente e, é óbvio, o mal entronizado em sua mente lhe trará todo tipo de problemas em sua existência, porque se verá diante da encarnação de suas convicções, crenças e opiniões. O único mal absoluto que existe no mundo é a negação da presença de Deus, do Poder de Deus e do Deus de Amor. Entenda de uma vez por todas que é impossível haver uma entidade maléfica agindo independentemente de Deus. Existe apenas um Único Poder.

Recupere o poder que você entregou sem pensar, porque ele só causa incompreensão e limitações. Todo "sim" tem um "não";

cada afirmação positiva tem uma denúncia negativa. O demônio é tão somente uma negação da força positiva ou da Infinita Inteligência. Se você teme a possibilidade de contrair uma doença, sente-se tentado a afastar-se de sua crença na inteireza, na beleza e na perfeição, permitindo que a sugestão invada sua mente. O diabo foi inventado na época medieval por sacerdotes e teólogos que queriam controlar a mente e o coração do povo ignorante. Repito que o diabo é apenas uma má interpretação ou mau uso da lei ou, como disse Emerson, é Deus de cabeça para baixo. Em suas palavras: "Deus é ou não é." Devemos nos sintonizar com o Infinito, e assim não precisaremos estar alardeando que somos honestos ou virtuosos, porque, se afirmamos que o que é verdade de Deus é nossa verdade, automaticamente possuímos todas as Suas qualidades.

O Espírito está sempre procurando expressão através de nós. Pessoas extraordinariamente bem-sucedidas usaram o poder da sabedoria interior, seguiram o curso dos seus pensamentos. Emerson acreditava na lei dos paralelos, afirmando que tudo o que você imprime na mente subconsciente acabará se manifestando como forma, função, experiência ou acontecimento. Em suma: "O homem é o que pensa em seu coração." O coração é a mente subconsciente. Tudo o que você afirma e sente ser verdadeiro acontecerá em sua vida, quer seja bom, quer seja mau. Nossa experiência, em termos individuais ou coletivos, é o resultado de nossa conscientização. A conscientização é a soma total de nossas impressões objetivas e subjetivas. Nada acontece por acaso, diz Emerson; tudo é empurrado por trás. Somos o que contemplamos. As hipóteses, as ideias, as crenças e as convicções controlam todas as nossas ações conscientes.

Todos nos dizem que raiva, esforço, pressão e coerção não levam a nada. Essa é a lei do efeito reverso. Quem realiza é a mente serena. Segundo Emerson, sua força está no silêncio e na confiança. Quantos gênios da matemática, da física e da química obtiveram soluções para suas teorias e seus cálculos em uma visão ou um sonho? Eles comungaram com a Mente Superior no silêncio. Essa experiência mística é inexplicável, por isso eu digo que ninguém pode ensinar uma pessoa a meditar. Entrar no silêncio é algo que você tem de aprender sozinho. "Saboreie o Senhor; Ele é bom." Sim, você tem de experimentar o sabor de Deus no seu interior. O êxtase, o arrebatamento serão só seus. Você tem de saborear a doçura das grandes verdades, como "Deus é amor e Deus é paz", e mais: "O Senhor é meu pastor e nada me faltará. Ele me conduz por verdes pastagens e me leva a águas tranquilas."

Saboreie essas verdades de Deus e medite sobre elas até se tornarem uma parte viva do seu ser. Então, no seu estado de quietude e relaxamento, maravilhas começarão a acontecer.

Observe e entenda a lei da mente. O subconsciente transforma em realidade todas as suas crenças e convicções, fazendo-o vivenciar o que está impresso em sua mente, seja bom, seja mau. O que sua mente contempla e aceita, o Poder Criador, que é sua mente mais profunda, honrará essa aceitação e concordância com ação, função e experiência.

Portanto, a lei do paralelismo da qual Emerson fala é apenas uma verdade que está escrita na Bíblia: "Tudo o que pedires com fé receberás." A fé deve estar nas leis criativas da sua mente e fé na bondade de Deus aqui e agora, na terra dos vivos. Ele também diz que você se tornará um canal limpo, desobstruído, para as maravilhas do Infinito. Essa lei espiritual está sempre trabalhando a seu favor, mesmo durante o sono. Ela rege os Céus e a terra, governa o curso dos planetas e todo o funcionamento do Universo.

Foi Emerson que nos mostrou qual é o grande elemento, o coração da metafísica — a falta de esforço. Algumas pessoas dizem: "Preciso ter uma resposta para a minha prece até o dia 15 deste mês. Preciso de cinco mil dólares no dia 10 do mês que vem." Essas afirmações são uma completa tolice, porque demonstram medo, tensão e ansiedade. Essa atitude atrairá para você mais carência, atraso, miséria, sofrimento e obstáculos de todos os tipos. Mas, se você for à Fonte, se conscientizará de que Deus, a Alma Divina, é seu eterno provedor. Gozam de grande paz os que amam a lei e nada será capaz de magoá-los. E a lei é: "Sou o que contemplo. Recebo de acordo com minha fé. Antes de chamares, Eu responderei; enquanto ainda estiveres falando, eu ouvirei."

Nunca desista dos seus desejos, ao dizer: "É difícil para mim." Lembre-se de que todas as coisas estão prontas se a mente estiver pronta. Você encontrará sua força no silêncio e na confiança. Deus está sempre pronto a ajudá-lo nas horas de necessidade. Volte-se para essas verdades, repita muitas vezes. Quando a mente se tranquilizar, a resposta virá. Esse é o Silêncio Sábio do qual Emerson falava. Afaste sua atenção do problema e contemple a Divina Presença em seu interior, sinta que ela está se movimentando em seu favor.

Enquanto você estiver lutando, se esforçando, não conseguirá produzir nada nem realizar nada. Isso acontece porque o esforço resulta em um certo atraso, a chamada lei do esforço reverso.

Aprenda quem você é. Entre em contato com a Divina Presença, que está à sua espera e cuja natureza é responder. Deus lhe deu ricamente todas as coisas para desfrutar. Deus o fez rico; por que, então, você é pobre?

    Quando não reconhecemos que temos Deus em nosso interior é como se afirmássemos que Ele não está lá. Então, leis e letras e estilos de vida parecem ser uma imitação barata da verdade. As igrejas estabeleceram leis, regras e normas, mas é possível alguém seguir todas elas, assistir a cerimônias e rituais e ter uma vida cheia de sofrimentos. Não, estamos falando das leis da mente, que pertencem a todos os seres humanos. Você é o que pensa em seu coração. Sua vida depende da sua fé, das suas convicções e da sua confiança. Muitas pessoas que têm uma existência convencional, observando todas as regras e rituais da religião que professam, esperam reveses. Elas têm medo de Deus e acreditam que Ele vai castigá-las pelas menores faltas. Têm medo de doenças, têm medo da morte, têm medo do que vão encontrar depois. Além disso, são cheias de preconceitos, desprezam os que professam outra religião e não praticam o que aprendem em suas igrejas. Infelizmente, não entendem que são suas crenças e ideias subconscientes que determinam como será a sua existência.

    Religião significa "religar". Você se liga a um Deus de Amor, um Deus da Paz que o domina e controla. Sim, essa é sua religião, porque o subconsciente sempre aceita a ideia dominante. A religião de milhões de criaturas é a superstição ou, às vezes, o puro medo. Elas têm medo de Deus, da vida, do futuro, do diabo, de magia sombria, de más conjunções estelares, de feitiços. Essas são suas ideias dominantes e, apesar disso, elas continuam seguindo os rituais da sua religião. Isso não tem o menor significado.

Entronize o Deus de Amor em sua mente, um somado a Deus constitui uma maioria. Se Deus é por vós, o que poderá ser contra vós? Ninguém pode agir contra você. Conscientize-se de que não é a letra da lei e sim o Espírito que dá vida. Emerson nunca se interessou por confissão, batismo ou comunhão, afirmando que esses sacramentos acontecem em nossa mente, em nosso coração. Ele não dava atenção para rótulos, ritos e cerimônias, e, de fato, tinha desprezo por eles. Dizia que igrejas e escolas dominicais só servem para colocar uma canga no pescoço dos fiéis. Quando ia a alguma igreja e ouvia um sermão do pastor ou sacerdote, costumava dizer: "Ele não disse nenhuma verdade."

Emerson era absolutamente contra a ideia de fechar algumas crianças em uma sala, contra a vontade delas, e forçá-las a ouvir ensinamentos distorcidos da religião. Dizia que elas não aprendiam nada sobre Deus, sobre a vida ou o Universo. Em vez de ensinar às crianças que Deus estava dentro delas, os instrutores ou catequistas inventavam que Deus vivia em algum lugar do espaço e, se elas não fizessem certas coisas, Deus iria castigá-las. Se fossem pecadoras, poderiam ir para o inferno com o propósito de serem maltratadas pelo demônio, ou algo dessa natureza. Não é de admirar que elas morressem de medo.

Emerson disse: "Oh, meus amigos, Deus existe. Há uma alma no centro da natureza que prevalece sobre a vontade de todas as pessoas." Portanto, ninguém de nós pode fazer mal ao Universo. Nós prosperamos quando aceitamos o encantamento da natureza e respeitamos as leis naturais, os princípios do funcionamento do Universo. Tudo o que acontece em nossa vida serve para nos ensinar a ter fé. Existe uma orientação superior para cada um de nós e, se a ouvirmos com humildade, escutaremos as palavras certas.

Todavia, nem sempre reconhecemos a presença dessa orientação. Aprenda a se voltar para ela, dizendo: "A Infinita Inteligência me conduz e me guia em todos os aspectos. Ela é uma lâmpada para os meus pés, uma luz para o meu caminho." A resposta virá. A Infinita Inteligência lhe revelará qual é o seu verdadeiro lugar na vida e o que fazer para seus desejos serem bem-sucedidos. Se estiver pensando em fazer um investimento, diga: "Sim, existe um princípio de orientação e de cura. A Infinita Inteligência me guia, me revela as respostas e eu sigo a orientação que vem nítida e distintamente à minha mente consciente, racional." Não fale com outras pessoas, pois então haverá trinta ou cinquenta pensamentos entrando em sua mente. A orientação virá sob a forma de um primeiro pensamento ao acordar, por exemplo, ou a primeira ideia que surgir em sua mente.

Ouvir com humildade cria a receptividade. A mente silenciosa recebe a resposta. Emerson dizia que devemos nos colocar no meio do rio de poder e sabedoria que anima tudo o que nele flutua, de modo que, sem esforço, sejamos impelidos para a verdade, para o que é correto, para um perfeito contentamento. Sim, entre nesse rio e diga: "Deus flui para mim como beleza, orientação, ação correta e harmonia."

A prece, no entender de Emerson, deve vir sem esforço. Quando vamos rezar em um altar, por causa de um sentido de dever, é o mesmo que profanar Deus. Não existem regras estabelecidas para termos uma vida espiritual. Você pode orar embaixo de uma árvore, voando em um avião, dirigindo por uma estrada. A Alma Divina está no centro da natureza e é a Ela que devemos clamar. Emerson também escreveu: "Oh, meus amigos, Deus existe. Um amor confiante nos aliviará de uma imensa carga de preocupações."

Em outras palavras, o amor tudo dissolve e amar é ter um respeito saudável, reverente e total pela sua Divindade interior. Honre-a, exalte-a, louve; você, o imperfeito, adore o Perfeito. Assim, todo o seu corpo será iluminado. Quando você honra o seu Eu interior, que é o amor, dando-lhe toda sua devoção e aliança, automaticamente passará a amar os outros. Os que não têm amor estão sempre buscando o amor. Você precisa, antes de tudo, se amar para poder amar os outros. Respeitando a Divindade em você mesmo, conseguirá irradiar amor para toda a humanidade.

Colocando-se no meio do rio, disse Emerson, você é impelido. A presença de Deus flui pelo seu ser e você é impelido a expressar a beleza e a ação correta. Se, por ignorância, nos opomos a essas leis, elas passam a agir contra nós, trazendo pelos circuitos reversos as dificuldades que pensamos ter criado para os outros. Se, contudo, formos levados mansamente pelo rio de luz, amor e verdade, ficaremos livres de qualquer tipo de dor.

Os cientistas levaram séculos para descobrir as leis que regem os fenômenos físicos, mas, infelizmente, não deram atenção ao fato de que existem leis espirituais, entre as quais encontramos: cada pensamento é uma ação incipiente; todos os pensamentos têm de se manifestar. Você, no mundo físico, é carne; sua palavra é um pensamento expressado.

Emerson afirma que cada ser humano é único, que ninguém pode fazer o que o outro faz, porque Deus nunca Se repete. Portanto, conscientize-se de que Deus está fluindo pelo seu ser de maneira única e extraordinária. Se você é músico, Deus o usa para fazer música, tornando-o aberto e receptivo para captar as vibrações das harmonias celestiais.

Torne-se um canal para o Divino, limpo e desobstruído, irradiando benevolência a todos os seres humanos. O estresse, as tensões, a raiva e o rancor criam obstruções e doenças. Deixe o rio de luz fluir livremente. Quando você se sente deprimido, melancólico ou desanimado, é como se estivesse pisando na mangueira e reclamando que as águas do amor, da luz e da cura não conseguem fluir por ela. Pensamentos de crítica, amargura e orgulho espiritual também entopem a mangueira e o impedem de obter uma cura e gozar de prosperidade.

Deus é amor e Deus é paz. Deus é harmonia. Não desperdice seus recursos espirituais com pensamentos destrutivos, que embrutecem a mente, prejudicam o empenho e inibem seu desenvolvimento espiritual. E mais, não fale uma coisa enquanto acredita em outra só para agradar a uma plateia, porque estará bloqueando o seu bem e criando um conflito mental.

Os amigos que você atrai pertencem a você. O Espírito fala uma língua universal. O que de fato lhe pertence não pode ser contido, porque quando você crê está se sintonizando com o Infinito e tornando-se um ímã para o que é bom. Quando pessoas que têm o mesmo tipo de pensamento não dão importância ao tempo e espaço, elas se conectam ao rio universal da sabedoria e isso explica por que cientistas, médicos e engenheiros captam a mesma ideia ao mesmo tempo. É o Único Espírito falando com todos eles.

Na mente universal não existem segredos, porque é uma mente comum a todos os indivíduos. Assim, um carpinteiro, se quiser e estiver preparado, pode extrair conhecimentos sobre química ou física dessa mente única. Deus, porém, às vezes, nos faz passar por um tipo de triagem, impedindo que descubramos coisas que ainda não podemos saber porque não atingimos o nível espiritual necessário para isso. O bem que desejamos será nosso quando estivermos prontos para ele. Sempre ore pela contemplação das verdades de Deus a partir do ponto mais elevado, porque essa é a verdadeira prece, quando a verdade de Deus se torna verdade para você.

Atualmente, existe uma grande necessidade da convicção de que, pedindo com fé e crendo, receberemos. Essa lei é eterna e imutável. Acreditar é viver no estado de ser, é estar vivo para alguma coisa. Não há fim para a natureza e todo fim é um começo. Suponhamos que você esteja com um relógio na mão e o ponteiro de segundos está se aproximando do número 12. Quando chega lá, você imagina que foi o fim de um minuto. Todavia, nesse exato instante, outro minuto começa. Portanto, cada fim é um início. Quando um ente querido falece, há um novo dia do nascimento em Deus e ele ganha um outro corpo, adequado para a quarta dimensão, porque a mente nunca vive sem um corpo. Existe sempre uma aurora depois de cada noite. Sob cada profundeza, existe uma profundeza ainda maior.

A vida progride de força em força, sabedoria em sabedoria e de glória em glória. Ninguém pode ser menos amanhã do que é hoje, porque a vida não retrocede nem perde tempo com o ontem. Temos de ter sempre em mente que somos um ser que não tem tempo nem espaço. Não existe nem passado nem futuro, só o eterno agora. Para os recém-falecidos, é um novo começo, porque se trata do fim do velho e o nascimento do novo.

Em todo o Universo, o círculo é um emblema que representa a perfeição, porque não tem começo nem fim, sendo, portanto, um símbolo para Deus. Quando o noivo coloca a aliança no dedo anular da noiva, está criando um símbolo que representa uma vida conjugal ininterrupta, constantemente protegida por Deus, um símbolo do Infinito. Todas as nossas ações têm forma circular e todas as ações podem ser desfeitas. O Universo é fluido e nele nada dura para sempre. Tudo passa. Se estiver muito quente, vai esfriar. Se está muito claro, vai escurecer.

Voltando a falar das pessoas que nos são caras, ninguém pode ter seus entes amados ao lado para sempre. Eles também passarão, porque há uma lei cósmica que diz: sempre que alguma coisa termina, outra começa; e se é uma lei criada por Deus, tem de ser boa e devemos procurar entendê-la.

Veja-se como um círculo. É o diâmetro que determina o tamanho de um círculo e você pode desenhá-lo maior ou menor. Ele será sua estimativa a seu respeito. Coloque nesse círculo seus amigos, parceiros, cônjuge, negócios, meio ambiente e posição social e financeira. Nós estamos constantemente nos medindo, dizendo algo como "Eu estou um pouco melhor de vida do que meu vizinho da esquerda" ou "Estou pior de vida do que meu vizinho da esquerda". Estimamos o bem e as realizações comparando nossos resultados com os que outros estão fazendo. Então, qual é o cálculo que você faz de si próprio? Qual é o seu círculo-padrão? Você sempre pode desenhar um círculo maior. Suponhamos que você montou uma barraquinha de cachorro--quente e está sonhando em abrir um restaurante daqui a um ou dois anos. Então, está desenhando um círculo maior. Obtido o restaurante, você agora deseja ter uma cadeia de estabelecimentos, e assim por diante.

Emerson e o juiz Troward chegaram à mesma conclusão: o Infinito habita dentro de nós e estamos aqui para reproduzir a luz, o amor, a verdade e todos os adjetivos, qualidades e potencialidades de Deus. Sim, somos criaturas extraordinárias. Infelizmente, poucos de nós estamos estabelecendo esta prática, mas sempre podemos melhorar. Temos a capacidade de extrair cada vez mais do Infinito, nos apropriarmos cada vez mais da Divindade. A qualquer hora podemos meditar sobre a sabedoria, a verdade e a beleza. Depois da noite, sempre virá um novo dia. Tudo passa, tudo pode melhorar.

Deus é amor. Deus é harmonia. Deus é paz. Todavia, frequentemente esses pensamentos estão subjugados em sua mente e, em lugar deles, você está acolhendo outros, como: "Sou perseguido pelo azar"; "Estou sempre perdendo a hora"; "Tudo dá errado para mim"; "Gente do meu signo não progride na vida"; "Acho que fizeram um trabalho de feitiçaria contra mim" etc. Com isso, você está colocando um falso deus em sua vida, um deus criado por você mesmo. Conscientize-se de que os outros não têm poder e de que suas sugestões, declarações e atos não têm nenhum poder sobre você. O poder está no seu interior. Quando você pensa com Deus, o poder está nos seus pensamentos sobre o bem e eles fluem para o seu foco de atenção.

Você pode rejeitar qualquer sugestão vinda de outra pessoa. "Quem será capaz de ferir-te se segues o que é bom? Nenhum mal cairá sobre o justo; nenhuma praga virá à sua tenda. Nada de bom será tirado daquele que anda dentro da lei." Portanto, também caminhe dentro da lei que afirma que você é o que contempla. Por isso, faça aliança com o Infinito e ficará repleto de Deus, imunizado contra qualquer tipo de mal, avançando constantemente para cima e para o ato, na sua jornada infinita.

Segundo Emerson, não existe uma verdadeira competição no Universo porque Deus não pode competir com Ele próprio. Existe, sim, uma total cooperação. Somos parte de uma única e estupenda Alma, e todos temos nosso lugar no Universo. Você pode dirigir-se a uma lousa e desenhar uma linha, o diâmetro, e depois um círculo, e dizer: "Este é o meu círculo e nele estão minha família, minha conscientização espiritual, meus negócios, minha posição social e financeira e tudo o mais que me pertence." Se uma outra pessoa vai para diante da lousa e desenha um círculo muito maior em torno do seu para que tudo o que pertence a ela seja contido nele, não haverá uma interferência com o seu. Por exemplo, um pianista muito bom desenha o seu círculo. Então chega um virtuoso, um pianista excepcional, como Rubinstein, e desenha o círculo dele em volta do primeiro. Esse círculo, que obrigatoriamente tem de ter um diâmetro maior porque precisa abranger inúmeros convites para tocar em vários países, não interfere em nada com o círculo, a vida, do primeiro pianista. Não existe, de fato, uma competição entre os dois.

Stevenson foi o autor do livro *O médico e o monstro* e, graças a ele, viu sua popularidade crescer de maneira impressionante. Antes do lançamento dessa obra ele já havia escrito vários outros livros que tinham sido recebidos com relativo sucesso, mas foi

O médico e o monstro que lhe rendeu prestígio e convites para se apresentar em vários países. Nessa mesma época, outros autores estavam escrevendo e publicando livros e o êxito de Stevenson não interferiu em seus trabalhos. Portanto, de fato, não existe competição, como dizia Emerson.

Beethoven podia ouvir a música das esferas no coração e correr para o piano a fim de tocá-la e colocá-la em partituras, mas, apesar de sua grandeza, não interferia com a obra de milhões de músicos em todo o mundo. Não há uma verdadeira competição.

Portanto, você pode desenhar um círculo muito grande com a percepção de que não está competindo com ninguém. Essa atitude acaba com toda a inveja e todo o ciúme. Suponhamos que você seja um empresário e esteja ganhando cem mil dólares por ano. Um outro empresário afirma: "Vou aumentar meu negócio." Ele está mirando um outro horizonte, um outro panorama, e tendo uma ideia nova e criativa, amplia seus negócios e passa a ganhar um milhão de dólares por ano. Esse empresário, de maneira nenhuma, está interferindo em seus cem mil dólares anuais e apenas desenhou um círculo maior em torno do seu. Assim, os círculos vão aumentando até o infinito, porque não existe fim para a glória do ser humano.

Os grandes gênios da humanidade desenharam círculos maiores do que os de todos os políticos, escritores ou empreendedores. O importante é que eles não prejudicaram a vida de ninguém. Assim, você sempre pode fazer um círculo maior sem interferir com os outros, pode desenhar um segundo círculo em torno do primeiro sem eliminar os talentos, a sabedoria e as realizações de alguém. Não há como apagar o conhecimento, o amor e os feitos conquistados por um outro indivíduo.

Além disso, uma pessoa pode ir à lousa e desenhar um círculo muito maior em torno do seu e ter mais alegria, sabedoria e compreensão.

Podemos estar sempre crescendo, superando, porque a vida é crescimento e permite a expansão ilimitada em todas as direções. Ela progride de sabedoria em sabedoria, de glória em glória. O bem está sempre esperando para ser extraído. Você pode, por exemplo, ter uma ideia capaz de revolucionar o mundo no que diz respeito à crise de energia. Para começar, não existe crise alguma. Ela é artificial. A natureza é superabundante e pródiga. A adversidade é a mãe da oportunidade. Sem dúvida alguma, surgirão cientistas que descobrirão como atrair a energia infindável do Sol.* Eles desenharão um círculo muito maior em torno de muitos engenheiros, físicos e outros cientistas, mas não interferirão com as invenções e ideias de todos que vieram antes deles.

Portanto, a Alma Divina está sempre procurando se expressar através de nós em níveis cada vez mais elevados. A chave que permite essa expressão é o nosso pensamento. Emerson dizia que a realidade da vida é a formação constante de modelos de pensamentos dentro de nós. Dia após dia, os pensamentos dominantes vão se refletindo na tela do espaço e se materializam como forma, função, experiência e acontecimentos. Todavia, milhões de pessoas rejeitam novas ideias sobre Deus, a vida e o Universo, porque o velho detesta o novo. Emerson foi violentamente atacado em sua época, sendo chamado de charlatão e

---

* Na época em que esse livro foi escrito ainda não havia esse tipo de tecnologia. [*N. do E.*]

herege porque pregava o seguinte: "Você não tem nada a oferecer senão o Infinito que está no seu interior. Você pode crescer, se elevar e transcender, você pode fazer coisas extraordinárias, maravilhosas."

O que está mostrado na tela do espaço jamais poderá modificar o que está no centro. Não adianta ficar com raiva do que está na tela. O que você pode fazer é trocar o filme, que vem a ser seu pensamento. Todas as ações podem ser refeitas. Tudo passa, nada é permanente no Universo. Deus, então, é um círculo cujo centro está em todos os lugares e sua circunferência em lugar nenhum. Essa é a onipresença de Deus, na linguagem de Emerson. Ele está presente em todos os lugares, em cada flor, em cada capim e em nosso interior. Ele é o Espírito Vivo dentro de nós, que é infinito e ilimitado. Jamais, nem na eternidade, você será capaz de esgotar o reservatório de sabedoria e glória que está dentro do seu ser.

Resumo do capítulo

- Lembre-se do principal tema das obras de Emerson: Deus habita no seu interior e anda e fala em você. O mundo inteiro nada mais é do que Deus manifestado. Ele é onipresente e, por estar presente em tudo, tem de estar presente em você.
- Deus habita em seu interior, Ele anda e fala em você. Não existe o ponto onde Deus termina e o ser humano começa porque Espírito e matéria são uma coisa só. Meu Pai e eu somos um. Não existe começo nem fim na glória que é o ser humano. A matéria é o grau mais baixo do Espírito e o Espírito é o grau mais elevado da matéria.

- Se sua mente está perturbada, fazendo com que você sinta um certo desprezo por si próprio, será inútil tentar obter bons resultados por meio da meditação porque ela, sem dúvida, será negativa. Quem pensa em carência, limitações e defeitos durante a meditação colherá resultados negativos. A verdadeira meditação é o Silêncio Sábio descrito por Emerson, no qual você se interioriza e contempla as verdades de Deus a partir do mais alto ponto de vista e se conscientiza de que Deus é amor e não pode fazer nada que seja diferente do amor. Quando o amor de Deus entra em sua alma, você automaticamente passa a respeitar a Divindade em todos os seres humanos e terá benevolência com tudo.
- As únicas ideias verdadeiras são as que curam, abençoam, inspiram, elevam e dignificam a alma. Qualquer pensamento que instila medo em sua mente, que o menospreza ou desanima é contrário ao amor e à harmonia e, portanto, tem de ser falso. É importante desenvolvermos nosso discernimento para separar o joio do trigo e o falso do verdadeiro.
- A alma não conhece deformidade nem dor. O sofrimento e o pesar desaparecem diante do Amor Divino. A paz expulsa o sofrimento, o amor expulsa o ódio, a alegria expulsa a tristeza. A alegria de Deus é sua força. Não renuncie ao mundo. Emerson não coloca limite entre o Espírito e o físico, dizendo que não existe divisão, só uma unidade. O mundo inteiro é Deus manifestado.
- Tudo o que você contempla, tudo o que aceita em sua mente, irá se tornar realidade. Você vivenciará tudo o que afirma ser verdade em sua mente. Quantas vezes você já ouviu dizer que o que mais tememos acaba nos acontecendo? O

AUMENTE O PODER DO SEU SUBCONSCIENTE
PARA CONQUISTAR UMA VIDA MAIS ESPIRITUALIZADA

Poder Criativo, o seu subconsciente, honrará todas as suas crenças e convicções, transformando-as em ação, função ou experiência. Esse é a real história da sua mente.
- Deus é amor e Deus é paz. Deus é harmonia. Não desperdice suas bênçãos com um modo de pensar destrutivo. Solte-se, liberte-se de suas amarras inconscientes, porque elas tolhem seus esforços, prejudicam sua mente e limitam a expansão da sua espiritualidade.
- O Infinito está no seu interior e você está aqui para reproduzir a luz, a verdade, a beleza e todas as outras qualidades e potencialidades de Deus. Sim, você é maravilhoso, extraordinário. Infelizmente, poucos de nós estamos colocando isso em prática, mas nunca é tarde para começar ou melhorar. A qualquer momento você pode captar mais do Infinito, se apropriar cada vez mais da Divindade. Por isso medite sempre sobre a verdade, a beleza e a sabedoria.

Capítulo 10
As leis mentais e espirituais à luz dos pensamentos de Emerson

Parte 2

O filósofo Ralph Waldo Emerson disse: "Parece-me que um raio de divindade pode nos ser mostrado para que sejamos capazes de nos conscientizar da presença de Deus em nós, de modo que nosso coração possa ser inundado pelo Amor Eterno." Ele ensinava que devíamos ter certeza da presença de Deus, que chamava de Alma Divina, dentro de cada indivíduo.

Uma vez foi a uma igreja e o pregador, um homem conhecido por seguir uma ortodoxia, fez um sermão sobre o julgamento final, segundo a doutrina da época. Ele afirmou que o julgamento divino não é feito neste mundo, por isso deve ser aceito que os bons são pobres e os ímpios bem-sucedidos. Depois da morte, eles receberão a compensação prometida nas Escrituras.

"Tive a impressão de que ninguém da congregação ficou ofendido", disse Emerson. "Quando o culto terminou, todos saíram sem fazer qualquer menção ao tema do sermão. O que disse o pastor? Que as pessoas sem princípios têm vinho, cavalos, trajes e luxo enquanto os santos são pobres e desprezados? Que estes receberão sua recompensa só depois de irem para a outra vida, onde terão carne à vontade, champanhe, roupas etc.?"

O que Emerson está dizendo é que o conceito do julgamento final é pura tolice, porque, de fato, ele acontece todas as noites enquanto dormimos. Seu último conceito do dia está escrito no seu subconsciente e, se for gravado, será materializado segundo os princípios do funcionamento da mente humana. Sim, todas as noites de nossa vida fazemos nosso testamento e deixamos expressa nossa última vontade. Estamos sempre nos julgando. O julgamento é sua conclusão, seu veredicto, o que pensa de si próprio e do seu modo de pensar. Cada pensamento é uma ação incipiente. "Não julgues para não seres julgado, pois com esse julgamento farás o teu julgamento." Tudo o que pensamos sobre o nosso próximo estamos primeiro pensando e criando em nossa vida. Se os homens e as mulheres entendessem o significado dessa frase e de fato acreditassem nessas palavras, imediatamente fariam uma revolução na própria vida e na vida do próximo. Tal atitude modificaria a conduta e o modo de pensar de todos os seres humanos. Eles perceberiam que aquilo que pensam para os outros estão criando na própria mente, porque são os únicos pensadores no seu Universo e seus pensamentos são criativos, cada um é uma ação incipiente.

Se praticássemos a Regra de Ouro não haveria doenças, não haveria necessidade de exércitos, marinhas, polícia, repressão, nada, porque viveríamos o Céu na terra. Contudo, essa situação existe há milhares e milhares de anos. O modo de controlar as multidões foi dizer que os pobres irão para o Céu e os ricos irão para o inferno. Não é de admirar que Lênin tenha dito que a religião é o ópio do povo. Sim, essas ideias são um narcótico na medida em que torna a pessoa insensível à presença de Deus em seu interior. Deus está dentro de cada indivíduo e está sempre pronto a dar-lhe tudo. Foi por esse motivo que Emerson fez um comentário bem-humorado sobre o sermão. "A cegueira do pregador estava em se basear na estimativa do mercado sobre o que é o sucesso, em vez de convencer os presentes fundamentado na verdade, anunciando a presença de Deus neles e a Onipotência da Vontade Divina, estabelecendo dessa maneira o padrão de bem e mal, de sucesso e falsidade."

"Escolhe este dia a quem irás servir." Todos julgamos a nós mesmos e neste mesmo instante você está se julgando. Se estiver se menosprezando, criticando suas atitudes e se condenando, está se julgando. O Absoluto, o Princípio Vital, não julga. Se você sofrer uma queimadura, Ele não porá a culpa em nada nem ninguém, apenas lhe dará uma nova pele para substituir a queimada. Se você ingerir um alimento estragado, Ele o fará vomitar. Se você se cortar, Ele produzirá células e tecidos específicos para cicatrizar o corte. A tendência da vida é curar. Entretanto, essa verdade tem sido ignorada pelas igrejas e não é praticada por milhões de pessoas em todo o mundo, da mesma forma que a Regra de Ouro também não é corretamente ensinada. O que pensamos, falamos e agimos em relação aos outros estaremos atraindo para nós. O que damos, recebemos. Deem mais amor, compreensão e sabedoria e teremos mais amor, compreensão e sabedoria. Tudo o que fazemos aos outros, mais cedo ou mais tarde alguém fará em relação a nós. Se você roubar de alguém, estará roubando de si próprio.

Emerson explica que se prejudicarmos os outros, estaremos prejudicando a nós mesmos, e se fizermos bem aos outros, receberemos o bem. Isso, porém, não significa que as mesmas pessoas que tratamos bem ou mal serão as que nos retribuirão na medida certa. Não, o bem e o mal poderão vir de um completo estranho em um lugar qualquer, mesmo muito distante, de alguém que não tem a menor ideia de nossa ação anterior, mas que nos pagará tostão por tostão.

Se você trapacear, será trapaceado. Se enganar, será enganado. Você receberá de volta cada mentira que disser. Se usar mal sua autoridade, será espezinhado no futuro. Se o mundo entendesse essa verdade, haveria uma verdadeira revolução na mente e no coração do povo, gerando mais honestidade, integridade e justiça. A lei da retribuição é uma lei cósmica, impessoal e imutável. É como a lei da gravidade, que não considera pessoas, não respeita instituições, chefes de Estado ou líderes religiosos. Uma lei não tem piedade nem guarda rancor. Ela é neutra. A lei da gravidade, por exemplo, nunca dorme, nunca está de folga. Ninguém jamais diria que as leis da química, da matemática e da física são piedosas ou vingativas.

Nós temos de obedecer e nos humilhar diante das leis; então, pela aplicação da lei podemos nos abençoar e abençoar centenas de pessoas. Não faça aos outros o que não quer que eles lhe façam. Essa é a Regra de Ouro que tantos iluminados, santos e sábios vêm ensinando à humanidade ao longo dos séculos. Tenha sempre em mente que o que está desejando para os outros em seu pensamento está criando primeiro na sua mente. Por isso, procure ter muitos bons pensamentos e deseje sempre o bem para os outros.

Muitos se queixam da ingratidão dos outros. Dizem que ajudaram seus parentes e amigos, que até pagaram estudos e tratamentos, mas estão magoados por não receberem reconhecimento pelos atos praticados. Se for esse seu caso, não se preocupe com isso. O Princípio Vital o recompensará. Temos de fazer o que achamos certo. Um policial que salva um homem do suicídio pode ser amaldiçoado por ele, mas ele fez a coisa certa. Se vão ou não agradecê-lo pelo ato não é importante, porque será a Vida que lhe dará a recompensa.

O ser humano tem o dever de ajudar os outros de maneira sábia e prudente. Os que não são gratos pelos favores recebidos acabarão sofrendo, porque estão magoando a si mesmos. O verdadeiro agradecimento é aquele que vem Dele, do Criador que nos deu a vida e tudo o que existe no mundo em que vivemos. Uma mãe com vários filhos pequenos ama a todos igualmente e nunca diz: "Eu amo vocês, mas vocês têm de me amar." Deus age dessa maneira. Ele nos ama sem exigir retribuição. A gratidão é produto de uma alma nobre e deve ser aprendida até se tornar parte integrante de nossa mente. Não fique aborrecido com as pessoas ingratas. Você fez o que era certo e o Princípio Vital cuidará da recompensa.

Mantenha sempre pensamentos bons sobre os que o cercam, sobre Deus e sobre a vida. A lei do Espírito, que está no seu interior, precede e derruba todas as outras, tanto as do plano físico quanto as do plano mental. Por isso, você pode se modificar em um segundo e essa mudança não será causada por uma oração repetitiva e superficial, mas de uma fome e sede de ser revigorado por Deus. À medida que você vai inundando a mente com amor, luz e verdade, o passado vai sendo esquecido

AUMENTE O PODER DO SEU SUBCONSCIENTE
PARA CONQUISTAR UMA VIDA MAIS ESPIRITUALIZADA

para não mais voltar, porque um fim é um novo começo. Se você encher um balde de água suja e começar a derramar água limpa nele, logo terá diante de você um balde de água limpa. Os que têm uma real fome e sede da verdade, que realmente querem mudar, precisam tomar a decisão de serem diferentes do que são neste momento e, à medida que forem inundando as respectivas almas com amor, luz e verdade, serão transformados e não conseguirão mais repetir os antigos erros porque estão sob a Divina compulsão de fazer o que é correto. A natureza do nosso subconsciente é compulsiva e nos impele a fazer o que está gravado nela.

Emerson sempre falou em forças opostas, em polaridade e ação e reação. Conhecemos luz e trevas; calor e frio; inspiração e expiração; atração e repulsão. Temos também espírito e matéria; homem e mulher; par e ímpar; subjetivo e objetivo; doce e azedo; e assim por diante. Estamos sempre vivenciando os opostos, estamos sempre conscientes de comparações, contrastes e diferenças. Como saberíamos o que é alegria se não chorássemos de tristeza? Como saberíamos o que é a paz se não houvesse a discórdia? Como saberíamos o que é abundância se não conhecêssemos a pobreza?

Estamos aqui para conciliar os opostos, para descobrir a Divindade que molda nossos destinos. O carma, por exemplo, é uma lei de causa e efeito. Na Índia, acreditam que tivemos uma vida passada e que nela cometemos erros ou pecados que agora, de alguma maneira, temos de expiar. Deus o está castigando por acontecimentos passados. Todavia, a lei do carma não é uma lei do Espírito, mas para a mente e a matéria. No Espírito não existe lugar para o carma, nele tudo é perfeito, e por meio da meditação e de preces, podemos criar o bem. "Bem-aventurados os que têm sede e fome de justiça, porque serão saciados." Isso significa que o desejo intenso pode trazer a verdadeira transformação do coração. Ninguém pode repetir os erros do passado, e, ao tocar o Espírito, ficamos diante da lei do bem perfeito e duradouro. O carma é eliminado e o passado é passado e não volta mais. Essa é a Boa-nova, o Evangelho, nossa carta de alforria. Qualquer pecado ou crime hediondo pode ser apagado, porque o amor abre portas de prisão, liberta os cativos e elimina todos os castigos que essas falhas deveriam receber.

A conscientização do Poder de Deus altera fundamentalmente nosso caráter, mudança que não pode ser conseguida por meio de preces superficiais. Quem imprime as verdades divinas no subconsciente é compelido a praticar o bem porque a natureza da mente mais profunda é compulsiva e somos levados a ser pessoas boas, os "santos" da Bíblia. Seremos como um soldado obedecendo a ordens, pois nossas hipóteses e crenças subconscientes ditam e controlam todas nossas ações conscientes. Apagamos o passado e por isso não há causa para castigos.

Essa é a Boa-nova. Um fim é um novo começo. Se durante trinta anos, por exemplo, você usou erradamente as leis da química, mas agora aprendeu a criar novos compostos que serão de grande utilidade para a sociedade, essas leis terão raiva de você porque foram mal empregadas? Por acaso os princípios da matemática o detestam porque você jamais gostou de estudá-los e erra nas contas e no troco? Não. Assim que começar a prestar atenção e somar direito, o passado é esquecido. Quando você começar a pensar da maneira correta, se sentir bem e agir certo, haverá uma resposta automática do seu subconsciente, com o objetivo de se adequar aos novos modelos que formou no seu consciente. É por isso que se fala que devemos perdoar setenta vezes sete. Você se perdoa.

Vivemos em um Universo no qual não existe tempo nem espaço. Em essência, nada se ganha empurrando uma ideia para a frente e para trás. Deus é o eterno agora. O Novo Testamento nos conta a história do cego de nascença. Perguntaram a Jesus se o homem era cego por causa dos pecados dos pais. Ele sabia o que estavam pensando, porque na época se acreditava que as pessoas eram castigadas por erros cometidos em uma vida passada. Jesus não deu atenção a nenhuma das teorias e curou o homem. "Vá lavar-te na piscina de Siloé", falou, querendo dizer que devia se livrar das falsas crenças. Para Ele, nem o passado nem o futuro tinham lugar na essência que é a realidade. Sim, receba sua visão, porque o Absoluto não julga e não castiga, porque simplesmente não pode agir dessa maneira.

Os que chegaram à undécima hora receberam a mesma quantia paga aos que chegaram na terceira, sexta ou nona hora, conta a parábola. É verdade. Algumas pessoas chegam tarde para a Verdade e subitamente decidem usá-la para transformar suas vidas. Alguns são capazes de realizar mais em poucos dias ou poucas semanas do que todos que ouviram a Verdade por anos seguidos. Isso acontece porque não existe nem tempo nem espaço na mente. Não há problema em se chegar à undécima hora. Você pode ter tido uma vida terrível, desregrada e criminosa, mas agora é possível modificá-la. Ao perdoar, o maior favor é o que você faz a você. Essa é a essência da grande Verdade. Acostume-se a perdoar sete vezes sete, significando mil, dez mil vezes por dia, se necessário.

AS LEIS MENTAIS E ESPIRITUAIS À LUZ DOS PENSAMENTOS DE EMERSON

No instante em que você modifica sua mente consciente e começa a afirmar as boas coisas da vida — harmonia, paz e amor — sem se importar com o que você fez ou não, com o que os outros fazem ou não fazem, a vida, ou a lei, honrará seus desejos. A lei não se magoa e a lei da sua mente também não. Entretanto, parece que as pessoas estão sempre se menosprezando, criticando, condenando. O subconsciente perdoa fundamentado na ciência, porque tem seus princípios peculiares. Ele automaticamente reverte a ação quando você reverte seus pensamentos, suas emoções e sua atitude perante a vida. Não faz diferença o tempo que você persistiu no erro ou fez um uso errado da lei. Ela não guarda rancores. Quando você estiver realmente mudado, voltando-se para um ponto de vista construtivo e espiritual, o passado é esquecido e não voltará mais. Ninguém é punido pelos erros cometidos, nós aprendemos com eles.

A ação mental, o raciocínio e o julgamento acontecem em sua mente. O Absoluto, como salientei anteriormente, não raciocina nem julga. Cada julgamento, cada veredicto de sua mente coloca a lei de ação e reação em movimento e invoca sua resposta matemática. Ação e reação são sempre iguais, metades de um único todo, segundo Emerson. Ele falou que o dualismo está presente na natureza e nas condições da humanidade, e que existe uma compensação para cada defeito. Por exemplo, muitas pessoas diziam sentir pena de Helen Keller, autora e conferencista que era cega, muda e surda de nascença, porém ela, através da sua luminosidade interior, caminhava pelos corredores da própria mente e sintonizava com o Infinito, vindo a ajudar milhares de deficientes, inspirando-os e encorajando-os a procurar uma vida melhor. Helen caminhava com Deus e fez muito mais pelos reclusos e incapacitados do que todos que veem, ouvem e falam. A natureza sempre compensa.

John Milton escreveu *Paraíso perdido*, uma das obras mais marcantes da literatura inglesa; ele também era cego e entrava em sintonia com o Espírito Infinito para trazer inspiração e espiritualidade para os seus leitores. A natureza é justa e sempre compensa. Beethoven ficou surdo na maturidade, mas compôs músicas magníficas porque ouvia a música das esferas, que até hoje nos abençoa.

Ao longo dos séculos vimos muitos exemplos como esses. "A natureza detesta monopólios e exceções", disse Emerson, acrescentando que nela sempre existe o equilíbrio. Se surgir algum desequilíbrio, ela procura corrigi-lo. Quando você adoece, por exemplo, a natureza, a mente mais profunda, o avisa de que algo está errado com sua saúde. Uma dor e uma febre podem ser uma bênção, porque são um meio de lhe dizer que você se desviou da Verdade. Tome uma providência imediatamente, não espere!

Se uma pessoa nasceu na pobreza e outra na riqueza, sempre há alguém que diz "Deus está fazendo justiça nesta vida", o que é pura idiotice. O Espírito não faz discriminação entre os seres humanos. Uma vez conversei com um médico inglês e ele me contou que seus pais eram muito pobres e um de seus primos havia nascido em um castelo medieval, filho de uma família riquíssima. Os pais deram ao filho uma educação esmerada, contrataram professores particulares, mandaram-no para a França com o propósito de que ele estudasse música e mais tarde pagaram-lhe os estudos nas universidades de Oxford e Cambridge.

O médico me disse que teve de vender sucata, lavar carros e trabalhar como faxineiro para pagar os estudos, e, depois de muito sacrifício, conseguiu uma bolsa para estudar medicina. Com o passar do tempo, tornou-se um cirurgião afamado. O primo, que havia nascido em berço de ouro, como se costuma dizer, e teve todas as vantagens que o dinheiro pode comprar — mas começou a levar uma vida desregrada e envolveu-se com bebida, drogas e aventuras com mulheres casadas —, ainda era jovem quando morreu em um acidente enquanto dirigia um carro esporte de última geração. A natureza é justa, o que se planta se colhe, e tudo depende da maneira como a mente é usada. Um a usou mal, o outro a usou corretamente. Isso acontece com todas as pessoas, em todo o mundo.

Não faz diferença onde e como você nasceu. Mesmo que tenha nascido em uma favela ou em um cortiço, o indivíduo pode se elevar muito além desse ambiente. Lembro-me sempre do caso de George Washington Carver, o negro descendente de pessoas escravizadas que se tornou um grande cientista e salvou os habitantes do sul dos Estados Unidos da fome quando criou a manteiga de amendoim, alimento bom e barato que podia estar presente em todos os lares.

"Recebemos de acordo com nossa fé." Há milionários que são iluminados e usam a fortuna de maneira prudente e se preocupam com os menos favorecidos, como também existem pobres maldosos, egoístas e invejosos, que só atraem mais carência para si mesmos. O fato é que vamos para onde nossa visão nos leva.

A dualidade faz parte da natureza, como dizia Emerson, e sempre existe o positivo e o negativo. Para cada não existe um sim. Tristeza e alegria, para cima e para baixo, dentro e fora. Isso é o que lhe dá a sensação de estar vivo, porque você tem uma personalidade própria e consciência dos contrastes, das estações do ano, e assim por diante. No Estado Absoluto, onde você era o Espírito Vivo, não havia divisões nem diferenças. No Estado Absoluto só existe o Único Poder, a suprema bem-aventurança, a harmonia e a unidade, e é por isso que você viverá para sempre, porque sua realidade é o Espírito, é o Espírito Vivo Todo-Poderoso.

Emerson dizia que Deus aparece com todas as suas partes em qualquer planta, em qualquer teia de aranha, porque é onipresente. É por isso que os antigos textos hebraicos diziam: "Eu sou a neve virgem no topo da montanha e os frutos nos vales profundos; sou o ouro e a prata nos altares dedicados aos deuses. Sou o suor deixado nas selas pelos fiéis que chegam ao portão do templo. Ouçam-me e vejam-me em tudo, ó homens de Deus, e então me vereis."

Sim, a presença de Deus está em tudo o que existe: na lama, nos pântanos, no bêbado caído na sarjeta. O inferno apenas representa a restrição, a carência e a servidão. "Minha mão esquerda te conduzirá e minha direita o amparará. Se fizeres tua cama no inferno, procura-me, pois estarei lá."

Deus é onipresente e tem de estar presente em você. Então, por que olhar para o Céu? Essa atitude talvez seja apenas a certeza de que existe uma presença e um poder maior que transcende nosso intelecto. A natureza está sempre se equilibrando. Todos os segredos são revelados, todo crime é punido, toda virtude é recompensada, todo erro é corrigido. O que chamamos de retribuição é a necessidade universal pela qual o todo surge onde está sua parte. Em suma, onde há uma ação há uma reação. A verdadeira doutrina da onipresença de Deus é que Ele está em tudo o que existe.

Emerson diz que o Universo está vivo e cada ato traz uma reação, chegando a ponto de afirmar que não podemos magoar uma outra pessoa sem magoar a nós mesmos. Por isso, pergunte-se constantemente: "Eu gostaria de viver com o que estou desejando para o meu próximo e pensando sobre ele?" Lembre-se de que você é o único pensador que há em sua mente e está materializando seus pensamentos na sua mente, no seu corpo e nas suas experiências. As coisas que nos acontecem ocorrem por causa de algo que fizemos, fomos ou pensamos, por causa de algo que está gravado em nosso subconsciente, seja a raiva reprimida, seja o ódio por alguém. A partir da crítica que fazemos aos outros, da inveja e da injustiça que cometemos, é iniciado um grande movimento circular que, mais cedo ou mais tarde, em algum lugar e através da mesma pessoa ou de outra muito diferente, se voltará em nossa direção e trará consequências para nós.

A lei da compensação também traz o bem, e o que você fez de bom jamais será escurecido pelo tempo e voltará. Ouvi várias pessoas se queixarem amargamente por terem ajudado um filho, neto ou sobrinho a se formar e a ser alguém na vida e não receberem o devido agradecimento. Se algo parecido aconteceu com você, esqueça. Sua motivação foi nobre e você fez o que sentia ser certo. Não pense mais no caso e deixe a vida cuidar do ingrato. Emerson contava uma anedota sobre Pat, que estava se afogando. Um homem que caminhava pela praia apressou-se a salvá-lo. A mulher de Pat disse-lhe: "Dê um dólar para o homem que o salvou." Ele retrucou, indignado: "Por que lhe dar um dólar? Dê-lhe cinquenta centavos porque eu só estava meio afogado quando ele me tirou do mar." Onde ficou a gratidão? Não espere que ela venha dos homens, mas de Deus, que nos deu a vida e tudo o que nela existe.

Um outro caso também fala de ingratidão. Winston Churchill contava que, quando era menino, viu uma garotinha se afogando em um rio e atirou-se na água para salvá-la, apesar de estar vestido com suas melhores roupas. No dia seguinte, a mãe, segurando a menina pela mão, ficou andando pela cidadezinha do interior da Inglaterra tentando descobrir onde morava o rapazinho que havia salvado sua filha. Finalmente, chegando à casa de Churchill, pediu para falar com ele e perguntou: "Foi você que salvou minha filha?" A resposta foi positiva. "Então me diga, onde está a touca de banho dela?" Quem não espera gratidão nunca ficará desapontado. A gratidão é uma qualidade da pessoa que tem um coração nobre, mas precisa ser aprendida.

Na Idade Média, o diabo começou a ser representado por uma figura com chifres de cabra, orelhas de burro e asas de morcego. A parte superior do corpo era humana, as coxas, de um animal e as pernas terminavam em garras de águia. Por que as asas de morcego? Porque nos faz lembrar de trevas, escuridão, ignorância. Os chifres nos dizem que há um esqueleto, mas as costas são encurvadas, símbolo da submissão. O diabo não pode ficar ereto, para andar conforme a lei. As orelhas de burro nos mostram que ele não ouve a intuição, não entende a verdade de Deus. É por isso que Emerson afirma que o diabo é um asno distorcido, burro, estúpido e teimoso, que se recusa a aceitar que existe um Único Poder, uma Única Causa, uma Única Presença e uma Única Substância.

Emerson também pregou que os exclusivistas religiosos não veem que fecham as portas do Céu para eles mesmos no esforço que fazem para impedir a entrada dos outros. Deus não deixa ninguém de fora. Ele é onipresente e está à disposição de qualquer pessoa, a qualquer hora. Existe uma única verdade, uma única lei, e ninguém tem monopólio sobre ela. Nossa segurança está depositada na Presença e no Poder invisíveis, que é o mais impenetrável dos cofres, impossível de ser arrombado por ladrões.

Os ladrões, nesse contexto, são nossas crenças na limitação. Emerson dizia que ninguém é capaz de roubar-nos, exceto se nos roubarmos primeiro. Sim, estamos sempre nos roubando da paz, da harmonia, do afeto, do amor, da fé e da confiança, quando deveríamos nos sintonizar com o infinito oceano da luz e do amor. Segundo ele, as maldições sempre voltam para os que amaldiçoam; se alguém põe uma corrente no pescoço de uma pessoa escravizada, é estrangulado pela outra ponta. Devemos dar amor, harmonia e paz, porque seremos medidos com nossa régua. Há sempre alguém procurando afeto, chorando por amor, por isso, dê amor, irradie compreensão e bom humor, dando uma transfusão de fé e confiança aos que o cercam. O preço é convicção, fé, reconhecimento e aceitação. Venham todos beber a água pura da Fonte, de onde também jorram leite e vinho que só podem ser comprados com crença. E receberemos de acordo com nossas crenças.

Ainda segundo Emerson, não existe amor ou harmonia em uma religião que não aceita qualquer pessoa. O amor não conhece credos ou dogmas e para Deus não existem gregos ou judeus, católicos ou protestantes, hindus ou muçulmanos, bons ou ruins, virtuosos ou pecadores. Deus é Espírito.

O filósofo disse ainda que o medo há milênios tem pairado sobre povos e governos, como um pássaro obsceno. O medo é ignorância e somos castigados por causa de nossa ignorância sobre as grandes leis da vida, sobre o fato de que Deus é Único e Indivisível. Quem crê em duas forças, dois poderes, não sabe em que acredita, vive um dilema e é incapaz de erradicar um medo anormal. Os maiores defeitos são produzidos pelo medo. A cobiça e a avareza têm origem no temor de que talvez não haja o suficiente para todos os seres humanos, uma atitude de espírito que só serve para atrair carência e limitações. Deus está sempre presente e pronto a nos ajudar nas adversidades, porque é nosso suprimento instantâneo e inesgotável, e atende a todas as nossas necessidades, sejam físicas, sejam mentais, sejam espirituais. O assassino já matou dentro de si o amor, a paz, a harmonia e a alegria, e está negando o Princípio Vital, o que causa culpa, apreensão e medo. Sua pena de morte pode resultar de uma doença limitadora, como paralisia cerebral, de um câncer, um acidente de carro, da bala de um policial ou de qualquer tragédia imprevista.

Como diz um velho ditado, "as pedras dos moinhos dos deuses moem devagar, mas produzem a mais fina das farinhas", significando que nada deixa de ser notado e a lei é cumprida. Alguém pode reclamar porque um ladrão e assassino tem uma casa de luxo, vários carros e os filhos estudam nas melhores escolas, mas ninguém deve se afligir por causa dos ímpios ou amigos da iniquidade. A lei de Deus não falha, e esse homem, mais cedo ou mais tarde, de uma forma ou de outra, colherá o que plantou, a não ser, é lógico, que venha a reconhecer seus erros e faça um grande esforço para mudar completamente, o que, para falar a verdade, é muito raro.

Em um dos seus livros, Emerson diz que a maioria das pessoas brinca com a sorte, ganhando tudo e perdendo tudo, conforme o movimento da roda do destino, mas, para quem conhece a lei, é possível acorrentar a roda e viver o resto da vida sem medo dos altos e baixos porque sabe que as causas são nossos pensamentos e emoções e o efeito é a manifestação. Ele acrescenta que uma vitória na Justiça, a cura de uma doença, a volta de um ente querido há muito distante ou qualquer acontecimento favorável eleva nosso estado de espírito, nos fazendo pensar que teremos apenas bons dias pela frente. Não devemos acreditar nisso, porque nada pode nos trazer paz senão nós mesmos.

Devemos sempre reiterar o princípio da vida: tudo o que é gravado no subconsciente é manifestado como forma, função, experiência e acontecimentos. Somos nós que moldamos nosso destino e recebemos de acordo com nossas crenças. Quem acredita que vive uma fase de azar, está trazendo o azar para si mesmo e passará pelo sofrimento causado por carência, doença, pobreza e limitação. Precisamos aprender os princípios que regem a vida para encontrarmos repouso e paz. Todos os nossos atos estão sujeitos às leis universais da vida. Pense em um automóvel, por exemplo. Suas rodas têm de ser absolutamente redondas, porque essa é uma das leis da física, da natureza. Se estiverem defeituosas, você sabe muito bem o que pode acontecer: um desastre que pode chegar a grandes proporções, talvez com mortes.

Tudo o que existe tem de se conformar com os princípios universais. Se você fabricar um caminhão, uma bicicleta ou qualquer coisa sem seguir as leis que regem seu funcionamento só irá encontrar problemas. A natureza nos obedece até onde obedecemos a natureza. Todos vivemos segundo as leis da natureza. Elas estão no funcionamento do seu coração, do seu cérebro, das suas vísceras e da sua mente. A mente coletiva está operando em todos nós e, como estamos imersos nela, nos encontramos sujeitos às suas ideias, boas ou más, que são impingidas em nossa mente. Se não purificarmos nossa mente, continuaremos a ser apenas mais um no rebanho e vivenciaremos os violentos movimentos de um extremo a outro, que há milênios causam aflição nos seres humanos. E então, você caminhará com o rebanho ou vai tomar conta da sua vida?

Não perca tempo e comece a agir. Não permita que a mente das massas se movimente em você. Quando há medo, dúvida, preocupação ou ansiedade no seu coração, a mente coletiva está pensando em você. O verdadeiro pensamento pessoal é completamente livre de medo ou preocupação, porque você, o pensador, está agindo como um engenheiro, que constrói prédios e pontes em conformidade com as normas da construção. Contemple as verdades de Deus a partir do mais elevado ponto de vista, diz Emerson. Anuncie sua convicção no Amor Divino. Acredite em um Deus de Amor e na bondade Dele aqui mesmo, na terra dos vivos. Diga:

> Eu acredito que a paz do Eterno está saturando minha mente e meu coração e acredito que maravilhas estão acontecendo em minha vida. Sei que o Amor Divino vai à minha frente, endireitando e aplainando o meu caminho, que será sempre alegre e glorioso.

Acredite firmemente nessas palavras. Carregue suas baterias mentais e espirituais com essa crença, e assim você neutralizará e eliminará todos os padrões negativos que estão imersos em seu subconsciente.

Lembre-se de que o subconsciente responde à sua convicção e não a meras palavras. É absolutamente necessário que você entenda o que está dizendo e por que escolheu essas afirmações, porque elas têm de fazer sentido e vir acompanhadas de emoção.

Emerson disse que é pura verdade o conselho "Sejam fazedores e não apenas ouvintes". Devemos acreditar no nosso pensamento, acreditar que o que é verdade para você no fundo do seu ser é verdadeiro para todos. O maior milagre que se atribui a Jesus, Moisés, Platão ou Milton é que eles não falaram o que os outros diziam ou pensavam, mas o que eles próprios pensavam. Muitas pessoas reprimem seus pensamentos e é como se estivessem se colocando em uma posição inferior. Acho que todos nós já nos encontramos nessa situação. Algumas pessoas se colocam na posição de filantropas porque querem ver seus retratos estampados em jornais e revistas por terem contribuído para instituições beneficentes. Mas os verdadeiros filantropos são aqueles que dão apenas porque querem dar, querem fazer alguma coisa pelo próximo. Dão com prazer e não esperam ser reconhecidos pela sociedade.

Emerson nos mostra que nossa natureza essencial é parte da grande Alma Divina. A autoconfiança é a confiança no Ser Maior, que eternamente respira e pulsa através de nós. Podemos falar e pensar em equilíbrio e segurança, mas, na verdade, só confiamos inteiramente na Alma Divina que criou o Universo, na Inteligência Suprema.

AUMENTE O PODER DO SEU SUBCONSCIENTE
PARA CONQUISTAR UMA VIDA MAIS ESPIRITUALIZADA

Diga: "O Amor Divino enche a minha alma." Medite sobre essa afirmação por 15, vinte minutos ou meia hora e você se unirá com o Poder, que lhe dará todo o apoio. Confie plenamente nele e não haverá barreiras, impedimentos ou inimigos. O Espírito não pode ficar doente, não pode ser pobre, não pode ser magoado nem ferido. E onde está esse Espírito? Está dentro de você. Você é uno com o Pai e o Pai é a Presença Divina em seu ser. Deus medita e somos Sua meditação.

Deus pensa e mundos aparecem. Tudo o que Deus pensa é perene. Por isso somos imortais. Mas nós também podemos pensar e criar nosso mundo, nossa vida. Quem cobiça os bens dos outros, — joias, casas, automóveis, promoções profissionais e posição social — está negando essas coisas para si próprio, porque é como se estivesse dizendo "Fulano tem tudo isso e eu não posso ter". Não, interiorize-se, volte-se para o Espírito e ele lhe dará tudo. Afirme, sinta e acredite nisso, porque, caso contrário, estará rejeitando seu próprio bem. Como seus pensamentos estão centrados na falta e na limitação, você está se empobrecendo, embora não tenha consciência disso. É inútil querermos imitar alguém porque cada pessoa é única, não existe ninguém igual no mundo. Suponhamos que você queira ser igual a Martin Luther King. Mesmo que passe meses treinando para aprender o modo de ele falar, pensar e agir, você sempre será uma imitação porque, em essência, nunca será o Dr. King. Somos todos únicos, somos todos extraordinários e no mundo não existem dois indivíduos iguais. Deus nos criou diferentes, singulares, porque ele jamais se repete, o que significa que tem um plano especial para os seres vivos. Não queira ser uma outra pessoa e habitue-se a desejar saúde, paz e felicidade para todos. Faça as seguintes afirmações:

Deus pensa, fala e age através de mim. Deus escreve através de mim usando minhas qualidades. Ele fala através de mim e sei que sou inspirado pelo Altíssimo.

Se eu tivesse uma varinha mágica e dissesse "Vou transformá-la na Sra. Jones, que você tanto inveja", tenho certeza de que sua resposta seria: "Oh, não, quero ser eu mesma!" Essas palavras vêm do seu espírito interno. Creio que muitas vezes já lhe disseram que sem fé é impossível agradar a Deus, mas a verdade é que em primeiro lugar você precisa acreditar em Deus e buscá-lo diligentemente. Quem se torna uno com o Infinito Poder ganha confiança e segurança porque Ele se torna ativo e potente em sua vida. Nada é capaz de se opor a Ele, distorcê-Lo ou prejudicá-Lo. O Espírito em você não conhece limites, é incansável e eterno.

Sintonize-se com a Presença Interior e você conseguirá exercer domínio sobre seus pensamentos, deixando de ser influenciado pela inveja, pelo egoísmo ou pela tolerância. Esses sentimentos são sinais de ignorância e todo o sofrimento que existe no mundo é produzido por ela, como ensinava Buda.

Autoconfiança é se apoiar no Ser Infinito que habita em você, o Eterno, Onipresente, Onisciente e Onipotente. A sociedade, em geral, privilegia a conformidade e conspira contra os que desejam ser diferentes. A autoconfiança é o oposto da conformidade. Pense: você está se conformando com as velhas tradições dos seus pais, dos seus avós? Já pensou na possibilidade de tudo em que acredita ser mentira? Já se perguntou de onde vieram suas crenças? São verdadeiras? Será que são contrárias às leis da natureza? São lógicas, razoáveis? Se suas ideias mais profundas forem contra as leis da natureza, elas são absolutamente falsas.

As pessoas que realizam grandes coisas não podem, de maneira alguma, ser conformistas. Edison desrespeitou o costume de se usar velas e lamparinas para iluminação e inventou a lâmpada elétrica. Henry Ford resolveu esquecer a carroça e o cavalo e colocou o mundo inteiro sobre quatro rodas. Marconi afirmou que podemos nos comunicar através das ondas elétricas e seus familiares decidiram que ele estava louco e o internaram em um hospício por seis meses. Ele também era um não conformista. Todos os grandes mestres religiosos foram não conformistas. Elias, Jesus, Moisés, Buda, Maomé e tantos outros foram contra o modo de pensar da época em que vieram.

Diga-me: você sofreu uma lavagem cerebral ou é um pensador, alguém que pensa por si próprio? Você tem confiança no seu verdadeiro Eu? Quem não confia no seu Eu, não ama o seu Eu, não pode amar ninguém. Uma mulher que não se ama não pode amar um homem. Um homem que não se ama não pode amar a esposa. Talvez eles criem uma aparência de amor, mas não se amam de verdade, porque amar o outro é ver a pessoa como deveria ser: feliz, alegre e livre. Assumir essa atitude é exaltar Deus em todos os seres humanos

Henry Brown, um dos mestres do Novo Pensamento no início do movimento que surgiu logo após o fim da Guerra de Secessão nos Estados Unidos, era professor em Nebraska, e, enquanto se dirigia para escolas distantes, aproveitava para ler os ensaios de Ralph Waldo Emerson. Um dia, abriu uma página de *Self Reliance* e leu: "Confia em ti mesmo. Todos os corações palpitam ao ritmo de uma única corda. O que é Absolutamente

Digno de Confiança está sentado em nosso coração, trabalhando com nossas mãos, com todo nosso ser."

Brown conta que quando se conscientizou de que o Absolutamente Digno de Confiança estava dentro dele, operando através dele, usando seu coração, suas mãos, todo o seu corpo, levou um choque que mudou-lhe a vida por completo. "Meu modo de pensar sobre mim mesmo, sobre Deus, homem e mulher, vida, Universo, se modificou por completo porque Emerson estava afirmando que eu e Deus éramos um só." Brown disse ainda: "Eu não tenho mais medo de cometer erros. Confio em mim mesmo. Tenho desejos e minha motivação é correta. Afirmo que vou fazer isto ou aquilo porque o Absoluto está em mim, me mostrando o caminho certo. Se meus pensamentos são bons, minha motivação é louvável. Então, não preciso mais hesitar, não preciso mais temer."

Deixe essas verdades entrarem em você, da mesma forma que entraram em Henry Brown enquanto percorria o caminho entre duas escolas, e seja transformado. Conscientize-se de que o Absolutamente Digno de Confiança habita no seu interior e é seu guia, seu conselheiro e seu orientador. Ele o ama e cuida de você. Não pense que há arrogância, egoísmo ou vaidade nessas palavras. Nelas há apenas um saudável, reverente e íntegro respeito pela Divindade que o criou. Entre em contato com a Divina Presença, o Eterno, o Verdadeiro Eu, que tudo sabe, tudo vê. Esse é o segredo dos "fazedores" de todas as eras. Se todos os textos que já foram escritos sobre a Deidade, as crenças e religiões do mundo e todos os hinos cantados em templos e santuários fossem mesclados para extrair suas essências, chegaríamos à mais simples das verdades: o Absoluto está em nosso coração.

AUMENTE O PODER DO SEU SUBCONSCIENTE PARA CONQUISTAR UMA VIDA MAIS ESPIRITUALIZADA

A religião pertence ao coração, não aos lábios, e tem de estar alicerçada na sua convicção profunda. Sinta-se ligado a um Deus de Amor e um Deus da Paz. Diga: "Meu Pai vive em mim. Ele me ama e cuida de mim. Deus é meu guia, o guardião que me protege e revela meus talentos ocultos." Repita muitas vezes essas afirmações para criar uma doce intimidade com a presença de Deus. Um garotinho está tentando subir por um muro e saltar para o outro lado e pede que o pai o levante. Depois de mais algumas tentativas, o pai o deixa subir sozinho porque sabe que o filho aprimorou a força e o equilíbrio. Finalmente, o menino consegue subir e pular sozinho para o outro lado. O pai o aplaude e ele experimenta uma sensação de triunfo pelo feito. Sim, entre em sintonia com o Pai e você conseguirá aprender e, assim, vencer todos os obstáculos.

Bem e mal são apenas nomes, mas podem ser prontamente transferidos para objetos ou situações. O bem e o mal são movimentos de nossa mente em relação ao Único Ser que é eternamente puro, imaculado, íntegro e totalmente confiável. Se você usa esse poder de maneira construtiva, harmoniosa e sábia, chama-se de Deus, Brahma, Alá, santos, anjos, felicidade e harmonia. Se empregá-lo negativamente, com maldade, colherá o que chamam de diabo, Satã, miséria, sofrimento e insanidade. O Poder é um só.

Emerson disse que não devemos nos prender a nomes. Tudo o que cura, auxilia, abençoa e inspira é bom. Qualquer coisa capaz de interferir em nosso crescimento espiritual, elevação e expansão, qualquer coisa que instila medo em nossa mente, qualquer coisa que nos prejudica ou magoa, tem de ser obrigatoriamente falsa.

O filósofo também criticava a pessoa que se envolvia com entidades beneficentes que às vezes estavam localizadas a milhares de quilômetros de casa dizendo que o amor distante é desprezo no lar. Muitos só pensam em levar o Evangelho aos pagãos, mas esquecem de amar a própria família. Ele aconselhava: olhe para o seu lar. Você está em paz com seu cônjuge, com seus filhos? Há serenidade e harmonia em seu ambiente doméstico? Você ama seu próximo, respeita seus vizinhos? Irradia afeto para os seus colegas de trabalho? Ama os pássaros que cantam no seu quintal? As flores que enfeitam seu jardim?

Muitos indivíduos têm fé em um sistema teológico, em dogmas eclesiásticos e credos, mas na verdade não possuem uma fé funcional. Apesar de seguirem todas as regras da igreja que frequentam participarem das cerimônias e dos rituais, desfiarem as orações e cantarem hinos, têm vidas que são um verdadeiro caos. Outros nem frequentam igrejas, não têm um credo religioso, mas vivem em amor e harmonia no lar, irradiam benevolência para os amigos e vizinhos e trabalham incessantemente pela melhoria das condições de vida na cidade em que moram.

Quem tem confiança na Presença Interior demonstra essa atitude no modo de pensar, falar e trabalhar, em todos os aspectos da vida cotidiana. Alguém pode divulgar ideias construtivas, falar sobre os princípios de um sistema filosófico e apregoar que acredita em Deus e na irmandade entre os homens, mas abrigar um grande preconceito em relação a raças, religiões e estilos de governo. Entretanto, não é possível tentar o manto da fraternidade sobre o ódio e a intolerância, o preconceito e a insensibilidade.

AUMENTE O PODER DO SEU SUBCONSCIENTE
PARA CONQUISTAR UMA VIDA MAIS ESPIRITUALIZADA

Em todos os atos, há sempre a presença de uma terceira parte, que são as ideias registradas no subconsciente, os motivos silenciosos. Emerson falava que se as portas dessa câmara fossem abertas e você dissesse "Eu gostaria de roubar, mas é melhor não fazer isso porque eu poderia ser preso", esse pensamento tem o mesmo peso de um roubo, porque é um movimento de sua mente, um movimento de carência e limitação, que só serviria para empobrecê-lo. A carência pode vir de várias maneiras, como perda do prestígio, de amor, saúde, inspiração e assim por diante, e não somente em termos de dinheiro. Algum dia você já imaginou por que foi preterido em uma promoção na firma na qual trabalha? Por que uma outra pessoa foi bem-sucedida na venda de um imóvel que você tentava ansiosamente vender?

Você sabe que pode se promover? Ou não conhecia essa possibilidade? O Universo é matematicamente ordenado e o sucesso pode ser seu, a saúde pode ser sua, a promoção também pode ser sua, porque o Espírito Infinito lhe revela qual é a melhor maneira de agir. Conscientize-se de que você está sempre no lugar correto e evoluindo, crescendo na direção de Deus. O subconsciente, de acordo com a matemática do Universo, responde de acordo com o modo consciente de você pensar e agir. Essa é a primeira parte da equação. A segunda é a reprodução do que você afirma com plena consciência e sente ser verdade.

Uma das lições mais básicas da vida é que cada menino ou menina têm de aprender a ficar eretos sobre os próprios pés. Não tente impedi-los de enfrentar seus problemas e desafios, pois é assim que as crianças descobrem seu poder e não há maior alegria do que ser capaz de superar obstáculos. Não castrem psicologicamente seus filhos, deem-lhes as oportunidades de descobrir a própria Divindade. Quando a criança recebe um excesso de auxílio com muita frequência, logo aprende que é mais fácil se acomodar do que se impulsionar e cresce para se tornar um indivíduo lamuriento, que só pensa em encostar-se em alguém. Vemos gente desse tipo em todos os lugares. A assistência constante com dinheiro, alimento e aceitação favorece a formação de uma falsa visão, que é destrutiva para o caráter. Ajude os outros a ajudar a si mesmos. Entretanto, tenha muito cuidado para não roubar deles a alegria de descobrir a própria Divindade.

Descobrir a própria Divindade é uma tarefa difícil porque você sempre se defrontará com pessoas que afirmam saber com absoluta certeza como você deve pensar e agir. Você tem de fazer o que lhe diz respeito e não se importar com o que os outros pensam. Você está deixando outras pessoas tomarem as decisões que lhe interessam, darem palpite sobre seu modo de agir, manipulando sua mente? Será que você é dono da sua mente? Está rejeitando sua Divindade? Não! Rebele-se contra essas imposições. Tome suas decisões, afirmando que a Inteligência Divina o está guiando em todos os aspectos de sua vida.

É fácil vivermos de acordo com as decisões do mundo, porque onde não existe opinião, não existem sofrimentos, como dizia Quimby. Ele acrescentava: "Não estou interessado em opiniões; estou interessado na Verdade." Confie na presença silenciosa no fundo do seu ser; peça sua orientação e jamais de afaste da verdade do ser. Tome suas decisões no que diz respeito a dinheiro, moralidade, amizade e tudo o mais.

Toda cura é espiritual. Se você tem fé em Deus e caminha na consciência do amor, harmonia e paz, jamais ficará doente. O mero fato de ter tido ou de ter alguma enfermidade é prova de que se desviou Dele. Por isso, apresse-se a consultar um médico e, ao mesmo tempo, comece a orar pedindo saúde. Os bons resultados não demorarão.

Não imponha suas ideias aos outros. Ninguém tem o direito de invadir sua mente e lhe dizer como deve pensar, se comportar, alimentar seus filhos ou cuidar da sua casa, de seguir esta ou aquela religião, que emprego deve procurar etc. Não permita uma atitude desse tipo porque você tem pleno direito de impedir qualquer tentativa de invasão de sua individualidade. Ninguém tem o direito de esperar que você modifique sua vida para atender aos caprichos, neuroses e desvios dos outros.

Se você está cheio de hostilidade, ressentimento ou raiva precisa, antes de tudo, se perdoar. Seja fiel aos seus ideais, ignore as pessoas que não os aceitam, sejam amigas, sejam inimigas, porque o que é melhor para você é melhor para todos os que o cercam. Afaste-se de dogmas e tradições, que às vezes são verdades congeladas no tempo. Conscientize-se de que nada lhe dará mais paz do que o triunfo dos princípios; ninguém, senão você, é capaz de lhe dar paz, porque o Deus da Paz habita em você.

Resumo do capítulo

- O que dermos, receberemos de volta. Os outros agirão conosco da forma que agirmos em relação a eles. Dê mais amor e compreensão, e receberá amor e compreensão. Tudo

o que fazemos aos outros será feito a nós por alguém, em algum lugar. Se você rouba de uma pessoa, está roubando de você mesmo.
- No instante em que você modifica sua mente consciente e começa a afirmar as boas coisas da vida, a harmonia, a paz e o amor, independentemente do modo como os outros pensam, fizeram e agiram, a vida — as leis da natureza — realizará seus desejos. Ela não guarda mágoas por não ter sido colocada em prática anteriormente.
- Há pessoas que estão sempre se menosprezando, condenando e criticando a si mesmas. O subconsciente perdoa tendo determinados princípios como base. Ele automaticamente reverte seus atos quando você reverte seu modo de pensar, seus sentimentos e modos de agir. Não faz diferença o tempo em que você incorreu em erros ou quanto usou mal essas leis. Quando você se modifica de fato, voltando a ter um ponto de vista construtivo, o passado é esquecido para nunca mais voltar. Deus não nos castiga pelos nossos erros, nós aprendemos com eles.
- Dê e receberá. Irradie amor, paz e harmonia. Você será medido com a régua que usa para medir os outros. Esteja sempre pronto para dar amor. Os mal-amados estão sempre procurando por ele, estão gritando por amor. Dê amor e afeto. Irradie boa vontade, irradie bom humor. Assim você estará fazendo uma transfusão de fé e confiança para todos os que o cercam.
- Contemple as verdades de Deus a partir do mais elevado ponto de vista, diz Emerson. Anuncie sua convicção no Amor Divino. Acredite em um Deus de Amor e na sua

bondade aqui mesmo, no mundo dos vivos. Diga: "Acredito na paz do Eterno preenchendo minha mente e meu coração e acredito que maravilhas estão acontecendo em minha vida, porque o Amor Divino vai sempre à minha frente, endireitando e iluminando meu caminho." Creia firmemente nessas afirmações, carregue suas baterias mentais com elas. Assim, conseguirá neutralizar e eliminar muitos modelos negativos impressos em seu subconsciente.

- Você está pensando por você mesmo? Confia no seu verdadeiro Eu? Se não confia nele, não será capaz de amar ninguém. A mulher que não se ama não sabe como amar um homem. O marido que não se ama não pode amar a esposa. Quem não se ama talvez crie uma aparência e gestos de amor para si mesmo, mas não ama realmente os que o cercam. Amar alguém é querer ver o outro como ele deve ser: feliz, alegre e satisfeito, porque isso é exaltar a presença de Deus no seu semelhante.

- Não tente impingir suas ideias aos outros. É preciso reconhecer a inviolabilidade da personalidade humana. Ninguém tem o direito de invadir sua mente e lhe dizer como deve cuidar da sua casa, dos seus filhos, que roupas comprar, que religião professar. Você também não tem o direito de permitir uma invasão na sua individualidade. Ninguém tem o direito de esperar que você vá modificar seu modelo de vida para satisfazer seus caprichos e suas neuroses.

Este livro foi composto na tipografia
Adobe Garamond Pro, em corpo 11/15,
e impresso em papel off-white
no Sistema Cameron da
Divisão Gráfica da Distribuidora Record.